If 1C4
3f

m* mein

MELANGES

DE FINANCES

ET

D'ÉCONOMIE POLITIQUE ET RURALE

1re PARTIE

FINANCES

MÉLANGES
DE FINANCES

ET

D'ÉCONOMIE POLITIQUE ET RURALE

PAR

Le comte de LUÇAY

Ancien maître des requêtes,
Membre de la Société nationale d'agriculture,
Secrétaire général adjoint de la Société des Agriculteurs de France.

Iʳᵉ PARTIE

FINANCES

CLERMONT (OISE)
IMPRIMERIE DAIX FRÈRES
PLACE SAINT-ANDRÉ, 3

1880

Le Recueil, que j'ai l'honneur de présenter au public, se compose de deux parties distinctes.

La première traite des *Finances*; elle comprend les études qu'à des époques différentes, mais sur le même plan, j'ai consacrées au *Budget* et aux diverses transformations qu'il a subies depuis 1789.

La Révolution, à cet égard comme à tant d'autres, n'aboutit en fait qu'à une désorganisation complète.

La loi des recettes s'est trouvée constituée dès les premières années du siècle au moins dans ses principales lignes ; autre a été le sort de la loi des dépenses. Votée d'abord par ministère, à partir de 1827 par grandes sections, elle fut divisée, de 1830 à 1852, en chapitres législatifs. Le second Empire ramena le vote par ministère, puis par sections. Depuis 1871, la législation de la monarchie de juillet et de la seconde République a été de nouveau mise en vigueur, et c'est celle qui nous régit aujourd'hui.

Les finances de 1870 à 1889, la comparaison de la gestion de l'Assemblée nationale et des Chambres qui lui ont succédé, des résultats acquis par les conservateurs en 1876 et du bilan des 13 années de l'administration de la république par les républicains tiennent la plus grande place dans cette première partie, que terminent un chapitre sur la situation financière des communes de 1806 à 1877, et un autre chapitre sur la progression des centimes départementaux et communaux dans le dernier demi-siècle.

J'ai réuni, dans la seconde partie, sous la rubrique : *Économie Politique et rurale*, les principaux rapports que j'ai présentés à la Société des Agriculteurs de France : sur les charges fiscales de l'agriculture et sur les propositions sans cesse renouvelées en vue d'en accroître le poids ; sur la nouvelle évaluation du revenu des propriétés non bâties ; sur la question des octrois ; sur l'impôt sur le revenu ; sur la crise agricole et le tarif des douanes. J'y ai joint les rapports dans lesquels, à l'ouverture des sessions générales de 1882, 1884, 1885, 1887 et 1889 j'ai fait à la Société, comme secrétaire général, l'exposé de ses travaux, et indiqué la suite qu'avaient reçue ses vœux.

L'agriculture est la plus ancienne comme la plus considérable des branches de l'industrie nationale ; elle en est en même temps la plus sacrifiée, non seulement sur le marché intérieur, mais aussi et surtout vis-à-vis de la production étrangère.

Cette conviction, que m'ont donnée vingt années d'études de la question en dehors de tout esprit de parti, je voudrais pouvoir la faire partager à mes lecteurs.

Car la détresse de l'agriculture, conséquence forcée de la situation inégale que lui fait la législation fiscale et douanière, me semble constituer le plus sérieux de tous les dangers pour l'avenir, pour l'existence même de la Patrie.

———

LÉGISLATION
DU BUDGET
DE 1789 A 1852

(Journal des Economistes, 1862)

LÉGISLATION DU BUDGET

DE 1789 A 1852

~~~~~~~~~~~~

Le sénatus-consulte du 31 décembre 1861 vient d'apporter à notre régime financier des modifications considérables ; une part plus directe et plus effective a été attribuée au pouvoir législatif dans la fixation des dépenses, et le budget voté se trouve renfermé désormais dans des bornes infranchissables.

Nous n'avons pas l'intention d'indiquer ici les origines et les causes du régime nouveau, ni d'en déterminer la portée ; ce serait revenir sur une discussion à peine close d'hier, et rappeler des souvenirs encore présents à tous les esprits. Mais, en présence de l'acte important qui vient de s'accomplir, il nous a paru qu'il ne serait pas sans intérêt de rechercher les traditions du passé, et d'exposer les règles qui, depuis la fin du dernier siècle, ont successivement présidé, en France, à la fixation des dépenses et de l'impôt. Tel est l'objet de cette étude (1).

_____

(1) Voir Exposés des motifs et Rapports des budgets ; Règlement général sur la comptabilité publique des 31 mai 1838 et 31 mai 1862 ; Rapport au roi du 15 mars 1830 ; d'Audiffret, _Système financier de la Fran-
ce_; Léon Faucher, _Mélanges d'économie politique et finances_, etc.

I

« Tous les citoyens ont le droit de constater par eux-mêmes, ou par leurs représentants, la nécessité de la contribution publique, de la consentir librement, d'en suivre l'emploi et d'en déterminer la quotité, l'assiette, le recouvrement et la durée. »

Ce principe, formulé en 1701, n'a cessé depuis de figurer dans nos diverses constitutions comme l'un des éléments du droit public de la France. Proclamé autrefois par les états généraux, il était, à partir de 1615, tombé en désuétude, sauf pour quelques provinces privilégiées, connues sous le nom de *pays d'E-tats.*

Mais, si la fixation des dépenses et de l'impôt n'appartenait pas, dans les deux derniers siècles de la monarchie, aux représentants de la nation, elle était du moins soumise à des règles précises et à des garanties certaines. Toute création, modification ou augmentation de taxe devait être enregistrée par les parlements et cours souveraines. Il n'y avait d'exception que pour la *taille,* dont le montant était, chaque année, déterminé pour toutes les généralités d'élection, par un brevet du conseil. Cette exception cessa même à partir de 1780, aux termes de la déclaration du 13 février de la dite année.

L'état des dépenses présenté, comme celui des recettes, par le contrôleur général, était arrêté par le roi, en conseil des finances. C'était également dans ce conseil que se réglaient les comptes des exercices précédents, sur le vu des *états au vrai* des dépenses et la justification des recouvrements effectués par les comptables. Ceux-ci, pour leur gestion proprement dite, étaient justiciables des chambres des comptes, alors au nombre de 14 (1).

(1) L'usage de réunir dans un état général les prévisions de recettes pour l'année suivante, afin de régler sur cet aperçu le chiffre des dépenses, est, suivant Bodin (*République,* livre VI), antérieur au règne de Charles IX. Dès cette époque on connaissait non seulement les comptes de prévoyance faits au commencement d'une année, pour régler la marche de l'administration pendant cette même année, mais encore les comptes effectifs d'une année révolue.

Jusqu'aux derniers temps de la monarchie, l'état des recettes et dépenses ne reçut aucune publicité ; destiné uniquement à guider la marche de l'administration, il demeura secret entre le souverain et les ministres exécuteurs de ses ordres. Necker fut le premier, qui demanda et obtint de Louis XVI l'autorisation de le porter à la connaissance de la nation. Son *Compte rendu* n'est pas, du reste, un budget complet : il ne comprend que ce qui était perçu et acquitté directement, en 1781, par le trésor royal. L'état présenté, en 1787, par Calonne à l'Assemblée des notables est mieux conçu et donne l'ensemble de la situation financière d'alors.

La situation est exposée avec plus de développements encore dans le *Compte général des revenus et des dépenses fixes, au 1er mai 1789*, remis par Necker au comité des finances de l'Assemblée constituante.

D'après ce dernier bilan de l'ancienne France, les recettes devaient être évaluées à 475,294,000 liv., savoir :

Impositions directes :

Taille, capitation, vingtièmes, etc...........	187.051.000 liv.

Fermes et régies :

1o Gabelles, tabac, traites, entrées de Paris	150.107.000
2o Aides et droits réunis.................	50.220.000
3o Domaines et bois.....................	50.000.000
4o Postes, messageries, Caisse de Sceaux et de Poissy, poudres et salpêtres et autres droits	15.520.000
5o Loteries	14.000.000
Revenus casuels, marcs d'or, monnaies, Caisse du commerce, etc.....................	5.896.000
Intérêts de créances sur pays étranger (dette des États-Unis et du duc des Deux-Ponts).	1.900.000

Les dépenses montaient à 531,533,000 liv., et se répartissaient ainsi :

Maison du roi, famille royale et princes, y compris les bâtiments et maisons Royales, Beaux-Arts, aumônes et pensions........	33.240.000
Affaires étrangères.....................	7.330.000

Département de la guerre...................	99.091.000
Marine et colonies........................	40.500.000
Rentes perpétuelles et viagères.............	161.406.400
Intérêts d'effets publics, d'anticipations, d'engagements...........................	63.150.000
Gages et traitements.....................	19.308.000
Pensions et indemnités...................	33.121.000
Frais de régie et de perception à la charge du trésor, remises et modérations...........	33.145.000
Dépenses diverses, variables et imprévues. (Ponts et chaussées, dépenses de Paris, haras, primes au commerce, enseignement, frais de procédure et de prisonniers, dons et secours, etc.).....................	41.176.000

Les 475 millions de taxes, inscrites au compte du 1er mai, ne constituaient pas la totalité des charges qui pesaient sur les contribuables. Les fonds pour les dépenses des pays d'Etats, ainsi que des villes et communautés, n'y figuraient pas, non plus que la plupart des frais de perception et de régie des impositions indirectes que les compagnies, auxquelles ces impositions étaient affermées, prélevaient sur les produits bruts, en dehors du prix du bail ; les travaux des routes s'exécutaient en grande partie par corvées ; les dîmes ecclésiastiques et inféodées s'élevaient à 133 millions ; les péages, banalités et autres droits seigneuriaux à 36, etc. En somme, *l'Adresse aux Français* du Comité des contributions publiques, en date du 22 juin 1791, à laquelle nous empruntons ces deux chiffres, évalue, très largement il est vrai, à plus de 770 millions l'ensemble des taxes et perceptions du régime antérieur à 1789.

— Les finances furent une des premières et principales préoccupations de l'Assemblée constituante ; les principes qu'elle a posés sur cette matière, dans la Constitution du 14 septembre, sont ceux qui régissent encore aujourd'hui notre législation.

La Déclaration des droits de l'homme (art. 13) proclame que, « pour l'entretien de la force publique et pour les dépenses de l'administration, une contribution commune est indispensable, et qu'elle doit être également répartie entre tous les citoyens, en raison de leurs facultés ».

Au Corps législatif sont délégués exclusivement les pouvoirs (C^{on}, tit. III, ch. III, § 1) :

1° *De fixer les dépenses publiques.* A cet effet, les ministres seront tenus de présenter, chaque année, à l'ouverture de la session, l'aperçu de la dépense à faire dans leur département, et de rendre compte de l'emploi des sommes qui y étaient destinées. Ils sont responsables de toute dissipation de deniers destinés aux dépenses de leur département (*ib.*, ch. II, § 4). Les comptes détaillés de la dépense des départements ministériels, signés et certifiés par les ministres ou ordonnateurs généraux, seront rendus publics par la voie de l'impression, au commencement des sessions de chaque législature. Les états des dépenses seront distingués suivant leur nature et exprimeront les sommes touchées et dépensées, année par année, dans chaque district (t. V, art. 3).

2° *D'établir les contributions publiques*, c'est-à-dire d'en déterminer la nature, la quotité, la durée et le mode de perception, de surveiller l'emploi de tous les revenus publics et de s'en faire rendre compte. Les décrets du Corps législatif, concernant l'établissement, la prorogation et la perception des contributions publiques, porteront l'intitulé de *Lois* et seront promulgués et exécutés sans être sujets à la sanction (tit. III, ch. III, § 1 et 3). Les contributions seront délibérées et fixées chaque année par le Corps législatif et ne pourront subsister au delà du dernier jour de la session suivante, si elles n'ont pas été expressément renouvelées. Cependant, sous aucun prétexte, les fonds nécessaires à l'acquittement de la dette nationale et au paiement de la liste civile ne pourront être ni refusés ni suspendus. Les états de recettes détaillés des diverses contributions et de tous les revenus de l'Etat seront rendus publics, par la voie de l'impression, au commencement des sessions de chaque législature (tit. V).

Le pouvoir exécutif dirige et surveille la perception et le versement des contributions, et donne tous les ordres nécessaires à cet effet (tit. V).

La loi du 17 septembre 1791 remplaça par un bureau de

comptabilité nationale, établi dans le sein de l'assemblée, les Chambres des comptes qui, sous l'ancienne monarchie, avaient eu haute juridiction sur toute la comptabilité financière.

En même temps, tout le système des impôts subissait un remaniement complet dans le sens des institutions nouvelles. La taille, la capitation et les vingtièmes firent place (loi du 23 novembre 1790) à une contribution foncière de 240 millions, établie sur le revenu net des propriétés bâties et non bâties, évalué alors à la somme de 1,200 millions, et à une contribution mobilière de 60 millions, divisée en cinq taxes : taxes personnelle ; sur les domestiques ; sur les chevaux ; sur les loyers d'habitation ; du vingtième du revenu. Au principal de 300 millions s'ajoutaient 60 millions de sous additionnels pour les dépenses des départements, 18 millions pour remises et modérations, 8 millions pour frais de perception.

La répartition des contributions directes entre les départements appartint au pouvoir législatif ; la sous-répartition aux administrateurs de département (C^{on} de 1791, tit. III).

L'enregistrement, le timbre et les hypothèques succédèrent, en les simplifiant, aux anciens droits de même nature (loi des 5 et 12 décembre 1790). Les patentes furent substituées aux maîtrises, jurandes et vingtièmes d'industrie. On maintint les administrations des domaines, des forêts, des postes et messageries, des poudres et salpêtres et des monnaies, en les adaptant toutefois au nouveau régime gouvernemental. Mais les taxes de consommation, l'indice le moins trompeur cependant des facultés des contribuables puisqu'elles les atteignent dans la progression de leurs dépenses, succombèrent devant les préventions populaires et les attaques dont elles étaient l'objet de la part des physiocrates. De toute la ferme générale, il ne subsista que les douanes extérieures (L. 5 novembre 1700).

D'après l'adresse du 22 juin 1791, que nous avons déjà citée, le produit brut de toutes ces contributions nouvelles devait s'élever à 538 millions, la recette effective, pour le trésor et les départements, à 505, en y comprenant les revenus des forêts et des salines. Les dépenses étant évaluées à 581 millions, on recourait, pour couvrir leur excédent, à diverses ressources supplémentaires, savoir : une contribution patriotique, les loteries, la vente du matériel et des approvisionnements des anciennes régies ; et, avec le recouvrement présumé de certaines créances, on arrivait ainsi à un boni définitif, mais très éventuel, d'environ trois millions.

Par une ordonnance du 24 janvier 1789, Louis XVI avait prescrit la publication annuelle du tableau des recettes et des dépenses. Un des premiers soins de l'Assemblée constituante fut de confirmer cette mesure (28 novembre 1789). Une loi du 2 août 1791 demanda la présentation d'un état général des dépenses, qui avaient eu lieu du 1er mai 1789 au 1er septembre 1791, avec leur division en ordinaires et extraordinaires ; la même loi avait ordonné la rédaction d'un état des recettes du 1er mai 1792 au 1er septembre 1793.

A cette dernière date, la Constitution du 14 septembre 1791 n'était plus en vigueur : elle avait été remplacée par celle du 24 juin 1793. Les finances, comme toutes les autres parties du gouvernement, et plus qu'elles encore, subirent les pernicieux effets du régime de la Terreur. Un seul acte de cette époque de désordre et d'arbitraire méritait de subsister et doit être signalé : c'est l'institution du grand-livre de la dette publique (1).

La Constitution du 5 fructidor, an III (22 août 1795), tenta de réorganiser l'administration financière. Voici les dispositions qu'elle édicta à ce sujet :

Toute contribution doit être établie pour l'utilité générale ; elle doit être répartie entre les contribuables en raison de leurs facultés (art. 16).

(1) Loi du 24 août 1793. Cette loi, en même temps qu'elle ordonnait la formation d'un Grand-Livre de la Dette publique non viagère, supprimait, au profit de la République, les créances des émigrés sans indemnité ; les rentes dues aux fabriques, en mettant les frais du culte à la charge de la nation ; les créances des communes et départements en déclarant leurs dettes, dettes nationales, mais en attribuant, par contre, tout leur actif mobilier et immobilier à l'Etat. Elle autorisait la conversion des assignats en inscriptions sur le Grand-Livre. Enfin elle assujettissait la Dette publique au principal de la contribution foncière. La loi du 9 vendémiaire an VI devait faire disparaître ce premier essai d'impôt sur la rente en déclarant le tiers consolidé exempt de toute retenue présente ou future.

Le Directoire exécutif est tenu, chaque année, de présenter au conseil des Cinq-Cents et au conseil des Anciens l'aperçu des dépenses, la situation des finances, l'état des pensions existantes, ainsi que le projet de colles qu'il croit convenable d'établir (art. 102).

Les contributions publiques sont délibérées et fixées chaque année par le Corps législatif ; à lui seul appartient d'en établir. Elles ne peuvent subsister au delà d'un an, si elles ne sont expressément renouvelées (art. 302).

Le Corps législatif peut créer tel genre de contributions qu'il croira nécessaire ; mais il doit établir, chaque année, une imposition foncière et une imposition personnelle (art. 303).

Le Directoire exécutif dirige et surveille la perception et le versement des contributions, et donne, à cet effet, tous les ordres nécessaires (art. 307).

Les comptes détaillés de la dépense des ministres, signés et certifiés par eux, sont rendus publics au commencement de chaque année. Il en est de même des états de recettes des diverses contributions et de tous les revenus publics (art. 308).

Les états de ces dépenses et recettes sont distingués suivant leur nature. Ils expriment les sommes touchées et dépensées, année par année, dans chaque partie d'administration générale (art. 309).

Trésorerie nationale et comptabilité. — La surveillance de la recette de tous les deniers nationaux, la direction des mouvements de fonds et le paiement de toutes les dépenses publiques sont confiés à cinq commissaires de la trésorerie. La trésorerie vérifie et arrête les comptes des receveurs des contributions directes, des payeurs et des différentes régies nationales (art. 320).

Le Compte général des recettes et des dépenses de la République, appuyé de ces comptes particuliers, est présenté par les commissaires de la trésorerie aux cinq commissaires de la comptabilité qui le vérifient, l'arrêtent et le rendent public (art. 322 et 324).

Une loi du 28 messidor an IV, développée par celle du 15 frimaire an VI, distingua les dépenses publiques, suivant leur nature, et détermina la manière dont elles devaient être acquittées.

Il y eut quatre classes de dépenses : *les dépenses générales*, réglées chaque année par le Corps législatif, supportées par tous les citoyens et acquittées par la trésorerie nationale (leur nomenclature était donnée par la loi) ; *les dépenses départementales* ; *les dépenses municipales de canton* ; *les dépenses communales* ; ces trois dernières catégories de dépenses, supportées par les seuls habitants de la circonscription, et payées au moyen de centimes additionnels réglés pour la première fois par la loi du 9 germinal an V. Les centimes, indépendamment de la destination ci-dessus indiquée, étaient affectés au paiement des non-valeurs, frais de perception et de confection des rôles.

L'article 102 de la Constitution de l'an III obligeait le Directoire à présenter annuellement au Corps législatif un aperçu des dépenses et de la situation financière ; la loi du 22 thermidor an V détermina le mode de cette présentation. L'aperçu devait se diviser en état des dépenses ordinaires, contenant celles acquittées tant sur le principal des contributions que sur les centimes additionnels, et en état des dépenses extraordinaires. Chaque état comprenait autant de sections qu'il y avait d'administrations diverses (une par ministère, une pour les administrations centrales, etc.) ; chaque section offrait le tableau des dépenses à faire dans les diverses parties de l'administration, ainsi qu'une comparaison avec les années précédentes. L'envoi de cet aperçu devait être fait assez à temps pour que les dépenses pussent être réglées avant que le moment de les acquitter fût arrivé.

Ce n'était pas assez d'avoir soumis à des règles certaines l'acquittement des charges publiques, il fallait assurer les moyens d'y pourvoir. La Convention avait supprimé la contribution personnelle et mobilière, ainsi que celle des patentes ; le nouveau pouvoir les rétablit. (Lois des 7 thermidor an III et 3 nivôse an VII. — Lois des 4 thermidor an III et 1er brumaire an VII.) Une loi du 4 frimaire an VII créa, comme supplément à la première de ces deux contributions, l'impôt des portes et fenêtres qui frappa d'une taxe, gradué suivant la population des communes, les ouvertures des bâtiments destinés à l'habitation, avec exception en faveur de ceux exclusivement affectés à l'agriculture et à l'industrie. La loi du 3 frimaire an VII organisa sur des bases fixes l'assiette et le recouvrement de la contribution foncière, que des dégrèvements considérables tentèrent de ramener à une répartition plus équitable entre les divers départements. Celle du 22 du même mois régla le taux et la quotité des droits d'enregistrement, qui n'avaient été jusqu'alors soumis qu'à une législation provisoire, et étendit cette contribution à toutes les mutations qui en paraissaient susceptibles. Les droits d'hypothèque et de timbre reçurent également d'importantes modifications (lois des 13 brumaire et 21 ventôse an VII). Dès l'an V, le législateur, réagissant contre les doctrines des physiocrates, avait ordonné l'établissement de contributions indirectes, jusqu'à concurrence du déficit des taxes directes (loi de finances du 16 brumaire). Voici la nomenclature des impôts nouveaux créés pendant cette période : droit de passe sur les chemins (lois des 24 fructidor an V et 9 vendémiaire an VI); droit sur les cartes et dixième du prix des places des voitures publiques (loi du 9 vendémiaire an VI) ; matières d'or et d'argent (loi du 19 brumaire an VI); droits de greffe (lois du 21 ventôse an VII); enfin, la loterie fut rétablie (9 vendémiaire an VI). Malgré ces ressources, malgré la banqueroute partielle du 30 septembre 1797 (9 vendémiaire an VI) (1) qui vint compléter celle du 24 août 1793, le Directoire ne parvint pas à relever la situation.

(1) L'article 93 de la loi du 9 vendémiaire ordonna le remboursement des deux tiers des rentes inscrites en papiers sans valeur, et consolida le troisième tiers, en promettant aux rentiers le payement en numéraire. Cette promesse ne fut tenue que sous le Consulat (23 thermidor, an IX). Les rentes intégrales, susceptibles d'être inscrites au Grand-Livre créé par la loi du 24 août 1793, devaient s'élever à 174,716,000 francs. La consolidation du tiers et les diverses annulations qui eurent lieu de rentes, reçues en payement de biens nationaux ou confisquées sur les émigrés et les mainmortables, avaient réduit à 40,216,000 francs les rentes inscrites au 1er janvier 1800 (Compte général de l'administration des finances).

II

C'était au Gouvernement Consulaire qu'il devait appartenir de porter l'ordre dans les finances, comme dans toutes les autres parties de l'administration.

La Constitution du 22 frimaire an VIII (13 décembre 1799) sépara entièrement le pouvoir exécutif du pouvoir législatif, confié à trois assemblées : le Tribunat, le Corps législatif et le Sénat. Les lois, préparées par le Conseil d'État, étaient discutées contradictoirement devant le Corps législatif par des commissaires que nommaient le Conseil d'État et le Tribunat (1). Le Corps législatif votait les lois ; le pouvoir exécutif les promulguait. Au-dessus se trouvait le Sénat, conservateur des libertés publiques.

La nouvelle attribution de l'autorité souveraine, que des sénatus-consultes vinrent bientôt modifier plus profondément encore, influa d'une manière sensible sur l'organisation financière. « Le gouvernement, dit l'article 45 de la constitution, dirige les recettes et les dépenses conformément à la loi annuelle, qui détermine le montant des unes et des autres. »

Sous la République, la direction de chaque branche du service financier avait été confiée aux commissaires des assemblées, puis à des comités soumis à l'autorité plutôt nominale que réelle du pouvoir exécutif. L'article 58 de la constitution du 22 frimaire disposa qu'un des ministres serait spécialement chargé de l'administration du trésor, qu'il assurerait les recettes, ordonnerait les mouvements de fonds et les paiements, mais ceux-ci seulement en vertu : 1° d'une loi et jusqu'à concurrence des fonds qu'elle avait votés pour un genre de dépenses ; 2° ou d'un arrêté du gouvernement ; 3° ou d'un mandat signé par un ministre. — En l'an X (5 vendémiaire), ces attributions furent scindées dans un but de contrôle, et réparties entre deux

---

(1) Le Tribunat ayant été supprimé par le sénatus-consulte du 19 août 1807, l'examen des lois fut dévolu à une commission prise dans le sein du Corps législatif.

ministres : celui du trésor, préposé aux dépenses (1), et celui des finances, qui, avec le concours de directeurs généraux, chargés spécialement chacun de l'une des grandes branches des revenus publics, dut veiller à l'assiette et au recouvrement de l'impôt.

Grâce à cette nouvelle et plus forte organisation, et sous l'énergique impulsion du chef de l'État, les principes formulés, depuis 1780, en matière d'impôts, furent enfin appliqués après avoir été sagement conciliés avec les justes exigences du pouvoir ; l'administration financière fut définitivement constituée et tous les revenus de l'État éprouvèrent de notables améliorations. D'importants dégrèvements vinrent réparer les inégalités de l'assiette de la contribution foncière entre les départements, en attendant les bienfaits plus stables du cadastre parcellaire décrété en 1807 (Loi du 15 septembre 1807 et instruction générale du 20 avril 1808). La contribution personnelle et mobilière fut également allégée (25 ventôse an VIII) et vit enfin disparaître, en 1806 (24 avril), les taxes somptuaires, dont elle avait été accrue en 1705. Les portes et fenêtres devinrent impôt de répartition (13 floréal an X). La loi du 8 floréal an XI remania profondément le système des douanes. Celle du 30 floréal de l'année précédente avait créé un droit de navigation intérieure sur les fleuves, rivières et canaux, avec la destination spéciale de pourvoir aux dépenses que nécessitaient ces grandes voies

(1) C'est au ministère du trésor qu'est due l'utile institution de la *Caisse de service*, qui permit enfin à l'administration de ressaisir l'importante attribution de répartir chaque jour et sur tous les points les ressources disponibles aux besoins exigibles (1806).

La loi du 6 frimaire an VIII avait institué une *Caisse d'amortissement* chargée du service des obligations des receveurs généraux. Elle employait ses capitaux disponibles et sa dotation successivement accrue à des rachats de rentes. Elle reçut en outre, par la loi du 28 nivôse an XIII, les dépôts et consignations des fonds en litige. Cette caisse fut réorganisée par la loi du 28 avril 1816, qui limita ses attributions à la réduction de la Dette publique, et remit les dépôts et consignations à une caisse nouvelle et indépendante. Des débuts du Consulat, date également la fondation de la *Banque de France*, d'abord établissement privé, puis placée bientôt après sous le patronage et le contrôle du gouvernement avec privilège exclusif d'émission de billets. On sait que ce privilège a été successivement prorogé au 31 décembre 1867 par la loi du 22 mai 1840, et au 31 décembre 1897 par celle du 9 juin 1857.

de communication (1). Enfin le législateur, abandonnant entièrement les errements de l'Assemblée constituante, et s'avançant plus hardiment dans la voie indiquée par le législateur de l'an V, résolut le rétablissement des taxes de consommation. Les boissons furent soumises à l'impôt en 1804 (2), et les tabacs assujettis en même temps à un régime de taxes qui devint monopole à partir du 1er janvier 1811 (L. 29 décembre 1810) ; des droits sur le sel remplacèrent la taxe d'entretien des routes (L. 24 avril 1806). Pour compléter la nomenclature des revenus publics, il faut encore citer la redevance sur les mines (Loi du 21 avril 1810).

Toutes les recettes de l'Etat, aux termes de l'article 45 de la constitution du 22 frimaire, étaient annuellement votées par le Corps législatif, dans la loi de finances qui, à partir de 1806 (Loi du 24 avril), reçut le titre de *Budget* emprunté à la langue financière de l'Angleterre.

L'état des recettes était divisé en autant de chapitres qu'il y avait de différentes contributions et autres revenus publics. Indépendamment du montant total des contributions foncière, personnelle et mobilière, et des portes et fenêtres, le Corps législatif déterminait, dans des tableaux annexés à la loi, le contingent de chaque département tant en principal qu'en centimes *généraux*, pour *frais de non-valeurs et de dégrèvement*, et pour *les dépenses fixes et variables des départements*. Ce contingent n'a pas, sauf pour les centimes généraux, changé de l'an XIII à 1814. Un article du budget autorisait en outre, dans les limites d'un maximum et sous l'approbation du gou-

(1) Les lois des 6 frimaire an VIII et 14 floréal an X avaient également établi, au profit de l'Etat, un droit sur la pêche et les bacs et passages d'eau.

(2) Loi du 5 ventôse an XII. — Les lois des 24 avril 1806 et 25 novembre 1808 organisèrent définitivement les taxes sur les boissons. — La première de ces lois régularisa le prélèvement opéré, au profit de l'Etat, sur le produit des octrois municipaux et le fixa au dixième. Supprimés par le décret du 19 février 1791, les octrois avaient été rétablis pour Paris en l'an VII, pour les autres villes en l'an VIII, sous la dénomination d'octrois municipaux et de bienfaisance. (Voir règlement général du 17 mai 1809, ordonnance du 9 décembre 1814, loi du 28 avril 1816.) Le prélèvement du dixième a été supprimé par le décret-loi du 17 mars 1852, lequel a ainsi rendu à la taxe son caractère municipal originaire.

vernement, les conseils généraux et municipaux à s'imposer un certain nombre de centimes. Le budget de 1810 peut, suivant M. Léon Faucher, être considéré comme le budget normal de l'Empire, qui embrassait alors cent huit départements. Les recettes de cet exercice se sont élevées, d'après la loi de règlement du 20 mars 1813, à 785 millions, déduction faite des frais de régie, perception et exploitation des impôts indirects, prélevés sur le produit brut. Dans ce chiffre de 785 millions, les contributions directes figuraient pour 302 millions ; l'enregistrement et les domaines pour 191 ; les droits réunis pour près de 109 ; les douanes pour 100 ; la loterie, les postes et diverses régies pour 42 ; enfin, les recettes extérieures et accidentelles pour 39 millions.

Les dépenses étaient, comme les recettes, votées par le Corps législatif, mais suivant un mode différent. En fixant les ressources de l'année suivante, le législateur mettait, à compte sur elles, un crédit provisoire à la disposition du gouvernement, puis réglait, pour l'exercice courant, le chiffre des dépenses entre les divers départements ministériels. Chacun de ces départements formait un chapitre ; il y avait en outre des chapitres distincts pour la dette, les pensions, la liste civile, les frais de négociations et les fonds de réserve. En voici, du reste, le détail pour l'exercice 1810 (L. de règlement du 20 mars 1813).

Dette publique et pensions (5 chapitres).	111.325.000 fr.
Liste civile et princes français..........	27.300.000
Services généraux des ministères :	
Grand juge..........................	23.199.055
Relations extérieures..................	8.385.000
Intérieur { Service ordinaire........ / Travaux publics.......... }	57.125.000
Police générale......................	1.500.000
Cultes..............................	15.482.210
Finances............................	22.028.000
Trésor impérial......................	8.300.000
Frais de négociations.................	9.907.147
Guerre..............................	241.908.124
Administration de la guerre...........	147.055.214
Marine.............................	110.318.163
Fonds de réserve	»
	785.060.413 fr. (1)

(1) Le budget de 1810 avait d'abord été fixé en prévision, par la loi du 20 avril de la même année, à 740 millions. A partir de 1812, la création

La comptabilité du budget avait été organisée par la loi du 19 nivôse an IX (1).

Le compte général des recettes et des dépenses publiques faites pendant une année devait être d'abord rendu au gouvernement avec les divisions, par chapitres et par articles, prescrites par l'arrêté du 1er nivôse an IX, que vint compléter celui du 13 brumaire an X, sur la vérification des dépenses ministérielles ; puis, présenté au Corps législatif dans la même forme que le budget, le quatrième mois au plus tard de l'année suivante.

Mais le compte, ainsi soumis à l'approbation du législateur, ne fournissait que des justifications incomplètes, et il était d'ailleurs loin d'embrasser l'ensemble de la situation financière. Nonobstant la disposition de la loi du 19 nivôse, qui voulait qu'un chapitre spécial fût ouvert aux frais de perception, les impôts indirects ne s'y trouvaient inscrits que pour leur produit net ; les frais de régie et d'exploitation, préalablement déduits, formaient une comptabilité administrative entièrement distincte. Les ressources et dépenses spéciales et extraordinaires des départements, non plus que celles du cadastre, n'étaient pas portées au budget ordinaire de l'État.

En dehors de ce budget, s'en développaient, en outre, deux autres : celui des *travaux publics* et celui du *domaine extraordinaire* ou des fonds des pays conquis (2).

Enfin, l'absence d'une époque déterminée de clôture des comptes n'avait encore permis, en 1814, le règlement définitif d'aucun exercice et obligeait de pourvoir, chaque année, dans la

du ministère du commerce et des manufactures ajouta un chapitre de plus au budget.

(1) L'article 57 de la constitution du 22 frimaire avait ordonné que les comptes détaillés de la dépense de chaque ministre, signés et certifiés par lui, fussent rendus publics.

(2) En 1808, il avait été dépensé environ 100 millions pour l'entretien et la confection des routes, les desséchements, la navigation, les canaux, les ports, etc. ; en 1809, 110 millions ; en 1810, 133, dont 38 seulement portés au budget ordinaire ; en 1811, 155 millions. — La caisse des contributions militaires fournit 67 millions en 1806, 149 millions en 1807, 133 millions en 1808, et en 1809 elle solda toutes les dépenses que la guerre commandait sur la rive droite du Rhin. (Léon Faucher. *Mélanges d'économie politique et de finances*, t. I.)

loi de finances, à un arriéré considérable. C'était la même loi qui réglait l'arriéré et fixait les recettes et dépenses courantes.

Si, aux défauts sensibles qui viennent d'être signalés, on ajoute que les déclarations de la Cour des comptes, qui avait succédé en 1807 (L. 16 septembre) à la Commission de comptabilité nationale, n'étaient pas communiquées au législateur, lequel manquait ainsi de bases certaines pour vérifier les comptes des ministres (1) ; que d'ailleurs la répartition des crédits provisoires entre les diverses branches de services n'avait quelquefois lieu qu'en fin d'exercice, c'est-à-dire en présence des faits presque entièrement accomplis, on reconnaîtra aisément que le système budgétaire de l'Empire réclamait des modifications.

Cependant, un grand pas avait été fait ; l'ordre était partout rétabli dans les finances ; les principes avaient été posés ; les institutions existaient. Ce qu'il fallait maintenant, c'était de régulariser, d'assurer leur marche en la soumettant à la garantie sérieuse de la publicité, en attribuant aux mandataires du pays une plus large part dans la gestion de la fortune publique. Le régime inauguré par la Restauration prêtait merveilleusement à cette œuvre.

III

« La puissance législative, dit l'art. 15 de la Charte de 1814, s'exerce collectivement par le roi, la chambre des pairs et celle des députés. Le roi propose la loi (art. 16). La proposition de

---

(1) La division du service du paiement des dépenses entre les quatre payeurs généraux de la dette publique, de la guerre, de la marine et des dépenses diverses comprenant les autres ministères ; l'existence de quatre comptabilités distinctes, celles des fonds généraux, des fonds spéciaux, des fonds des pays conquis, des prélèvements supportés par les produits bruts des contributions ; la substitution d'un compte général d'ordre, pour chaque exercice, rendu sous la responsabilité collective des administrateurs, aux comptes individuels des préposés des régies financières ; enfin et surtout, l'absence d'une époque de clôture, ne permirent pas, sous l'Empire, à la Cour des comptes, de faire sentir tous les bienfaits de son contrôle.

loi est, à son gré, portée à l'une ou l'autre chambre, excepté la
loi de l'impôt qui doit être présentée d'abord à la chambre des
députés, et ne peut qu'après son vote favorable être transmise
à la chambre des pairs (art. 17 et 47). Aucun impôt ne peut être
établi et perçu s'il n'a été consenti par les deux chambres
et sanctionné par le roi, auquel seul appartiennent la sanction
et la promulgation des lois (art. 48-22). L'impôt foncier n'est
consenti que pour un an. Les impositions indirectes peuvent
l'être pour plusieurs années (art. 49). La dette publique est garantie. Tout engagement pris par l'État avec ses créanciers est
inviolable (art. 70). »

L'article 2 de la Charte confirmait l'un des principes de 1789,
la contribution sans distinction de tous les Français aux charges de l'État dans la proportion de leur fortune.

Le budget des dépenses ne donna lieu à aucune disposition
nouvelle, et il continua à être présenté aux chambres avec les
mêmes divisions que sous l'Empire. Cependant, dès l'origine,
une part plus large fut dévolue en cette matière à l'intervention
des représentants du pays (1). Deux causes y concoururent:
les rapports directs établis par la Charte entre les ministres
ordonnateurs et le pouvoir législatif (art. 51), les nécessités du
Trésor obligé de faire face à une situation financière des plus
obérées.

La première réforme de la chambre des députés porta sur la
comptabilité ministérielle. Trente-six millions de dépenses faites par le ministre de la guerre au delà des crédits qui lui
avaient été ouverts par la loi du 28 avril 1816, en furent l'occasion ; c'était d'ailleurs le point principal, car « la loi, qui fixe
chaque année les recettes et les dépenses à faire dans l'État
est sans doute une précaution salutaire et nécessaire; mais la
vérification de l'emploi des fonds conformément aux crédits
accordés, celle des recettes et des dépenses réellement faites
est d'une importance bien plus grande encore. La première

(1) Tout amendement était, il est vrai, soumis par l'article 46 de la
Charte à la proposition ou au consentement du roi ; mais cette disposition tomba promptement en désuétude. — Voy., sur les discussions législatives soulevées à l'occasion des Budgets de 1815 et 1816, le rapport
sur le sénatus-consulte du 31 décembre 1851.

sans la seconde ne serait qu'une trompeuse illusion. Cette vérification doit être à la fois le moyen de régler définitivement
les recettes et les dépenses de l'année expirée, celui de déterminer avec moins d'incertitude les recettes et les dépenses
de l'année qui va s'ouvrir, celui de prévenir les dépenses abusives (1). »

Prenant pour base le compte présenté par le gouvernement
pour les années 1814 et 1815, qui le premier avait embrassé
toutes les opérations des ministres et les avait rattachées aux
évaluations des budgets des divers exercices, la commission législative, chargée de l'examen de la loi des finances de 1817,
proposa dans son rapport du 25 janvier, une série de dispositions, devenues fondamentales en cette matière, et qui formèrent le titre XII de la loi du 25 mars de la même année.

Les ministres seront tenus, dit l'art. 148 de cette loi, de présenter, à chaque session, les comptes de leurs opérations pendant l'année précédente ; ils devront établir la comparaison des
dépenses qu'ils auront arrêtées pendant le cours de leur administration, avec les ordonnances qu'ils auront délivrées dans le
même espace de temps et avec les crédits particuliers ouverts
à chacun des chapitres de leurs budgets (art. 150). Le ministre
des finances présentera : 1° le compte de la dette publique ;
2° le compte général des budgets, établissant par exercice
et par nature de recette et de dépense la comparaison des
évaluations des budgets avec les produits nets des contributions, les ordonnances des ministres et les paiements effectués ; 3° le compte du trésor royal ; 4° le compte du recouvrement des produits bruts des contributions directes et indirectes (art. 149). Les comptes annuels rappelleront la situation, à
l'époque du compte précédent, de chacun des exercices non
consommés à cette époque, et donneront le détail des opérations faites depuis, ainsi que la situation actuelle de chaque
exercice (art. 153).

Les chambres se trouvaient ainsi désormais mises à même
de juger les opérations des ministres, et de suivre, d'année en
année, l'état de la fortune publique. A toutes ces garanties, la

_____

(1) Rapport sur la loi de finances de 1813, par MM. Roy et Beugnot.

loi de finances du 15 mai 1818 en ajouta bientôt une nouvelle et plus considérable encore, en décidant (art. 102) que le règlement définitif des budgets serait à l'avenir l'objet d'une loi particulière proposée aux chambres avant la présentation de la loi annuelle du budget (1). La loi du 27 juin 1819 voulut, en outre, que le compte annuel des finances fût accompagné de l'état des travaux de la Cour des comptes (art. 20).

La loi du 25 mars 1817 ne s'était pas bornée à déterminer la forme des comptes; elle avait cherché aussi à prévenir les dépenses extra-budgétaires. La répartition faite par les ministres, entre les divers chapitres de leurs budgets particuliers, de la somme allouée à chacun d'eux par le budget général, dut à l'avenir être soumise à l'approbation du roi et s'opérer de manière à ce que la dépense n'excédât pas le crédit en masse ouvert à chaque département. Les ministres ne pouvaient, sous leur responsabilité, dépenser au delà de ce crédit. Le ministre des finances ne pouvait, sous la même responsabilité, autoriser les paiements excédants, que dans les cas extraordinaires et urgents, et en vertu d'ordonnances du roi, qui devaient être converties en lois à la plus prochaine session des chambres (art. 151 et 152). La conversion en loi était faite sur la proposition du ministre, dans le département duquel avait eu lieu la dépense, avant le règlement définitif des budgets antérieurs. (Loi du 27 juin 1819, art. 21.)

Deux budgets spéciaux furent formés en 1817, à côté et en dehors du budget ordinaire de l'État: l'un essentiellement temporaire, pour les dépenses extraordinaires (solde des exercices

---

(1) Un état signé, certifié par un ministre qui expose ce qui est entré et ce qui est sorti du trésor public, n'est qu'un exposé sommaire de son administration et ne constitue pas une comptabilité effective. D'un autre côté, la commission nommée pour l'examen préparatoire de la loi de finances, chargée à la fois de prendre les renseignements nécessaires pour juger le passé et pourvoir à l'avenir, toujours pressée par le temps et par la juste impatience de la Chambre, est forcée de s'en rapporter à ceux-là mêmes qui sont l'objet du contrôle et de la surveillance.... ; la commission propose un article suivant lequel les comptes devront être présentés à l'ouverture de chaque session, de manière que les chambres puissent, dès leur réunion, procéder à leur examen indépendamment de l'époque de la présentation du budget. (Rapport du 24 mars 1818.)

antérieurs, contribution de guerre, etc.), l'autre, de la dette perpétuelle et de l'amortissement. Établi pour assurer davantage le paiement loyal des dettes du passé et appeler la confiance des capitalistes par la sûreté des engagements et l'évidence des moyens, ce dernier budget reçut, comme dotation particulière, les produits nets de l'enregistrement, du timbre, des domaines, des postes et de la loterie (1) ; ce n'était qu'après l'acquittement de toutes les charges y relatives que la portion restant libre des produits nets ci-dessus indiqués pouvait être appliquée aux dépenses générales de l'État. En même temps, la Caisse d'amortissement, instituée par la loi du 28 avril 1816, voyait ses ressources ordinaires accrues par l'affectation d'une partie du domaine forestier de l'État (150.000 hectares), dont la vente lui a produit une recette supplémentaire de près de 84 millions. De même que le projet de budget, le compte du service de la dette et de l'amortissement dut être présenté séparément aux chambres.

La loi du 25 mars inscrivit pour la première fois, en recette et dépense, au ministère des finances, le fonds de non-valeurs, qui s'élevait pour 1817 à 15,700.000 fr., et avait été déduit précédemment des recettes. L'année suivante un nouveau et plus grand pas fut fait encore dans la même voie : les frais de régie, de perception et d'exploitation des impôts indirects continuaient à être prélevés sur le produit brut ; c'était une réduction de près d'un tiers sur la somme totale des recouvrements, et les directeurs des régies financières ordonnaient ainsi une masse générale de dépenses, qui s'élevait à plus de cent millions, sans l'intervention des chambres et par simple délégation du ministre. La commission, chargée de l'examen de la loi de finances de 1818, pensa qu'il n'y avait aucune raison sérieuse pour ne pas soumettre à la formalité des crédits législatifs l'emploi de proportions si considérables du revenu public, et que les dépenses de cette nature exigeaient, aussi bien que les dépenses générales de l'État, le consentement et le contrôle des représentants de la nation. Le total des frais de régie et de perception

(1) Les produits nets des forêts, douanes et sels furent substitués par la loi de 1819 à ceux des postes et de la loterie.

rattachés par la loi du 15 mai au budget général (1) est évalué par le compte de l'administration des finances, pour 1818, à 120.663.000 fr., y compris le service des poudres à feu. La réforme fut à peu près complétée dans cette partie par l'inscription au budget, en 1820, de la recette et de l'emploi du produit des amendes et confiscations de l'enregistrement, des douanes et des contributions indirectes (4.103.000 fr.), et par celle, en 1822, des non-valeurs, remboursements et restitutions sur les impôts et primes de douanes à l'exportation, qui n'apparaissaient dans les comptes qu'en déduction de la recette brute des revenus (16.192.000 fr.).

La spécialité ministérielle, créée par la loi de 1817, constituait une sérieuse garantie. Les ministres, étant tenus d'établir dans leurs comptes la comparaison des dépenses faites avec les crédits particuliers ouverts par l'ordonnance royale à chaque branche de service, ne pouvaient modifier la répartition primitive que pour des causes graves, dont ils étaient obligés de fournir la justification. Cependant ce système avait ses imperfections. Ainsi, notamment, aucune époque n'avait été fixée à la répartition royale, et il en résultait que cette répartition avait lieu quelquefois en cours d'exercice, et qu'elle était, par suite, faite d'après les services au lieu que les services se fissent d'après elle ; les bases en étaient aussi constamment changées ; enfin et surtout, des excédents de dépenses pour des services ordinaires et prévus venaient déranger annuellement l'équilibre du budget et obligeaient de recourir à des demandes de suppléments de crédits en opposition avec la loi de 1817. De là de vives récriminations des chambres, des observations périodique-

(1) La loi du 15 mai 1818 réunit aussi le *domaine extraordinaire* au domaine de l'État, et chargea l'administration de l'enregistrement de poursuivre le recouvrement des créances qui en dépendaient, de percevoir les revenus, et de mettre en vente les biens non affectés à des dotations. Le produit net de ces recouvrements et de ces ventes dut être versé à la Caisse des dépôts et consignations et employé à des achats de rentes sur le grand-livre, pour les dites rentes être ensuite annulées. (Loi 26 juillet 1821.)

A partir de 1837, l'actif de l'ancien domaine extraordinaire a dû être appliqué au budget général de l'État, et fait actuellement partie des produits divers du budget de chaque exercice. (Lois 8 juillet 1837 et 6 juin 1843.)

ment renouvelées par les commissions de finances, qui signa-
laient comme seul remède à ces abus l'extension de la prérogative parlementaire. Chaque session voyait se reproduire des
propositions de cette nature, souvent couronnées de succès.

Ainsi, dès 1818, dans la discussion de la loi du 15 mai, la
chambre des députés vote distinctement sur certaines fractions
des budgets ministériels, entre autres sur les deux premiers
paragraphes du budget de la guerre et sur les dépenses de la
direction générale des contributions indirectes (1).

L'article 7 de la loi du 19 juillet 1820 dispose que les comptes de chaque exercice seront établis avec les mêmes distributions que l'avait été le budget dudit exercice, sauf en ce qui
concerne les dépenses imprévues, pour lesquelles il sera fait des
articles et des chapitres additionnels et séparés.

La discussion prit, en 1822, à l'occasion de l'examen de la
loi de finances, une tournure des plus vives. Les budgets ministériels avaient été insensiblement présentés divisés par chapitres et même par articles, dans des états de développements
produits à l'appui des propositions du gouvernement. Quatre
amendements dans la chambre des députés, renouvelant une
proposition inutilement formulée déjà dans la session de 1820,
demandèrent que la spécialité législative fût étendue à ces divisions. Le vote par chapitre trouva dans Royer-Collard un habile défenseur. « La raison de l'impôt, disait-il (séance du 13
avril 1822), c'est la dépense ; la raison de la dépense, c'est les
services ; ainsi les services sont la dernière et véritable raison
de l'impôt. Ce qui se passe entre le gouvernement et la chambre dans la proposition annuelle de la loi de finances en est la
preuve... Dans le fait, le consentement général de la chambre
se décompose en autant de consentements particuliers qu'il y a
de dépenses distinctes ; il y a autant de dépenses distinctes
qu'il y a de services différents allégués par le gouvernement.
L'allégation d'un service emporte assurément la supposition
que ce service sera fait, celui-là et non pas un autre ; ainsi les
services, tels qu'ils sont exposés, sont les raisons, les causes
et les conditions des votes successifs de la chambre, et la réci-

(1) Exposé des motifs du budget de 1856, p. 21.

procité de ces deux choses, les services et l'argent, forme un
véritable *contrat* qui oblige le gouvernement envers la chambre et la nation... Je n'ai pas besoin d'exprimer que je mets
ici l'imprévu hors de cause... Tout ce que je dis... c'est que
dans ce qu'il y a de certain et de connu, à chaque vote que le
gouvernement obtient de la chambre, il s'oblige au service qu'il
a lui-même indiqué et déterminé comme la raison de ce vote.
S'il ne remplit pas ces engagements, les votes sont nuls de
droit; l'impôt n'a pas été consenti; dans la rigueur des principes il y a concussion. Eh bien ! les spécialités ne sont pas autre
chose que les engagements dont je viens de parler; chaque
engagement engendre une spécialité; il y a autant de spécialités que le gouvernement a fait d'allégations différentes pour
attirer l'impôt... Ce n'est pas à vous à vous préoccuper de leur
nombre... car ce n'est pas vous qui les faites, c'est le gouvernement La spécialité existe à son usage et dans son intérêt;
elle lui sert à vous convaincre de la nécessité de la dépense, et
par là de la nécessité de l'impôt. S'il multiplie les divisions,
c'est qu'il multiplie les demandes; chaque division est une demande. chaque demande est un engagement, chaque engagement est un devoir spécial. »

Le gouvernement, par l'organe de MM. Courvoisier et de Villèle, combattit les amendements présentés, sans en repousser
toutefois absolument le principe. Les deux orateurs reconnais-
saient qu'une certaine spécialité était admissible, celle qui consisterait à régler des services, à trouver des divisions sagement
étendues, sagement restreintes, entre le personnel d'un côté, le
matériel de l'autre, entre les dépenses fixes et les dépenses variables ; mais ils déclaraient qu'on ne pouvait, sans rendre la
chambre des députés maîtresse absolue du gouvernement et de
l'administration publique, sans l'élever sur la ruine du pouvoir
royal et des droits constitutionnels de la chambre des pairs,
attacher la spécialité aux articles ni même aux chapitres, tels
qu'ils étaient tracés dans les états joints à la proposition de loi.

La majorité donna gain de cause à l'argumentation ministérielle et les amendements furent rejetés. Mais, malgré ce succès,
le gouvernement jugea qu'il y avait lieu de ne pas repousser
absolument les réclamations qui s'étaient produites. Aussi bien,

la spécialité des chapitres n'avait pas été la seule question soulevée au sein de la chambre des députés. La commission, chargée de l'examen de la loi des comptes de l'exercice 1820, avait
signalé des irrégularités nombreuses, l'absence systématique
de justifications ʼpour beaucoup de dépenses, et, réclamant,
comme la plupart de ses devancières, la clôture de l'ancien
arriéré, avait insisté sur la nécessité d'adopter des mesures propres à imprimer au règlement législatif de chaque exercice un
caractère définitif. Ce règlement, en effet, ne reposant que sur
l'évaluation incertaine des dépenses restant à faire, n'était
encore qu'un arrêté de compte provisoire, qui ne rectifiait que
d'une manière très incomplète les prévisions des budgets et qui
laissait à la disposition des ordonnateurs des sommes considérables, ʼque ne réclamaient pas toujours les besoins du service (1); et cet état de choses était inévitable lorsque la durée de
l'exercice ne se trouvait pas renfermée dans des limites certaines, lorsque aucun terme légal n'était assigné à la liquidation, à
l'ordonnancement et au paiement des dépenses, et surtout lorsque
les ministres ordonnateurs, à défaut d'une comptabilité centrale,
ne pouvaient avoir une entière connaissance des actes émanés
de leur département, qui avaient engagé l'État et leur responsabilité personnelle.

L'administration des finances, reconnaissant l'urgence d'une
réforme à cet égard, avait déjà pris d'elle-même l'engagement
de la réaliser. Tel fut en partie l'objet de l'ordonnance du
14 septembre 1822, dont nous devons reproduire les principales
dispositions.

L'exercice fut nettement défini quant à sa durée. « Seront
seules considérées, dit l'article 1ᵉʳ, comme appartenant à un
exercice, les dépenses résultant d'un *service fait* dans l'année
qui donne son nom audit exercice; les crédits ne peuvent être
employés à aucune dépense appartenant à un autre exercice
que celui pour lequel ils sont ouverts. La répartition par or-

(1) C'est ainsi que les budgets des années 1821 et antérieures ont été
réglés avec des crédits excédant leurs besoins réels de près de 18 millions, qui n'ont été retirés aux ordonnateurs qu'à la suite d'une liquidation laborieuse et par six lois consécutives rendues sur les mêmes
exercices. (Rapport au roi sur l'ordonnance du 23 décembre 1820.)

donnance royale des crédits entre les divers chapitres des budgets ministériels devra précéder toute disposition de fonds (art. 2.) Cette répartition sera annexée annuellement aux comptes-rendus par les ministres, lesquels ne pourront excéder les sommes ainsi allouées à chaque service que dans le cas de circonstances extraordinaires et imprévues, dont ils seront tenus de fournir la justification dans leurs comptes. Chaque mois le ministre des finances proposera au roi, d'après la demande de ses collègues, la distribution des fonds dont ils auront à disposer pour le mois suivant (art. 5 et 6). Les ministres ne pourront accroître par aucune recette particulière, soit vente d'objets mobiliers ou immobiliers, soit même restitution de sommes induement payées sur leurs crédits, après clôture de compte d'exercice, le montant des crédits affectés aux dépenses de leurs services (art. 3.) [titre 1]. »

Le titre II s'occupe *de l'ordonnancement des dépenses.* Toute ordonnance pour être admise doit porter sur un crédit régulièrement ouvert et se renfermer dans la limite des distributions mensuelles de fonds. Elle énoncera l'indication de l'exercice et du chapitre du crédit auxquelles elle s'applique (art. 8 et 11). Après avoir traité du *paiement* (titre III), l'ordonnance règle ce qui est relatif aux *comptes* (titre IV). Les ministres établiront leur comptabilité respective d'après les mêmes principes, les mêmes procédés et les mêmes formes. Les résultats des comptabilités ministérielles seront rattachés successivement aux écritures et au compte général des finances qui doivent servir de base au règlement définitif des budgets (art. 18). — Toutes les dépenses d'un exercice devront être liquidées et ordonnancées dans les *neuf mois* qui suivront l'expiration de l'exercice, et de manière que le compte définitif puisse en être établi et arrêté au 31 décembre de l'année suivante (art. 20). Les dépenses qui n'auraient pas été liquidées, ordonnancées ni payées avant l'époque de la clôture du compte, ne pourront être acquittées qu'au moyen d'une ordonnance royale qui en autorisera l'imputation sur le budget de l'exercice courant (art. 21). La cour des comptes constatera et certifiera au roi, d'après le relevé des comptes individuels qui lui sont soumis, l'exactitude des comptes généraux publiés par les ministres (art. 22).

Le régime d'ordre, établi par l'ordonnance de 1822, ne tarda pas à porter ses fruits. Dès 1824, la comptabilité se trouvait dégagée des opérations de neuf budgets, qu'elle avait été obligée jusqu'alors de suivre concurremment ; et, depuis cette époque, elle n'a plus eu à retracer que les comptes de deux exercices, dont l'un achève son cours et l'autre commence le sien. Le nouveau système eut aussi pour effet d'accélérer la marche de tous les services publics et l'acquittement de leurs dépenses, au point de restreindre à un terme moyen de quatre à cinq cent mille francs la somme restant à payer, en fin d'exercice, à des créanciers qui avaient omis de se présenter dans les délais déterminés : faible charge qui n'est jamais de nature à affecter les prévisions des lois de finances.

L'année suivante (1823), une ordonnance du 10 décembre fixa l'objet spécial et le cadre invariable des divers tableaux qui devaient être présentés par les ministres aux chambres pour l'apurement de leurs comptes. La même ordonnance institua une vérification supérieure et préalable de ces comptes, en chargeant une commission, composée de membres du Conseil d'Etat et de la Cour des comptes (1), d'opérer annuellement le rapprochement des résultats des écritures centrales des finances et de celles de chaque ministère, ainsi que d'en constater la concordance par un procès-verbal rendu public.

Enfin, l'ordonnance du 9 juillet 1826 investit la Cour des comptes de l'importante mission d'attester, par *des déclarations générales*, communiquées aux Chambres (2), la conformité des faits soumis à ses vérifications avec ceux énoncés dans les comptes législatifs présentés pour chaque exercice par

(1) Auxquels des membres des deux chambres ont été adjoints depuis 1830.

(2) Les déclarations de conformité durent être remises par la cour des comptes à une époque assez rapprochée de l'ouverture de chaque session pour que l'exactitude du dernier règlement du budget pût être confirmée, avant qu'il fût statué sur les résultats du nouveau règlement proposé par l'exercice suivant. L'ordonnance du 9 juillet 1826 avait décidé que les budgets seraient réglés sur les recouvrements et les paiements effectifs. Une ordonnance du 23 décembre 1829 prescrivit le mode suivant lequel durent être retracés dans les comptes tous les faits consommés sur chaque exercice, depuis l'époque de sa clôture, jusqu'à l'apurement final.

les dépositaires du pouvoir. Le contrôle de la comptabilité ministérielle se trouvait efficacement complété.

L'ordonnance de 1822 n'avait pas eu seulement pour but d'assurer aux chambres les moyens de procéder, en connaissance de cause, au réglement définitif des budgets ; le gouvernement s'était aussi proposé de donner, par cette ordonnance, jusqu'à un certain point, satisfaction aux vœux exprimés en faveur d'une spécialité plus étroite des dépenses. La spécialité ministérielle, créée par la loi de 1817, fut soumise à des règles sévères ; la répartition royale dut désormais précéder toute disposition de fonds, c'est-à-dire être opérée avant l'ouverture de l'exercice : les ministres furent tenus, sauf les cas imprévus et extraordinaires, de renfermer les dépenses de chaque service dans les limites de cette répartition. C'était beaucoup pour l'ordre, sans doute, mais ce n'était pas assez pour prévenir le désaccord, les conflits ; un empiètement des chambres, consacré par l'usage et dont nous avons signalé l'origine en 1818, y fournissait aisément matière ; le vote, légalement restreint au chiffre général de chaque ministère, s'était insensiblement étendu à certaines subdivisions de ce chiffre, qui formaient des spécialités parlementaires pour lesquelles intervenait avec les ministres une sorte de contrat (1) ; mais l'ordonnance de répartition ne tenait pas toujours compte de ce contrat, et quelquefois même augmentait certains services sur lesquels des réductions avaient été imposées ou consenties.

D'autre part, au point de vue des crédits extra-budgétaires, l'ordonnance de 1822 laissait subsister une confusion regrettable ; aux termes de la loi, les excédents de dépenses ne devaient être autorisés que pour des cas extraordinaires et imprévus ; ces prescriptions étaient d'une application facile, lorsqu'il s'agissait, soit de dépenses fixes, telles que les rentes perpétuelles, les traitements, etc., soit de travaux (ponts et chaussées, routes, fortifications) dont le développement pouvait être annuellement déterminé avec précision ; mais il n'en était pas de même pour les rentes viagères, les pensions, les frais de jus-

(1) Quelques-unes de ces spécialités parlementaires avaient même été inscrites au budget. Ainsi, pour le ministère des finances, chaque grand service y était distinctement porté. (Budget de 1823.)

tice, les frais de trésorerie, de négociation, do perception, les primes ainsi que les vivres, les fourrages et l'habillement des armées de terre et de mer, et autres services semblables. La nature essentiellement variable de ces services ne permettait d'inscrire au budget qu'une évaluation très provisoire, dont le chiffre, fixé longtemps à l'avance, ne concordait que rarement avec celui de la dépense réellement faite ; de là, nécessité de recourir à des suppléments de crédits. Mais, comme les dépenses appartenaient au service ordinaire et prévu, toute allocation de cette nature leur était légalement interdite, et les ministres, en s'en faisant ouvrir par ordonnances, se mettaient ensuite dans l'obligation de solliciter des chambres un bill d'indemnité.

Ce fait se reproduisait chaque année. En le signalant de nouveau, dans son rapport du 19 avril 1827, la commission des crédits supplémentaires de 1825 émettait le vœu qu'il y fût porté remède, et proposait dans ce but de généraliser un procédé appliqué par le ministre des finances à quelques-unes des dépenses de son département, lequel consistait à ne considérer pour les crédits, dont l'évaluation était nécessairement incertaine, que le service comme voté, la somme portée au budget étant une simple hypothèse qui devait se réaliser en plus ou en moins et donner par suite lieu, dans la loi des comptes, à une annulation ou à un complément de crédit. La loi annuelle des crédits supplémentaires, ainsi ramenée à sa véritable destination, ne devait plus avoir pour objet que de faire face à des besoins imprévus et urgents.

La solution, préconisée par la commission de 1827, n'était pas la seule qui eût été proposée pour mettre un terme à la situation anormale, qui vient d'être indiquée. Le gouvernement, dans l'exposé des motifs de la loi de finances de 1828, avait demandé d'accorder, pour cet exercice, à chacun des services publics le maximum des crédits reconnus nécessaires. « Au moyen de cette allocation, les ministres devaient renfermer strictement leurs dépenses dans les limites des crédits ouverts, et combiner leurs services ordinaires de manière à n'avoir jamais besoin de crédits supplémentaires, sinon pour des dépenses totalement imprévues lors de la discussion des lois de

finances, et, même dans ce cas, à la condition que les dépenses
extraordinaires eussent été préalablement autorisées par une
ordonnance royale. » La demande du gouvernement ne ren-
contra pas l'adhésion de la commission chargée de l'examen du
budget. Sans doute, ce serait, disait-elle, avoir fait un grand
pas dans les voies de l'ordre que d'être parvenu à circonscrire
les dépenses publiques dans les services votés, et à rendre impossible, dans des circonstances ordinaires, tout emploi de
fonds qui n'aurait pas été préalablement consenti ; mais ce
principe lui-même n'est-il pas de rigueur ? sans quoi l'intervention législative deviendrait tout à fait illusoire. D'ailleurs,
ainsi que l'avait fait observer la commission des crédits supplémentaires, le maximum ne saurait être porté assez haut
pour que les prévisions budgétaires ne soient jamais dépassées ;
et le système aboutirait à remettre entre les mains de chaque
ministre des sommes souvent supérieures à ses besoins, et
qu'il pourrait, par de simples revirements, appliquer à des dépenses utiles assurément, mais non autorisées par la loi.

La double question de la spécialité et des crédits supplémentaires fut de nouveau soulevée dans la discussion publique du
budget. L'opposition libérale, par l'organe de Benjamin Cons-
tant et de Laffitte, se plaignit de la progression continuelle des
dépenses, et demanda que la loi de finances fût à l'avenir
divisée en deux parties, l'une sous le titre de *Budget consolidé*, pour tous les services au pied de paix fixes et permanents,
l'autre comprenant, sous le titre de *Budget extraordinaire*,
toutes les charges accidentelles et temporaires. Les recettes
devaient être partagées entre les deux budgets, suivant les
mêmes principes. « Ce mode une fois adopté, disait M. Laffitte
dans la séance du 7 mai (1), nous éviterons à l'avenir deux
grands embarras : de ne pas mettre en question chaque année
l'administration tout entière, de n'avoir à discuter que sur des
différences, et de pouvoir rejeter le budget extraordinaire sans
compromettre la marche du gouvernement. »

L'extrême droite de la chambre reconnaissait également

(1) Voy. séances des 8, 9 et 12 mai 1827 de la chambre des députés. La
question de la spécialité avait encore été agitée dans les sessions de
1823 et 1825.

l'avantage de ne pas recommencer chaque année la discussion des mêmes dépenses, mais elle n'adhérait pas à la solution proposée. Loin de là, toute investigation opérée sur des parties de détail du budget lui semblait une atteinte aux droits du monarque, auquel il appartenait seul, comme chargé du gouvernement et de l'administration du royaume, d'établir à son gré les besoins des services publics, de régler le nombre et le traitement des agents chargés de ces services.

Le rapporteur du budget, tout en repoussant cette dernière théorie et sans dissimuler les sympathies de la commission, déclara qu'elle n'avait pas cru devoir émettre d'opinion formelle sur la proposition Laffitte, parce que, l'initiative de la présentation des lois appartenant au roi, c'eût été méconnaître cette initiative que de prescrire le mode suivant lequel le budget devait être rédigé.

L'appel de la commission à l'initiative royale fut entendu, et le 1er septembre 1827, parut une ordonnance établissant dans chaque budget ministériel ces *divisions sagement étendues, sagement restreintes*, dont le gouvernement, dès 1822, avait lui-même reconnu le mérite. Cette ordonnance, comme celle du 14 septembre 1822, était contre-signée par M. de Villèle.

A partir de l'exercice 1829, le projet de budget général de l'Etat dut présenter distinctement l'évaluation des dépenses par branches de services, conformément au tableau dont la rédaction serait arrêtée pour chaque année et soumise à l'approbation royale par les ministres (art. 1er). Les divisions nouvelles établies au budget prenaient le titre de *sections spéciales* ; les développements portés dans les états à l'appui continuaient à être considérés comme des subdivisions variables (art. 2) ; la répartition annuelle, par ordonnance royale, était maintenue, elle s'opérait dans les limites de chaque section, devait continuer à être rendue avant l'ouverture de l'exercice, et être immédiatement insérée au Bulletin des lois pour servir de terme invariable à la comparaison prescrite par la loi du 25 mars 1817 et par les ordonnances de 1822 et 1823 (art. 5).

Le tableau annexé à l'ordonnance de 1827 subdivisait le budget général de l'État en quatre grandes parties (1), comprenant chacune un certain nombre de sections, savoir :

1o BUDGET DE LA DETTE CONSOLIDÉE ET DE L'AMORTISSEMENT, avec quatre sections.

2o SERVICE GÉNÉRAL. Liste civile et famille royale.

Ministères *de la justice* : quatre sections (administration centrale ; conseils du roi ; cours et tribunaux ; frais de justice criminelle).

— *des affaires étrangères* : trois sections (administration centrale ; traitements des agents du service extérieur ; dépenses variables).

— *des affaires ecclésiastiques* : trois sections (administration centrale ; clergé ; instruction publique.)

— *de l'intérieur* : six sections (administration centrale et de police générale ; ponts et chaussées ; travaux publics ; services divers (2) ; dépenses départementales ; secours pour pertes résultant de grêle, incendies, etc.).

— *de la guerre* : quatre sections (administration centrale ; solde et entretien de l'armée ; matériel et établissements militaires ; dépenses temporaires et imprévues).

— *de la marine* : six sections (administration centrale ; personnel (solde, hôpitaux, vivres) ; ap-

(1) Avant l'ordonnance du 1er septembre 1827, le budget était déjà divisé en quatre parties : budget de la dette publique ; service général ; frais de régie, remboursements et restitutions ; dépenses départementales et communales, celles-ci *pour mémoire*. Le ministère des finances, en y comprenant les frais de régie et remboursements, comptait quarante-deux sections ; mais les autres ministères, à une ou deux exceptions près, n'avaient pas admis de spécialités parlementaires.

(2) La section des services divers comprenait les cultes non catholiques, les établissements et secours de bienfaisance, les haras, les encouragements à l'agriculture, les établissements scientifiques, beaux-arts et théâtres.

provisionnements ; travaux relatifs à la flotte ; constructions hydrauliques : objets spéciaux (chiourmes et dépenses diverses).

— *des finances* : vingt-deux sections (chambre des pairs ; chambre des députés ; supplément à la Légion d'honneur ; cour des comptes ; dette inscrite (viagère, pensions, intérêts, des cautionnements) ; administration centrale (personnel et matériel) ; administration des monnaies (personnel, matériel et frais de refonte) ; bureau du commerce et des colonies ; frais de service et de négociations ; intérêts de la dette flottante ; bonifications d'intérêts aux receveurs sur les contributions directes ; taxations aux receveurs sur le versement des revenus indirects ; caissiers et payeurs du trésor).

3° ADMINISTRATION DES REVENUS PUBLICS. Cette partie comprenait vingt-six sections pour le personnel, le matériel, l'administration centrale, le service des départements, et les traitements et remises des comptables, des six grandes directions générales des *contributions directes*, de *l'enregistrement*, *des douanes*, des *contributions indirectes*, *des postes*, des *forêts* et de l'administration de la *loterie*.

4° REMBOURSEMENT, RESTITUTIONS ET PRIMES ; quinze sections pour les restitutions sur les contributions directes, les restitutions de sommes indûment perçues, les restitutions de produits d'amendes et confiscations, les primes, les escomptes.

L'ordonnance de 1827 s'occupa également de la question des crédits extra-budgétaires et la trancha dans le sens du rapport du 19 avril. L'article 3 décida que les services extraordinaires et urgents, dont la dépense n'aurait pas été comprise dans le montant des crédits spéciaux ouverts à chaque ministère, ne pourraient être entrepris qu'après avoir été préalablement autorisés par ordonnances royales pour être ensuite régularisés à la plus prochaine session, conformément à la loi du 25 mars 1817. — Les dépenses inscrites au budget, au contraire, qui, par suite de circonstances imprévues, excéderaient le montant des sections spéciales, ne durent plus être justifiées que dans les comptes définitifs de l'exercice pour être confirmées par la loi de règlement à titre de crédits complémentaires (art. 4).

Un des premiers résultats de la forme nouvelle adoptée pour le budget fut d'y faire inscrire, en prévision, les dépenses facultatives des départements et du cadastre, les dépenses ordinaires et extraordinaires des communes et autres de même nature (1) ayant leur affectation sur le produit de centimes additionnels lesquelles n'y avaient figuré jusqu'alors que *pour mémoire* et ne se trouvaient réellement réunies aux autres dépenses de l'Etat qu'à l'époque de la clôture et du règlement de chaque exercice. L'art. 4 de la loi du 2 août 1829, statuant dans le même sens, voulut que les budgets de l'*imprimerie royale*, de l'*université*, des *brevets d'invention*, des *invalides de la guerre*, des *poudres et salpêtres*, de la *caisse des invalides de la marine* et de la *Légion d'honneur* fussent désormais annexés pour ordre aux budgets respectifs des ministères dont ces services spéciaux dépendaient (2).

L'ordonnance du 1er septembre 1827 réalisait, au point de vue du vote des dépenses, une amélioration décisive. Ainsi se trouvait heureusement complété l'ensemble des mesures successivement prises à cet égard depuis 1817 ; et, en même temps que la prérogative du législateur était étendue, que sa sphère de surveillance se trouvait notablement élargie, les droits du pouvoir exécutif avaient été sagement sauvegardés par le maintien de la spécialité ministérielle. L'existence de cette seconde spécialité n'est pas moins indispensable, en effet, pour le bon ordre, que celle de la première. L'une doit avoir pour but de dé-

(1) Frais de premier avertissement pour les contributions directes ; fonds de réimpositions pour décharges et réductions ; fonds de non-valeurs extraordinaires sur patentes pour cessation de commerce, en tout 35,110,000 fr. — Quelques autres services spéciaux, indépendamment des frais de régie et de perception dont nous avons déjà parlé, avaient été rattachés, avant 1827, au budget, savoir: recette et dépense du produit de la ferme des Jeux (1821) ; produits de compensations de valeurs données en payement des dépenses publiques (1824) ; service de la vérification des poids et mesures (1826).

(2) Les budgets de l'université, des brevets d'invention et des poudres et salpêtres étaient, déjà, avant la loi de 1829, rattachés pour ordre au budget général de l'Etat.

terminer, en raison des ressources générales de l'Etat, les sommes à allouer annuellement à chacun des grands services publics, aux travaux d'intérêt général ; l'autre, au moment de l'ouverture de l'exercice, répartit le crédit général ouvert à chaque service entre ses diverses parties, en tenant compte des besoins réels, des modifications que la marche des choses a nécessairement introduites dans des prévisions faites longtemps à l'avance. Il est d'ailleurs un point où doit s'arrêter l'investigation législative, sous peine d'empiéter sur les droits essentiels du gouvernement et de transporter en définitive l'administration dans les chambres.

Ce n'est pas à dire que le système de l'ordonnance de 1827, tel qu'il avait été formulé, fût sans reproches et ne prêtât le flanc à la critique. Le tableau annexe, prescrivant le mode de son exécution, restreignait singulièrement, pour certains ministères, le contrôle législatif, et la commission chargée de l'examen du projet de budget de 1820, en le faisant observer, insistait sur la nécessité d'introduire dans le budget une division plus détaillée qui distinguât les dépenses fixes des dépenses variables et séparât tout le personnel du matériel. Mais ce vice, purement d'exécution, trouvait son remède dans la faculté de reviser le tableau annexe, formellement réservée par l'ordonnance, et la faculté n'était pas illusoire, car, dans le budget même de 1829, le ministère de la guerre faisait droit pour partie aux observations de la commission, en portant de quatre à sept le nombre de ses sections.

Les lois de finances des années suivantes marquent des progrès nouveaux dans la même voie, réalisés par l'accord des deux pouvoirs. Le projet de budget de l'exercice 1831, présenté par M. de Chabrol en mars 1830, contenait, pour les services généraux des ministères, dix-sept sections de plus que le tableau de l'ordonnance de 1827. D'après ce projet, les dépenses pour 1831 étaient évaluées à 983,185,000 fr., savoir :

Dette perpétuelle et amortissement.....	248.090.450 fr. (1)
Liste civile et famille royale...........	32.000.000
Ministères de la justice (5 sections).....	19.916.475
— des affaires étrangères (4 sections) (2)...................	8.816.500
— des affaires ecclésiastiques et de l'instruction publique (8 sections)................	39.000.000
— de l'Intérieur (10 sections) (3)	110.400.000
— de la guerre (9 sections).....	188.800.000
— de la marine (6 sections).....	65.109.900
— des finances. Service général (23 sections)...............	97.398.095
Administration des revenus publics....	131.800.285
Remboursements, restitutions, primes (4)	41.751.885
Total égal.....	983.185.600 fr. (5)

(1) La dette publique, qui était de 40,216,000 fr. de rentes au 1er janvier 1800 et de 63,307,000 fr. au 1er avril 1814, s'élevait à 164,568,100 fr. de rentes actives, au 1er août 1830, non compris 37,813,000 fr. de rentes créées ou transférées au nom de la caisse d'amortissement. Les principales causes de ces accroissements avaient été le solde de l'arriéré, l'acquit des contributions et charges de guerre, l'indemnité payée aux anciens propriétaires des biens fonds, qui avaient été confisqués et aliénés, en exécution des lois sur les émigrés, les déportés et les condamnés révolutionnaires (Loi du 27 avril 1825).

(2) La quatrième section du ministère des affaires étrangères était formée par le Bureau du commerce et des colonies, substitué le 8 août 1820 au ministère spécial du commerce créé par ordonnance du 4 janvier 1828.

(3) Le ministère de l'Intérieur comprenait alors parmi ses services, les ponts et chaussées, mines et lignes télégraphiques; les travaux publics ; les haras et dépôts d'étalons; les cultes chrétiens non catholiques ; les sciences, belles-lettres et beaux-arts. La dernière section était consacrée aux dépenses fixes et variables des départements, prévues pour 1831 à 48.351.431 francs.

(4) Les dépenses ordinaires et extraordinaires des communes figuraient dans cette section pour 18.200.000 francs.

(5) Non compris les services spéciaux rattachés pour ordre, depuis la loi du 2 août 1829, au budget, et dont les prévisions s'élevaient en recettes à 30.178,000 fr. et en dépenses à 29,880,000 fr. Le chiffre de 983 millions, porté au projet de budget de 1831, présentait un accroissement de près de 80 millions sur celui du budget de 1821, qui, suivant M. Léon Faucher, peut être considéré comme un budget de principe pour la Restauration ; car la rançon de l'invasion avait été liquidée, le gouvernement avait triomphé des agitations intérieures, son existence pa-

— Quant aux recettes, dont le budget avait pris à peu près
le même développement et les mêmes formes qu'il a aujourd'hui,
les prévisions, pour 1831, s'élevaient à 980,201,000 fr. Dans
ce chiffre, les contributions directes figuraient pour 320,147,000
fr., tant en principal (217,310,000 fr.) qu'en centimes additionnels; l'enregistrement, le timbre et les domaines pour
196,786,000 fr.; les forêts, pour 22,282,000 fr.; les douanes et
sels, pour 150,085,000 fr.; les contributions indirectes et tabacs
pour 206,225,000 fr.; les postes, pour 32,838,000 fr.; la loterie, pour 12,500,000 fr.; enfin, les produits divers pour
25,928,697 fr.

L'administration des revenus publics avait, comme celle des
dépenses, reçu d'importantes améliorations pendant les quinze
années de la Restauration. Dès 1814, un seul ministre des
finances avait remplacé les deux hauts fonctionnaires, dont l'un
dirigeait précédemment l'assiette de l'impôt, et l'autre contrô-
lait les dépenses. Par ses soins, les liens qui devaient exister
entre l'administration centrale et les diverses régies financières,
et que l'existence de directeurs généraux à peu près indépen-
dants avait jusqu'alors bien affaiblis, furent resserrés et définitivement établis dans de justes limites par l'ordonnance du 4
novembre 1824. Toutes les parties de la recette et de la dépense
se trouvèrent soumises à un système de comptabilité uniforme.
Les frais de régie, de perception, de remises, de poursuites furent considérablement allégés (1). La contribution foncière, définitivement répartie entre les départements par la loi du 31 juillet 1821 (2), la contribution personnelle et mobilière et celle des

raissait désormais affermie et il pouvait donner cours à ses penchants
naturels. Les dépenses de l'exercice 1821, d'après la loi de règlement,
s'élevaient à 882,321,000 fr., non compris environ 25 millions pour les
dépenses départementales et communales; les recettes, toujours non
compris ces deux derniers services, furent de 918,351,618 fr. L'accroissement considérable du budget de 1831 doit être surtout imputé à l'augmentation de l'effectif de l'armée de terre et de mer et au développement des travaux d'intérêt général.

(1) Les frais de régie et de perception s'élevaient en 1828 à 10 7/10 p.
100.

(2) La loi du 31 juillet 1821 soulagea 52 départements, notoirement sur-
chargés, de la somme de 13,529,000 fr. Le principal de la contribution
foncière se trouva ainsi ramené de 240 millions, chiffre de 1790, à
154,681,000 fr. V. loi du 15 mai 1818.

portes et fenêtres reçurent, tant en principal qu'en centimes additionnels, des dégrèvements qui s'élevèrent à la somme de 92 millions.Cette réduction de revenus fut compensée et au delà pour le Trésor par les accroissements des taxes indirectes, qu'on ne peut évaluer, pendant la période qui s'écoule entre 1815 et 1830, à moins de 212 millions (1). C'était le résultat de quinze années d'une sage administration financière.

IV

La Charte de 1830 n'introduisit, au point de vue finan-cier, aucun changement aux dispositions de l'acte constitution-nel de 1814. Mais les effets de la suprématie parlementaire, qu'elle consacrait, ne tardèrent pas à se faire sentir. Trois mois s'étaient à peine écoulés, que la commission de la Cham-bre des députés, chargée de l'examen du projet de loi portant règlement définitif de l'exercice 1828, usait de son droit d'ini-tiative pour proposer l'établissement de la spécialité législative des chapitres, telle qu'elle avait été si souvent déjà réclamée par l'opposition libérale. Après avoir énuméré tous les avanta-ges de cette importante réforme, le rapport du 5 novembre 1830 prévoyait que des objections pouvaient cependant être faites, et les réfutait par avance en ces termes : « Devons-nous répondre à cette objection banale et si souvent reproduite, que la spécia-lité appliquée aux allocations du budget entravera la marche de l'administration, et même qu'elle fera passer l'administration dans la Chambre ? La spécialité entraverait effectivement une

(1) Voyez le Rapport au roi du 15 mars 1830, présenté par M. de Chabrol, ministre des finances. Le régime de toutes les taxes directes et indirectes reçut, de 1814 à 1830, d'heureuses modifications.Voyez notamment pour les patentes, lois des 25 mars 1817, 15 mai 1818, 17 juillet 1819 ; pour l'en-registrement, le timbre et les domaines, lois des 28 avril 1816, 25 mars 1817, 15 mai 1818 ; pour les douanes, lois des 17 décembre 1814, 28 avril 1816, 27 mars 1817 ; pour les boissons, lois des 28 avril 1816, 25 mars 1817, 1er mai 1822, 24 juin 1824, 11 mars 1827, etc. ; pour les autres con-tributions indirectes (tabacs, licences, voitures publiques, cartes, etc.), lois des 28 avril 1816, 25 mars 1817. La loi de 1817 avait établi sur les huiles un droit qui a été supprimé en 1824.

administration qui aurait à dissimuler l'emploi des deniers publics ; obligée de se conformer au vote législatif, il lui serait bien difficile de pourvoir à des dépenses occultes ; mais pour une administration loyale et de bonne foi, une marche clairement tracée par la loi allège au contraire le poids de la responsabilité. Plus il y aura eu de précision dans les allocations du budget, plus il sera facile d'introduire la régularité dans les comptes, et de faire nettement ressortir les résultats de la gestion. »

Cette argumentation n'était pas tout à fait concluante ; mais l'amendement proposé par la commission rentrait trop dans l'esprit et les tendances de l'époque, pour ne pas rencontrer à la Chambre une adhésion presque unanime. Seuls, les organes du Gouvernement en combattirent, sinon le principe, du moins l'application immédiate. M. Thiers, commissaire du roi, déclara que l'administration adoptait et voulait consacrer, en son entier, le régime utile et salutaire de la spécialité, qu'un ajournement semblait toutefois nécessaire, afin que la Chambre, en réglant d'abord le budget qui allait lui être présenté, pût préciser le sens à attacher aux mots de sections et de chapitres, et que la théorie s'établit ainsi d'après les faits eux-mêmes. En même temps, appréciant les nécessités gouvernementales, l'orateur insistait sur les avantages du système de l'ordonnance de 1827, et déterminait la part qui, suivant lui, devait être faite, en cette matière, à chacun des deux pouvoirs. « Je crois, disait-il (Chambre des députés, séance du 23 novembre 1830), que tout le monde est d'accord sur la convenance d'une double spécialité... Il fallait décomposer le budget de chaque département ministériel en nature de services et enfermer le ministre dans les crédits assignés à ses services. C'est là la spécialité législative. Mais, s'il est une généralité trop grande dont vous deviez sortir pour limiter l'arbitraire des ministres, il est une généralité dans laquelle vous devez rester, pour laisser à ces ministres la liberté d'action nécessaire, et surtout la responsabilité qui doit peser sur eux. C'est là que commence la spécialité ministérielle, qu'il faut laisser les ministres s'imposer à eux-mêmes, mais en les obligeant à s'y conformer quand ils se la sont imposée.

« La raison de cette différence vous est présente à tous. Il

est un détail dans lequel vous ne pouvez pas entrer, parce que
le détail devient de l'action et que l'action vous est étrangère.
Vous ne le pourriez pas d'ailleurs quand vous le voudriez,
car, si vous pouvez voter 115 spécialités comme aujourd'hui,
ou 130 ou 150 comme il arrivera au prochain budget, vous ne
pourriez pas en voter 3 ou 400 de plus. Vous délibérez loin des
faits... Il y a des prévoyances de deux ans dans votre budget.
Comment pourriez-vous arriver à un certain degré de précision
en votant le budget si longtemps à l'avance ?

« Il y a donc une certaine spécialité qui vous est possible, et
une autre qui n'est possible qu'au ministère. Reste à fixer le
degré de chacune. Je sais bien que beaucoup d'hommes fort
éclairés pensent que toute spécialité vous appartient. Je ne le
crois pas. Je crois qu'il y a des bornes à mettre à la durée de
vos discussions... Je crois que l'économie ne gagnerait nulle-
ment à une spécialité trop étroite. Quand les ministres peuvent
disposer du trop plein d'un article pour remplir le vide d'un
autre, ils songent à faire des économies d'un côté pour suffire d'un autre à des dépenses excédantes, de manière à
pouvoir se dispenser de demander des crédits complémentaires.
Quand, au contraire, ils ne pourront pas compenser, ils ne
mettront aucun soin à faire de ces sortes d'économies qui ne les
dispenseront plus de demander des crédits. Il faut, pour que
l'action soit possible en toutes choses, un grand contrôle après,
mais un peu de confiance avant. Si l'on admet cette double spécialité, ce qui reste à faire, c'est de préciser par la pratique le
degré de chacune, et d'en consacrer ensuite dans nos lois le
principe, qui n'y est pas et qui ne se trouve que dans de simples ordonnances. »

Ces observations, si sages et si prévoyantes, ne furent pas
assez puissantes pour décider la Chambre à un ajournement ;
elles n'avaient pas laissé cependant de produire une certaine
impression, qui se traduisit par un changement de rédaction
de l'article additionnel proposé. Le projet primitif ne permettait d'inscrire dans chaque chapitre qu'une *seule nature* de
services ; le rapporteur de la commission vint déclarer qu'il reconnaissait lui-même que ces termes étaient trop restrictifs,
qu'il existait des services qui, sans être précisément de la même

nature, avaient néanmoins entre eux une relation intime, et qu'il importait par suite de pouvoir comprendre dans le même chapitre. En conséquence, l'article 11 de la loi, qui prit la date du 29 janvier 1831, fut rédigé définitivement de la manière suivante (1) : « Le budget de chaque ministère sera à l'avenir divisé en chapitres spéciaux ; chaque chapitre ne contiendra que des services corrélatifs ou de même nature ; la même division sera suivie dans la loi des comptes. — Les sommes affectées par la loi à chacun de ces chapitres ne pourront être appliquées à des chapitres différents. » (Art. 12.)

Ces dispositions entraînaient, comme conséquence, la suppression de la spécialité ministérielle. Une sous-répartition par articles, pour certains chapitres comportant une division plus détaillée, continua, il est vrai, à être opérée annuellement par ordonnance royale. Mais la sous-répartition, ainsi faite sur la proposition de chaque ministre en ce qui concernait son département, n'établit que des subdivisions purement administratives, et, destinée seulement à fortifier l'action directe du pouvoir exécutif sur les opérations de ses mandataires, ne dut pas figurer dans les comptes législatifs. (V. Ordonnance du 31 mai 1838, art. 35, 36, 37.)

La même loi du 29 janvier 1831 réalisa une autre réforme, depuis longtemps réclamée par les Chambres, de concert avec le ministère des finances, pour prévenir la création de nouveaux arriérés qui, s'accumulant contre la volonté du Gouvernement et, presque à son insu, n'eussent pas manqué, tôt ou tard, de jeter un trouble fâcheux dans les comptes et la situation du Trésor public. Elle prononça, par son article 9, la déchéance de toutes les créances non acquittées, à défaut de justifications

---

(1) La commission avait d'abord tenté de régler, à l'exemple de l'ordonnance de 1827, par un tableau, les divisions à introduire dans le budget des dépenses ; mais elle reconnut bientôt l'impossibilité de pourvoir à tous les cas qui pourraient se présenter, et de renfermer à toujours les budgets dans un cadre obligé. Le premier fait, qui eût dévoilé l'insuffisance de ce cadre, l'eût frappé de nullité, et l'autorité du principe lui-même eût pu en être altérée. Elle s'est donc bornée à poser le principe, laissant aux ministres le soin d'en faire l'application, et à la chambre le droit de contrôle qui lui appartient dans tous les cas. Chacune des divisions du budget ne doit contenir qu'*une seule nature de services*, voilà le principe. (Rapport du 5 novembre 1830.)

suffisantes et sans qu'il y eût du fait de l'administration, dans un délai de cinq années, à partir de l'ouverture de l'exercice, pour les créanciers domiciliés en Europe, et de six années pour ceux résidant hors du territoire européen.

La première loi de finances, votée sous la dynastie de Juillet, celle de l'exercice 1831 (L. 16 octobre 1831), contient une innovation importante: la suppression, tant en recettes qu'en dépenses, du budget particulier de la dette publique et de l'amortissement, désormais réunis aux services généraux de l'État et privés de leur dotation spéciale en revenus.

En même temps, la contexture ainsi que le mode d'examen législatif du budget subissaient des changements que nous devons indiquer. Nous avons déjà vu que jusqu'en 1818 une seule et même loi contenait règlement de l'arriéré et fixation des recettes et dépenses de l'exercice nouveau. A cette époque, le règlement des budgets antérieurs devint l'objet d'une loi particulière. Séparées en 1819 et 1820, les recettes et dépenses furent de nouveau réunies de 1820 à 1828, puis jusqu'en 1831 divisées en deux lois distinctes, mais soumises à l'examen d'une seule commission. En 1831 une loi unique, celle du 16 octobre régla les dépenses et les recettes pour cet exercice. En 1832 reparut le système des deux lois qui, sauf une ou deux exceptions, s'est maintenu jusqu'en 1852. Une seule commission fut chargée de leur examen ; mais à la Chambre des députés cette commission se subdivisa en autant de sections qu'il y avait de départements ministériels, et chaque section présenta un rapport spécial. Les rapports spéciaux furent supprimés par le règlement intérieur du 28 janvier 1839, qui n'autorisa plus qu'un rapport pour les dépenses et un autre pour les recettes (1) ; ils étaient souvent accompagnés d'un rapport d'ensemble. Celui de l'exercice 1832 fut présenté par M. Thiers (séance du 30 décembre 1831) ; ses conclusions doivent être indiquées, car elles ne sont pas seulement vraies pour leur époque. Le budget, soumis cette année aux investigations de la commission des finances, était en réalité le premier budget normal du gouvernement nouveau ; et, au lendemain d'une révolution, alors que

(1) Voir pour les motifs du changement, Rapport sur ce règlement.

l'opinion était, comme toujours, disposée à imputer au pouvoir déchu toutes les fautes, que l'opposition avait depuis nombre d'années pris à tâche d'effrayer la France du fameux chiffre *d'un milliard* affecté aux dépenses publiques, il avait fallu tout remettre en question, discuter pour ainsi dire pièce à pièce le système administratif tout entier. Or, à la suite d'une étude approfondie, après « n'avoir rien épargné de ce qui lui avait paru un abus, » la commission en vint à déclarer que, dans sa conviction, « il était impossible de supprimer plus de dix millions au budget (1), et que, même en risquant de désorganiser, on n'irait pas à quinze millions ».

Cependant, le principe de la spécialité des chapitres une fois consacré par la loi du 20 janvier 1831, les commissions du budget en développaient rapidement les conséquences, et, sous le nom de chapitres, elles tendaient à réaliser la spécialité par articles. Chaque fois que l'on voulait concentrer une allocation ou une réduction sur un objet déterminé, on faisait sortir du chapitre l'article qu'on avait en vue, et on le transformait en un chapitre spécial. Nous n'entreprendrons pas d'énumérer ici ces décompositions successives, que l'on peut suivre dans chaque loi de finances. Nous ne donnerons pas non plus la longue liste des documents particuliers réclamés des ministres, pour permettre au regard investigateur de la législature de pénétrer dans tous les détails de l'emploi des fonds votés et de la disposition des propriétés de l'État (2). Nous nous bornerons aux principales mesures adoptées.

---

(1) Le chiffre proposé était de 955,980,000 fr. pour les dépenses ordinaires.

(2) Déjà, avant 1830, certains documents, indépendamment des comptes généraux prescrits par l'ordonnance du 10 décembre 1823, avaient dû être produits annuellement aux Chambres, tels que les tableaux de répartition du fonds commun du cadastre et de distribution des fonds de dégrèvement et de non-valeurs, le tableau de soldes de non-activité et de réforme, l'état des travaux des canaux entrepris en vertu des lois. Voici l'indication des principaux documents réclamés depuis 1830 par la législature : Compte des recettes et dépenses de l'instruction primaire ; état des impositions extraordinaires et emprunts contractés par les départements et les communes ayant plus de 100,000 fr. de revenu ; tableau spécial des travaux exécutés pour le perfectionnement de la navigation des rivières ; compte rendu des travaux métallurgi-

La loi du 21 avril 1832 (art. 15) ordonna que le rapport annuel, présenté au roi par la Cour des comptes sur le résultat général de ses travaux, ainsi que sur ses vues d'amélioration et de réforme dans les différentes parties de la comptabilité, fût imprimé et distribué aux Chambres. L'art. 10 de la même loi soumit toute création, aux frais de l'Etat, de routes, canaux, grands ports, ouvrages importants dans les ports maritimes, monuments ou édifices publics, à la nécessité d'une loi spéciale ou d'un crédit ouvert à un chapitre spécial du budget, et voulut que la demande du premier crédit fût accompagnée de l'évaluation totale de la dépense. La loi du 7 juillet 1833 (art. 3) astreignit aux mêmes règles tous grands travaux, même ceux entrepris par des compagnies particulières sans subsides du Trésor. Une loi du 27 juin précédent, confirmée par celle du 17 mai 1837, avait décidé qu'il serait rendu chaque année aux Chambres, pour les travaux extraordinaires exécutés en vertu de lois spéciales, un compte particulier rappelant les allocations accordées pour chaque nature de travaux, et présentant les dépenses faites ainsi que celles encore à faire. En même temps, le contrôle législatif était étendu aux comptes des matières appartenant à l'Etat (L. 24 avril 1833, art. 10). La juridiction de la Cour des comptes sur ces comptes-matières fut établie par la loi du 6 juin 1843. Elle s'exerça par des déclarations générales de conformité.

— L'établissement d'une spécialité parlementaire plus étroite devait entraîner nécessairement comme conséquence le remaniement de la législation des crédits extra-budgétaires. Nous avons vu que les lois de 1817 et 1819 avaient d'abord disposé que toutes les allocations de cette nature seraient soumises à

ques et géologiques dirigés par les ingénieurs des mines ; tableau des propriétés immobilières de l'Etat, affectées à un service public, ainsi que des logements concédés dans ces propriétés ; compte spécial de la situation de l'inscription maritime, de l'état des bâtiments de la flotte, des approvisionnements des arsenaux et des constructions navales ; état sommaire de tous les marchés de 50,000 fr. et au-dessus passés dans le courant de l'année échue ; liste des boursiers des collèges, des écoles d'arts et métiers et de l'école polytechnique ; état, tous les cinq ans, des traitements des fonctionnaires de tous grades, militaires et civils, compris au budget de l'Etat.

l'approbation des Chambres à leur plus prochaine session, mais
que l'ordonnance du 1er septembre 1827, introduisant une distinction, n'avait exigé la sanction législative immédiate que pour
les *crédits extraordinaires* pour dépenses imprévues et urgentes, et avait rejeté à la loi des comptes la justification et la
confirmation des *crédits complémentaires* pour excédents de
dépenses relatives à des services ordinaires prévus au budget.
Le système de l'ordonnance de 1827 se trouvait en contradiction avec les lois antérieures non abrogées ; il avait l'inconvénient grave, en reportant l'examen des Chambres à une époque
où les faits étaient depuis longtemps consommés, de placer celles-ci dans l'alternative également fâcheuse ou d'accuser l'ordonnateur, dont la responsabilité était engagée, ou de consacrer des
dépenses, qu'averties à temps elles eussent peut-être arrêtées
dans leurs développements. C'était là une facilité donnée aux
ministres, et dont ils ne se faisaient pas faute de profiter, pour
se soustraire aux limites plus rigoureuses que les chapitres imposaient à leur action. Le gouvernement prit cette fois lui-même
l'initiative de la réforme, et, dans l'exposé des motifs présenté
par le ministre des finances (M. Humann) à l'appui du projet
de loi relatif aux crédits supplémentaires de l'exercice 1832,
appelant l'attention du législateur sur ce point, il provoqua de
sa part une solution.

Les conclusions de la commission de la Chambre des députés (1), saisie de l'examen de la question, tendirent, comme
on devait du reste le prévoir, à rendre applicables à tous les
suppléments de crédits sans exception les obligations qui, depuis 1827, n'étaient imposées que pour les crédits extraordinaires. Le système de la spécialité ne lui semblait, en effet,
pouvoir produire tous ses résultats qu'en l'appuyant de toute
la rigueur des dispositions de la loi de 1817 ; on contraindrait
ainsi les ministres à être toujours vrais et sincères dans leurs
demandes de prévisions, et en même temps la Chambre à rétri-
buer convenablement chaque service suivant ses besoins réels,
au lieu de marchander chaque allocation comme une adjudi-
cation au rabais. Des objections avaient été faites, il est vrai,

(1) Rapport de M. Le Peletier d'Aunay. Séance du 26 février 183*.

contre la solution proposée ; on avait exprimé la crainte que la nécessité pour les ministres de venir solliciter un nouveau crédit, chaque fois qu'une seule des allocations portées au budget serait dépassée, n'entravât la marche de l'administration et ne jetât les Chambres dans des détails de comptabilité, dont il ne leur appartenait de connaître qu'en règlement définitif de comptes. D'autre part, la sanction successive des besoins supplémentaires, donnée presque toujours de confiance, ou du moins en l'absence de justifications matérielles, pouvait paraître une approbation au moins tacite de l'emploi fait de l'allocation primitive, à la décharge de la responsabilité ministérielle. Mais nonobstant, la commission avait cru devoir persister dans son avis. Elle avait pensé que l'exécution régulière de la loi de 1817 rendrait la marche de l'administration plus ferme et plus précise, puisque le pays, incessamment averti de ses besoins, sentirait mieux la nécessité d'y pourvoir par des ressources fixes et assurées ; qu'accroître le chiffre des prévisions du budget n'était pas une sanction approbative de l'emploi des premières allocations, mais une simple reconnaissance d'un nouveau besoin survenu ; et que, loin d'alléger la responsabilité ministérielle, les nouvelles règles établies la rendraient moins active en faisant juger les actes du ministère au moment même où il viendrait de les accomplir, et en présence des circonstances qui les avaient déterminés.

La commission ne s'était pas bornée à demander l'exécution intégrale de la loi de 1817 ; elle avait voulu aussi l'entourer de garanties nouvelles, en décidant que les ordonnances, portant ouverture de crédits extra-budgétaires pendant l'absence des Chambres, seraient à l'avenir discutées en conseil des ministres, insérées au *Bulletin des lois*, et réunies en une seule proposition législative par les soins du ministre des finances(1). Enfin, elle s'était préoccupée de régulariser le mode de comptabilité établi à l'égard de ces crédits.

(1) Cette dernière disposition abrogeait l'art. 21 de la loi du 27 juin 1819, article qui réglait que les ordonnances devaient être présentées par chacun des ministres dans le département duquel la dépense avait été faite; ce qui avait eu l'inconvénient de laisser jusqu'alors le ministre des finances entièrement étranger à des ouvertures de crédits, au payement desquels il était ensuite tenu de pourvoir.

Jusqu'alors les divers crédits alloués à un ministre, à quelque titre que ce fût, étaient confondus par chapitre dans le compte général de l'exercice ; le ministre était seulement tenu de justifier du total de chaque chapitre. Il en résultait que, par la réunion des divers crédits qui lui étaient ouverts en un même tout, il agissait sur l'ensemble sans avoir besoin de distinguer les dépenses ordinaires des dépenses extraordinaires, et que les Chambres n'avaient plus la possibilité de reconnaître dans la loi des comptes quelles prévisions avaient été originairement suffisantes ou insuffisantes, connaissance qu'il leur importait cependant d'acquérir comme devant servir de règle ou au moins de renseignements utiles pour se fixer sur les prévisions des besoins futurs. La commission proposait que tout crédit extraordinaire formât désormais un chapitre particulier du compte ministériel ; elle voulait de plus que les crédits supplémentaires fussent votés et justifiés par articles.

Cette dernière disposition ne fut pas adoptée sans contestations ni sans réserves. Afin de la justifier, la commission faisait valoir que, pour les suppléments de crédits, la cause déterminante du vote de la Chambre était l'insuffisance dûment prouvée de la dotation primitive d'un article spécial du budget ; qu'alloués dans ces conditions, les fonds ne pouvaient plus ensuite, sous aucun prétexte, être détournés de leur destination, et que dès lors, il ne convenait pas de laisser aux ministres la latitude de les reporter sur d'autres articles du même chapitre. Mais à ces arguments, on répondait que, le budget n'étant en lui-même qu'une prévision des besoins futurs, le supplément de crédit n'était, à vrai dire, que la rectification d'une prévision reconnue fautive dans le cours de son emploi ; que cette nouvelle distinction de comptabilité à établir pour les dépenses non seulement homogènes, mais tout à fait inhérentes, porterait une confusion fâcheuse dans les comptes ordinaires de chaque exercice ; que les motifs, qui avaient fait reconnaître l'avantage de n'établir au budget la spécialité que par chapitre, étaient les mêmes par rapport aux crédits supplémentaires, puisque, par la faculté laissée au ministre d'agir sur l'ensemble d'un chapitre, il pouvait couvrir l'insuffisance de la prévision d'un article par l'économie qu'il opérait sur un autre ; qu'enlever cette faculté au ministre, même pour les crédits supplémentaires, c'était le contraindre à forcer toutes ses prévisions afin de prévenir toute perturbation dans l'accomplissement d'un service, et obliger les contribuables à des avances dont ils ne seraient remboursés que par les annulations de crédit à l'époque de la loi des comptes ; enfin qu'il y aurait danger à vouloir, à propos des crédits supplémentaires, introduire le principe de la spécialité par articles, qu'on ne tarderait pas à essayer d'appliquer au budget tout entier.

Ce fut surtout sur cette considération que le ministre des finances crut devoir insister dans la discussion. Il déclara que, si les dispositions nouvelles avaient pour but de fonder la spécialité législative par article de dépense pour les budgets et les règlements d'exercice, l'administration se verrait bientôt arrêtée dans sa marche, les moyens d'exécution finiraient par manquer aux prescriptions de la loi, et le désordre naîtrait des précautions mêmes que l'on aurait prises pour le prévenir.

La proposition de la commission ne fut adoptée que sur l'assurance donnée, qu'elle devait être seulement entendue en ce sens que les ministres ordonnateurs seraient tenus de justifier désormais dans leurs comptes, avec tous les développements nécessaires, de l'usage qu'ils auraient fait de chaque supplément de crédits, mais que la spécialité par article n'irait pas plus loin, et ne pénétrerait ni dans les états législatifs du budget, ni dans la comptabilité du Trésor, ni dans les contrôles de la Cour des comptes (1).

Le projet de loi, rédigé comme nous venons de le dire, fut porté à la Chambre des pairs, qui lui fit subir à son tour des modifications. La première et la plus importante consistait dans l'interdiction formelle d'ouvrir désormais par ordonnance, pendant la session des Chambres, aucun crédit hors des limites du budget. Cette interdiction résultait d'ailleurs déjà implicitement, disait le rapport du 15 avril 1833 (2), et des lois de 1817 et 1819,

(1) Le dernier paragraphe de l'art. 25 du règlement général du 31 mai 1833 confirme en ces termes cette interprétation : « La justification de l'emploi des crédits supplémentaires par article est produite dans les comptes de chaque ministre ; le règlement législatif des crédits continue à s'opérer par chapitre. »

(2) Rapport du duc De Cazes, Chambre des pairs.

et des termes mêmes de la Charte. La seconde modification avait pour objet de substituer, pour l'ouverture des crédits, le rapport motivé ainsi que la responsabilité collective du ministre ordonnateur et du ministre des finances à la délibération du conseil des ministres ; c'était, semblait-il, le moyen, tout en sauvegardant les intérêts du Trésor, d'éviter le grave inconvénient de constituer le conseil des ministres en corps délibérant ayant une majorité et une minorité, et tenant registre de ses délibérations, dont il aurait à justifier ensuite devant le pouvoir législatif.

Les deux amendements, adoptés par la Chambre des pairs seulement après deux épreuves douteuses et à une faible majorité, ne rencontrèrent pas l'assentiment de la Chambre des députés, à l'examen de laquelle le mécanisme constitutionnel d'alors obligeait de reporter le projet de loi modifié. Elle se borna, en remplaçant par le mot d'*avis* celui plus équivoque de *délibération*, à mieux préciser le sens de l'intervention, qu'elle avait voulu attribuer au conseil des ministres. Quant à la proposition d'interdire la faculté d'ouvrir, par ordonnance royale, aucun crédit extra-budgétaire pendant les sessions, le rapporteur de la commission (1) déclarait que c'était une garantie exorbitante qui pourrait, dans certains cas, compromettre les premiers intérêts du pays, sa gloire, sa conservation, en entravant la marche légale du pouvoir royal ; que sans doute, en principe absolu, lorsque les Chambres se trouvaient assemblées, aucune dépense ne devait être ordonnée, hors des limites du budget, que par les voies constitutionnelles ; mais qu'il pouvait se présenter telle circonstance urgente et soudaine, une alliance offensive, un armement, une question de sûreté publique, qui exigeât que sans délai le gouvernement prît en secret des mesures entraînant des dépenses non prévues au budget.

La loi du 24 avril 1833 formula définitivement de la manière suivante les dispositions relatives aux crédits extra-budgétaires (2) :

(1) Rapport du 22 avril 1833.

(2) La commission de la Chambre des pairs, tout en maintenant la constitutionnalité et l'utilité de son amendement, déclara qu'elle adhérait cependant à la rédaction de la Chambre des députés par esprit de

Les suppléments de crédits demandés par les ministres pour subvenir à l'insuffisance, dûment justifiée, d'un service porté au budget et dans les limites prévues par la loi devront, comme les crédits extraordinaires, être autorisés par ordonnances du roi, qui seront converties en lois à la plus prochaine session des Chambres (art. 3). A l'avenir, les ordonnances, qui, en l'absence des Chambres, auront ouvert des crédits à quelque titre que ce soit, ne seront exécutoires pour le ministre des finances qu'autant qu'elles auront été rendues sur l'avis du conseil des ministres ; elles seront contresignées par le ministre ordonnateur et insérées au *Bulletin des lois* (art. 4). Ces ordonnances seront réunies en un seul projet de loi pour être soumises par le ministre des finances à la sanction des Chambres, dans leur plus prochaine session et avant la présentation du budget (art. 5). Tout crédit extraordinaire ouvert à un ministre pour un service non prévu à son budget formera un chapitre particulier du compte général de l'exercice (art. 6). Les crédits supplémentaires seront votés et justifiés par articles (art. 7).

Le mode de présentation et de justification des demandes de crédits extra-budgétaires se trouvait ainsi exactement déterminé. C'était beaucoup sans doute ; il semblait cependant qu'il restait encore quelque chose à faire. Il fallait, en précisant les termes un peu vagues de la loi du 25 mars 1817, circonscrire dans des limites mieux tracées la faculté d'accroître par ordonnances les dépenses de l'Etat. Telle fut l'opinion de la commission de la Chambre des députés, chargée de l'examen du projet de budget de l'exercice 1835 et elle la motivait en ces termes :

« Le budget, disait le rapport du 18 avril 1834 (1), contient deux ordres de dispositions : des commandements et des évaluations. Tantôt il autorise un service, et, comme le prix de ce

conciliation, et aussi parce que de la discussion même était résultée, pour tous les cas, sauf celui qui vient d'être spécifié, la reconnaissance du principe qu'elle soutenait. (Rapport du 23 avril 1833.)

(1) Rapport de M. Duchâtel fait au nom de la commission chargée de l'examen du projet de budget du ministère des finances pour l'exercice 1835.

service dépend des circonstances, en affectant à ce service une certaine somme, il se borne à évaluer la dépense sans prétendre la limiter ; comme exemples de dépenses de cette catégorie, on peut citer les frais de justice criminelle, les primes, les achats de vivres et de fourrages, les intérêts de la dette flottante, les remises des revenus des impôts, etc. Tantôt il limite d'une manière impérative la dépense elle-même, soit parce que cette dépense est fixe de sa nature et ne peut pas augmenter sans que le service en soit modifié, soit parce que l'état des finances ou l'intérêt public ne permettent pas de dépasser la somme fixée par le crédit législatif ; tels sont tous les traitements fixes, les secours, les fonds pour dépenses secrètes, les divers travaux publics, le matériel de l'artillerie, du génie et la marine.

« Il est évident que la faculté d'augmenter par ordonnance les crédits des chapitres du budget ne doit s'appliquer qu'aux dépenses de la première catégorie. Le législateur a voté le service ; par là même il a autorisé toute la dépense, que le service peut coûter. Le crédit supplémentaire n'est en pareille circonstance que l'exécution de la loi. Il n'en est pas de même des allocations fixes ; pour toute cette partie du budget, les crédits supplémentaires ne peuvent pas être autorisés. La loi, en effet, a prononcé et la loi doit être obéie. En vain dira-t-on que la dépense, qu'il s'agit de permettre par ordonnance, est utile ; quand les Chambres, en connaissance de cause, ont réglé un service, il ne doit pas être au pouvoir de l'administration de l'étendre de sa propre autorité. Si l'on admettait le principe contraire, le budget cesserait d'être une loi. »

Cette théorie, que nous avons déjà vue développée, mais dans des termes moins restrictifs, à l'occasion de l'ordonnance de 1827, conduisait la commission à proposer que la faculté d'ouvrir par ordonnance des crédits supplémentaires fût limitée à un certain nombre de *services votés,* dont la nomenclature serait annuellement déterminée par la loi de finances ; elle voulait de plus que la même faculté, pour les cas extraordinaires et urgents, ne pût être exercée que lorsque la nécessité de la dépense n'avait pu être prévue au moment du budget. Il n'y avait d'exception que pour les raisons d'État.

Les deux amendements de la commission furent adoptés par l'une et l'autre Chambre, et formèrent les articles 11 et 12 de la loi du 23 mai 1834(1). Le rapporteur de la Chambre des pairs, M. Roy, s'était borné à faire observer (séance du 17 mai 1834) que pour toutes les dépenses qui n'étaient pas réellement fixes, il était bien impossible à un ministre d'en connaître exactement la mesure et l'étendue dans le cours de l'exécution ; qu'il y avait au budget des services prévus, autres que ceux compris dans la nomenclature, qui étaient également soumis à d'inévitables éventualités ; que, si pour de tels services un crédit supplémentaire devenait indispensable pendant l'intervalle des sessions, le service serait arrêté par l'application de la disposition proposée ; il en concluait avec regret que cette disposition ajoutait de nouvelles entraves à toutes celles imposées à l'administration par les lois, qui avaient récemment établi la spécialité par chapitres et même, en certains cas, par articles.

Les observations du rapporteur de la Chambre des pairs étaient fondées. Le système des lois de 1833 et 1834 réalisait assurément une amélioration importante, au point de vue du contrôle législatif des dépenses, mais il marquait en même temps un pas nouveau et très considérable dans la voie ouverte par la loi du 29 janvier 1831. Tout le pouvoir d'administrer se trouvait ainsi transporté chaque jour davantage dans le sein des Chambres, ou pour mieux dire de la Chambre des députés. La Chambre des pairs, en effet, se voyait contester le droit d'a-

(1) La faculté accordée par l'art. 152 de la loi du 25 mars 1817 d'ouvrir des crédits par ordonnance du roi, pour des cas extraordinaires et urgents, est applicable seulement à des services, qui ne pouvaient pas être prévus et réglés par le budget (art. 12). — La faculté d'ouvrir par ordonnance des crédits supplémentaires, accordée par l'art. 3 de la loi du 24 avril 1833 pour subvenir à l'insuffisance dûment justifiée d'un service porté au budget, n'est applicable qu'aux dépenses concernant un service voté et dont la nomenclature est insérée, pour chaque exercice, dans la loi annuelle relative au budget des dépenses (art 11). Lorsqu'il s'agit d'un service non compris dans la nomenclature, les ministres constatent la dépense dans leur comptabilité ; mais elle ne donne pas lieu à l'ouverture d'un crédit de payement par ordonnance, et elle ne doit être acquittée qu'après l'allocation du crédit par les Chambres. Les suppléments de cette nature sont, en cas d'urgence, compris distinctement dans le projet de loi relatif à la régularisation des crédits supplémentaires. (Ordonnance du 31 mai 1838, art. 24.)

mender la loi du budget, qu'elle ne pouvait, suivant certains publicistes, qu'adopter purement et simplement ; et de fait, l'époque de la session, à laquelle cette loi était annuellement soumise à ses délibérations, l'obligeait à la voter sans modification, sous peine de porter la perturbation dans la marche du gouvernement. Son rôle, ainsi que le constatait, après plusieurs autres, M. Gautier dans la séance du 30 juin 1836 (1), se trouvait réduit à celui « d'une cour d'enregistrement, dont le mandat réel se bornait à l'accomplissement d'une formalité vaine et mensongère, le pouvoir à exprimer une opinion posthume sur des actes consommés ».

Le nouveau régime adopté produisit-il au moins les résultats qu'on avait cru pouvoir en attendre, et, renfermant les allocations supplémentaires dans de plus justes limites, eut-il pour effet d'assurer l'équilibre budgétaire ? Dès 1836, M. Gouin, au nom de la commission des finances de la Chambre des députés, déclarait le contraire, et s'élevait contre « la masse de crédits supplémentaires et extraordinaires, qui continuaient à arriver régulièrement chaque année après l'adoption du budget, et venaient en déranger toute l'harmonie par les déficits qu'ils faisaient naître à l'époque du règlement de l'exercice. » Il signalait l'espèce de contradiction qui existait entre le rigorisme apporté dans le vote de chaque budget pour l'établir et la facilité avec laquelle cet équilibre était ensuite détruit par l'adoption de tous les crédits demandés plus tard par le gouvernement, et proposait, comme remède, de décider qu'à l'avenir toute demande d'allocation, faite en dehors de la loi annuelle des finances, indiquerait les voies et moyens qui y seraient affectés. Cette disposition devait achever de soumettre aux mêmes règles tous les faits appartenant à un même exercice. Le ministre des finances pourrait alors exercer sur les demandes de ses collègues une intervention efficace ; il saurait que toute dépense, à quelque époque qu'elle fût proposée, se ratta-

(1) Rapport à la Chambre des pairs sur le budget de 1837. Le rapporteur s'attachait surtout à combattre la doctrine, qui refusait à la Chambre des pairs le droit d'amendement, et déclarait qu'empruntée à l'Angleterre, où elle n'était même pas admise sans contestation, elle était en tout cas contraire à la Charte.

chant à un budget, ne pourrait être introduite qu'à la condition de n'en pas déranger l'équilibre; il reconnaîtrait la nécessité de faire établir intégralement dans chaque budget les dépenses prévues et d'éviter toute appréciation exagérée dans l'évalua-tion des revenus annuels. Les chances de demandes de cré-dits supplémentaires se trouveraient sensiblement affaiblies, et la présentation des budgets recevrait enfin ce caractère de vé-rité, que réclame impérieusement la bonne administration des finances (1).

L'article additionnel proposé était excellent en soi et la législature s'empressa de l'adopter (L. 18 juillet 1836, art. 5). Mais malheureusement il n'eut pas toute l'efficacité, que lui attri-buaient ses auteurs. On crut bientôt, en effet, satisfaire à la loi en se bornant à écrire dans les ordonnances et même dans les lois, portant ouverture de crédits, qu'il serait pourvu à la dépense à l'aide des ressources de l'exercice. Cette formule vague permit à toutes les demandes d'allocations extra-bud-gétaires de continuer à se produire sans entraves; elles tendi-rent même à s'accroître dans une notable proportion. La moyenne, qui avait été de 1815 à 1829 inclusivement, de 49 millions par exercice, fut, pour la période de 1830 à 1848, de 81 millions, en tenant compte des crédits annulés en clôture, et s'éleva même, de 1840 à 1847, à 150 millions (2). Diverses causes peuvent expliquer un résultat si contraire aux prévisions. Nous devons mentionner en première ligne cette lutte d'a-dresse, dont parlait déjà le rapporteur des crédits supplémen-taires de 1832, et qui ne s'engageait que trop souvent, à l'occa-sion du budget, entre le ministère atténuant les nécessités de certains chapitres pour en grossir d'autres, avec l'intention de pourvoir ensuite au déficit des premiers par ordonnances, et les Chambres qui, dans un but d'éphémère popularité, ne voulaient accorder à des besoins constatés que d'insuffisantes

(1) Rapport du 6 avril 1836 sur l'ensemble de la loi des dépenses de l'exercice 1837.

(2) Le total des crédits supplémentaires et extraordinaires s'éleva : de 1815 à 1829 inclusivement à 735,966,000 fr. (Rapport du 15 avril 1833 à la Chambre des pairs) ; et de 1830 à 1848, à 2,097,325,000 fr., ou, dé-duction faite des crédits annulés (628,472,000 fr.) à 1,468,853,000 fr. (*Finances de l'Empire*, par M. C. Périer, p. 131.)

allocations. Puis, dans la pratique, les lois de 1833 et 1834 avaient présenté certaines difficultés, qui on affaiblirent notablement la portée. Ainsi, pour les crédits extraordinaires, la condition exigée d'être urgents et imprévus était souvent susceptible d'appréciations diverses, auxquelles une règle fixe et uniforme était difficilement applicable. La distinction entre les dépenses supplémentaires et les dépenses extraordinaires ne s'accordait pas toujours facilement avec les faits. Tel crédit pouvait être considéré comme supplémentaire, parce qu'il était destiné à un service réglé par le budget, et pouvait aussi être qualifié d'extraordinaire, parce que l'insuffisance de la dotation qu'il avait reçue, tenait à une circonstance accidentelle et fortuite. Dans ce cas, assez fréquent, il était toujours facile d'échapper à la restriction résultant de la nomenclature des services votés. Enfin, après une lutte continuelle des ministres avec les commissions des finances, cette nomenclature avait fini par comprendre 75 chapitres (1).

· La nouvelle législation avait à peu près entièrement supprimé les crédits *complémentaires,* qui jouaient un si grand rôle sous l'empire de l'ordonnance de 1827. Ces crédits n'étaient plus que de réels appoints pour solde, lors de la balance établie par la loi des comptes, entre les recettes et les dépenses de l'exercice; ils restaient toutefois soumis à la même distinction que les autres crédits supplémentaires. Les allocations nécessaires pour couvrir les insuffisances de crédits reconnus, au moment de l'établissement du compte définitif d'un exercice, sur des services compris dans la nomenclature insérée annuellement au budget, pouvaient être provisoirement accordées aux ministres par des ordonnances, dont la régularisation était proposée aux Chambres par le projet de loi de règlement de cet exercice. S'il s'agissait, au contraire, d'excédents de dépenses constatés sur des services non prévus dans la nomenclature, le crédit n'était pas ouvert préalablement par ordonnance. La demande en était soumise directement aux Chambres et les paiements n'avaient lieu qu'avec imputation sur les restes à payer, arrêtés par la loi de règlement. (Ord. 31 mai 1838, art. 29.)

(1) Exposé des motifs du sénatus-consulte du 31 décembre 1861.

— La loi des comptes prononce la clôture de l'exercice, mais ce n'est encore qu'un règlement provisoire ; l'apurement définitif n'a lieu qu'après l'expiration du terme fixé pour la déchéance par la loi du 29 janvier 1831 ; pendant la période intermédiaire toutes les créances régulièrement liquidées doivent être acquittées par le Trésor. Jusqu'à la fin de 1833, les dépenses des exercices clos se soldaient sur les fonds alloués aux services de l'exercice courant, sans chapitre spécial au budget, et sans qu'il fût nécessaire qu'elles eussent été constatées lors de la clôture et comprises dans les restes à payer, arrêtés par la loi des comptes. Il en résultait que des sommes parfois considérables ne figuraient dans aucune loi des finances, et se trouvaient ainsi dépensées sans l'autorisation et le contrôle législatifs. Une ordonnance fut rendue le 12 octobre 1833 pour remédier aux vices de ce système, et la loi du 23 mai suivant régularisa définitivement le mode de procéder, en ce qui concernait les exercices clos (1) (Art. 8, 9 et 10). Toutes les créances relatives à ces exercices furent soumises à la nécessité de la sanction des Chambres ; celles constatées avant la loi des comptes durent être comprises dans les restes à payer arrêtés par cette loi ; les paiements continuèrent à avoir lieu sur les fonds de l'exercice courant, mais furent imputés sur un chapitre spécial ouvert, pour mémoire et pour ordre sans allocation, au budget de chaque ministère, et leur montant compris parmi les crédits législatifs lors du règlement de l'exercice. Les créances, reconnues postérieurement à la loi réglementaire, ne purent être acquittées qu'au moyen de crédits supplémentaires suivant les formes ordinaires. Les comptes annuels des ministres et le compte général des finances durent contenir un tableau spécial présentant, pour chacun des exercices clos et par chapitre de dépense, les crédits annulés par les lois de règlement pour les dépenses restant à payer, les nouvelles créances, qui auraient fait l'objet de crédits supplémentaires, et les payements effectués jusqu'au terme de déchéance. Ce terme arrivé, l'exercice cesse de figurer dans la comptabilité des ministères. Cependant,

(1) Voy. rapport déjà cité du 18 avril 1834 à la Chambre des députés ; voy. aussi ordonnance du 10 février et loi du 10 mai 1838 ; loi du 8 juillet 1837 sur le service de la dette viagère, des pensions et de la solde.

certaines créances, affranchies de la proscription quinquennale, peuvent rester encore à acquitter ; elles sont imputées sur le budget courant à un chapitre spécial intitulé : *Dépenses des exercices périmés*, mais ne doivent être ordonnancées que lorsque des crédits extraordinaires spéciaux par articles ont été ouverts par une loi (1) (L. 3 mai 1842).

La loi du 24 avril 1833 avait décidé (art. 11) que la loi de règlement du budget serait soumise aux Chambres, dans le même cadre et la même forme que la loi de présentation. Celle du 9 juillet 1836 imposa aux ministres l'obligation de présenter le projet de règlement, avec les comptes à l'appui, dans les deux premiers mois de l'année qui suivrait la clôture de l'exercice (2). La situation provisoire du budget de l'année expirée, ainsi que tous les documents y relatifs, durent également être publiés dans le premier trimestre de l'année suivante (art. 11).

— La réforme du régime exceptionnel des fonds spéciaux, commencée, ainsi qu'on l'a déjà vu, sous la Restauration, fut presque entièrement achevée sous le gouvernement de juillet (3).

(1) Sont seuls exceptés de la nécessité d'une loi les crédits pour le service des arrérages des rentes consolidées et des rentes viagères.

(2) Si les Chambres n'étaient pas assemblées à cette époque, la présentation ne devait avoir lieu que dans le mois qui suivait l'ouverture de la session. Voy. aussi loi du 28 juin 1833 portant dérogation, pour la présentation du budget, aux dispositions de l'art. 102 de la loi de 1818.

(3) Voici la nomenclature, par exercice, des services spéciaux rattachés aux budgets, de 1830 à 1848 : Conseil du sceau des titres, pensions et rétributions des élèves des écoles militaires (1831) ; visa des passeports et légalisations au ministère des affaires étrangères, produit et emploi de la rente de l'Inde (1832) ; recettes et dépenses des invalides de la guerre, recette et emploi du produit de la taxe des brevets d'invention (1834) ; recettes et dépenses de l'Université (1835) ; frais d'impression d'affiches et de ventes de coupes de bois (1836) ; produit et emploi des taxes de plombage et d'estampillage en matière de doua. nes, recettes et dépenses de divers établissements spéciaux (écoles vétérinaires, bergeries, haras et dépôts d'étalons, écoles des arts et métiers, établissements thermaux) (1838); ressources et dépenses des écoles normales primaires (1839) ; recettes et dépenses du service des poudres et salpêtres, produits et revenus de l'Algérie (1840) ; recettes et dépenses du service colonial, frais de surveillance des compagnies de chemins de fer et des tontines, fonds de concours pour les travaux publics (1842) ; recette et emploi du produit des ateliers de condamnés et pénitenciers militaires, valeur au prix de revient des poudres livrées

Les seuls services spéciaux proprement dits, subsistant en 1848, étaient : la Légion d'honneur, l'imprimerie royale, les chancelleries consulaires, la caisse des Invalides de la marine, le service de la fabrication de la monnaie et des médailles. Aux termes de l'article 17 de la loi du 9 juillet 1836, les recettes et les dépenses de ces services étaient portées pour ordre dans les tableaux du budget général de l'Etat ; leurs budgets et leurs comptes détaillés devaient être annexés aux budgets et aux comptes des départements ministériels, auxquels ils ressortissaient ; ils se trouvaient soumis à toutes les règles prescrites par les lois de finances pour les crédits supplémentaires et le règlement définitif de chaque exercice. Une ordonnance du 15 février 1847 compléta l'assimilation, en appelant la Cour des comptes à statuer chaque année, par des déclarations générales, sur la conformité des résultats, soumis au contrôle législatif pour le règlement des services spéciaux, avec ceux des arrêts rendus par elle sur les comptes individuels produits pour les mêmes services.

Deux autres services, indépendamment de ceux que nous venons de mentionner, se rattachaient encore au budget : le service colonial (Martinique, Guadeloupe, Réunion, Guyane) en vertu de la loi du 25 juin 1841, et le service départemental.

aux ministères consommateurs (1843) ; produit du travail des condamnés dans les maisons centrales de force et de correction (1846). Le chiffre total des fonds ainsi rattachés au budget général de l'Etat, d'après le montant de chaque service pour la première année de sa réunion, a été d'un peu plus de 26 millions (Compte général de l'administration des finances). Voici, également d'après le compte général, les mêmes indications pour la période de 1849 à 1862 : Dépenses de la garde républicaine remboursées à l'Etat par la ville de Paris (1849) ; contingent des communes pour frais de police de l'agglomération Lyonnaise (1851) ; produit des taxes de la télégraphie privée (1852) ; recettes et emploi des retenues et autres produits affectés au service des pensions civiles (1853), subvention prélevée sur les centimes facultatifs départementaux pour dépenses de l'instruction primaire (1854); contingent des communes du département de la Seine dans les frais de leur police municipale ; contingent à verser au Trésor par les établissements français de l'Inde ; produits divers des prisons départementales (1855) ; remboursement par la caisse de dotation de l'armée des suppléments de pensions militaires payés par le Trésor (1858) ; Ecole militaire de santé de Strasbourg (1860) ; recettes et dépenses universitaires (1862). Ensemble : 17.653.500 francs.

Ce dernier service avait reçu de diverses lois, notamment de celle du 10 mai 1838, d'importants accroissements en même temps que sa constitution définitive. La spécialité par chapitre avait été appliquée aux dépenses ordinaires, la spécialité par articles aux dépenses facultatives. Toutefois, le droit de vote et celui de contrôle préalable étant dévolus en ces matières aux conseils généraux, les attributions du législateur étaient bornées, pour les recettes, à fixer le nombre ou le maximum des centimes imposables, pour les dépenses à en évaluer le montant par sections ; puis, les comptes arrêtés, à les comprendre dans la loi du règlement du budget général de l'État. Quatre sections des budgets départementaux (dépenses ordinaires, facultatives, extraordinaires, spéciales) ressortissaient au ministère de l'intérieur ; une cinquième (instruction primaire) au ministère de l'Instruction publique ; une sixième au ministère des finances (cadastre) (1).

La loi du 17 mai 1837 avait créé, en dehors du budget de l'État, un budget extraordinaire pour l'exécution des travaux publics, appartenant à une catégorie définie par la loi (2). Les ressources de ce budget se composaient du produit de rentes à inscrire au grand-livre de la dette publique, ainsi que des excédents de recettes sur les services expirés ; les dépenses, auxquelles il avait pour objet de pourvoir, devaient être autorisées par des actes législatifs spéciaux. A peine constitué, le budget extraordinaire fut en butte aux plus vives critiques. On lui reprochait de déranger l'ordre et la clarté du système général des

(1) La Cour des comptes statue, par des déclarations générales, sur le service départemental. Voyez les articles 88 et 94 de l'ordonnance du 31 mai 1838, sur le mode de règlement des crédits ouverts par la loi annuelle des finances pour les dépenses des départements, et sur le report des fonds restés disponibles en fin d'exercice. En 1838, les centimes départementaux produisaient 60.607.541 fr. En 1847, ils s'élevaient à 76.888.782 fr. ; pour l'exercice 1860, ils ont atteint un total de 102.537.941 fr. C'est 69 0/0 d'augmentation sur 1838. L'augmentation a été de 124 0/0, c'est-à-dire du double, ou peu s'en faut, pour les centimes communaux. Inscrits à la loi de règlement de l'exercice 1838 pour 32.873.600 fr., ils ont figuré à celle de 1847 pour 46.489.335 fr. et sont fixés dans le projet de règlement de 1860 à 73.575.809 fr.

(2) Déjà la loi du 27 juin 1833 avait ordonné un certain nombre de grands travaux, dont le budget spécial dut être annexé au budget général du ministère des travaux publics.

finances, de favoriser les dépenses entreprises sans limites, sans examen sérieux et sans appréciation des ressources, enfin de fournir matière à de nombreux abus par la faculté réservée à l'administration de reporter, sans formalité préalable et sans justification ultérieure, les crédits non consommés d'un exercice à l'autre. Trois ans ne s'étaient pas écoulés que la Cour des comptes et les commissions des Chambres en demandaient unanimement la réunion au budget ordinaire de l'Etat ; tel fut l'objet du titre Ier de la loi du 6 juin 1840. Mais en revenant ainsi à l'unité, le législateur avait pris soin de conserver aux grands travaux entrepris les garanties de développement et de continuité, que leur assurait le régime précédent. Les ressources extraordinaires durent être portées à un chapitre distinct du budget des voies et moyens, et les dépenses former une deuxième section du budget du ministère des travaux publics, avec une série spéciale de chapitres par nature principale d'entreprises. Les portions de crédits, non consommées dans l'année, purent être réimputées sur l'exercice suivant au moyen de crédits supplémentaires, ouverts provisoirement par ordonnances et régularisés ensuite conformément à la loi du 24 avril 1833 (1).

Les départements, les communes et parfois les particuliers concourent par des subventions à l'exécution des travaux publics entrepris par l'Etat. L'article 13 de la loi du 6 juin 1843 décida que les fonds de ces subventions seraient désormais portés en recette aux produits divers du budget, et qu'un crédit additionnel de pareille somme serait ouvert, par ordonnance et avec faculté de report, au ministre ordonnateur.

Nous ne saurions terminer l'énumération des principales réformes, réalisées dans la comptabilité publique de 1830 à 1848, sans mentionner la célèbre ordonnance du 31 mai 1838, qui a réuni en un seul corps, par ordre de matières, les nombreuses dispositions prises depuis près de vingt-cinq ans, et

---

(1) Voyez Exposé des motifs du projet de loi portant règlement définitif du budget de 1837 et Rapport à la Chambre des députés du 7 avril 1840. La loi du 8 août 1847 (art. 8) supprima, à partir du 31 décembre 1848, la faculté accordée par des lois spéciales de reporter, par ordonnance, d'un exercice à l'autre, les crédits non consommés.

disséminées jusqu'alors dans une multitude de lois, d'ordonnances et d'instructions ministérielles. Ainsi que l'annonçait le
rapport au roi, cette ordonnance a pleinement satisfait à
la demande, si souvent adressée à l'administration, de faire pénétrer la lumière dans tous les rouages de son mécanisme, depuis le vote de l'impôt jusqu'à l'assiette et au recouvrement des
droits du Trésor, de procurer les moyens de la suivre encore
au moment où elle vient d'obtenir les crédits primitifs ou supplémentaires, qui donnent une autorisation indispensable à ses
liquidations et à ses ordonnances, jusqu'à celui où tous les faits
de la dépense et du paiement sont respectivement soumis au
double contrôle des Chambres et de la Cour des comptes.

— Le budget des dépenses s'était, dans les premières années
de la monarchie de Juillet et jusqu'en 1838, à peu près maintenu au chiffre de 1,100 millions ; il avait même été plus souvent en deçà qu'au delà de ce chiffre. Mais il s'accrut ensuite
dans une très rapide proportion, et, en 1847, il s'éleva pour le
service ordinaire à 1,452 millons, et, avec les travaux extraordinaires, à 1,629 millions (1). Ce total se décomposait ainsi :

Dette publique et dotations (2)............'........   399.421.028 fr.
Ministères : Justice et cultes............   60.206.974 —
   —   Affaires étrangères...........   10.120.039 —
   —   Instruction publique.........   18.275.260 —

(1) Compte général de l'administration des finances.— Le budget de
1847 (1,629 millions) est l'expression la plus exagérée de la politique
financière du gouvernement de Juillet : le budget de 1837 (1,078 millions) en avait été l'expression la plus modeste ; l'accroissement du
premier sur le second est en bloc de 50 0/0.— En déduisant des deux
budgets les travaux extraordinaires (177 millions d'une part et 17 millions de l'autre), et en retranchant du budget de 1837 un payement fait
aux États-Unis (5,587,000 fr.), de celui de 1847 les dépenses des colonies
admises pour ordre, on voit que la différence entre les budgets ordinaires est d'environ 36 0/0 (380 millions). Entre les services généraux des
ministères, qui sont la partie active des budgets, la différence réelle
n'est plus que de 244 millions. (Léon Faucher, *Mélanges d'économie
politique et de finances*, t. I.) Le nombre des chapitres du budget de
1847 s'élevait à 330.

(2) Le total des rentes perpétuelles, qui était au 1er août 1830 de 202
millions y compris 37,813,000 fr. appartenant à l'amortissement, s'élevait au 1er mars 1848 à 244,278,000 fr., dont 176,845,000 fr. de rentes ac-

Ministère : Intérieur .... 133.330.000 fr,
        —   Agriculture et commerce..... 14.015.130 —
        —   Travaux publics............. 69.474.705 —
        —   Guerre .... 349.310.957 —
        —   Marine .... 133.732.030 —
        —   Finances .... 20.449.529 —
Frais de régie et perception .... 154.306.303 —
Remboursements, restitutions, primes, etc. 83.583.550 —
Travaux extraordinaires................. 177.450.425 —

Un si énorme accroissement reconnaissait diverses causes.
Plusieurs services, tels que le service départemental, celui de
l'instruction publique, celui des travaux publics ordinaires,
avaient reçu de notables extensions ; des complications extérieures avaient nécessité l'organisation des armées de terre et
de mer sur un pied plus considérable ; le montant des frais de
régie et de perception s'était naturellement élevé avec le rendement des impôts ; enfin et surtout un immense développement avait été donné aux travaux extraordinaires.

Ces travaux, depuis leur réunion au budget, étaient régis par
les deux lois des 25 juin 1841 et 11 juin 1842. La première
avait ouvert aux ministères des travaux publics, de la guerre
et de la marine, plus de 450 millions de crédits pour l'amé- ·
lioration des routes, canaux et rivières, fortifications, ports et
arsenaux ; la seconde, principalement relative à l'établissement
de grandes lignes de chemins de fer, avait déjà, en 1847, engagé l'Etat pour plus d'un milliard et les compagnies pour 1,500
millions. Pour ce seul exercice 1847 la dotation du service ex-

tives et 67,441,000 fr. de rentes transférées au nom de la Caisse d'a-
mortissement. Le régime de cette caisse avait subi des modifications :
à la prohibition établie par la loi du 1er mai 1825 d'opérer désormais
des rachats au-dessus du pair, la loi du 10 juin 1833 avait ajouté l'affectation exclusive à chaque nature de rente d'une dotation spéciale ; toutes les fois que la rente s'élevait au-dessus du pair, les fonds de dotation étaient mis en réserve. La réserve, ainsi accumulée de 1834 à 1848,
fut successivement appliquée jusqu'à concurrence de 728,833,000 fr. aux
dépenses générales des budgets et à l'extinction des découverts du Trésor, et pour 182,429,000 fr. à des travaux extraordinaires (loi de 1837).
Les rachats effectués pendant cette période ne furent que de 355 millions ; ils avaient été de 1816 au 1er août 1830, de 1,001,000 fr. et du 1er
août 1830 au 30 juin 1833, de 256 millions. (Compte général de l'administration des finances.)

traordinaire prélevait sur le budget de l'Etat, sans compter les allocations portées aux budgets des départements et des communes, une somme de 177 millions, c'est-à-dire plus qu'il n'avait été dépensé pour le même objet en huit exercices de 1830 à 1838 (130,500.000 fr.). Tant de travaux entrepris avaient imprimé à la fortune publique et à l'industrie un essor inconnu jusqu'alors, mais ils eurent en même temps pour conséquence d'obérer la situation du Trésor et, peu de semaines avant la révolution de février, M. Thiers, s'élevant contre « la licence avec laquelle on s'était livré aux dépenses exagérées des travaux publics, » signalait avec raison à la Chambre des députés (séance du 25 janvier 1848) le sérieux danger que présentait pour les finances ce qu'il appelait « les folies de la paix (1) ». Du reste, le gouvernement lui-même, par l'organe de M. Duchâtel, reconnaissait que la situation commandait une grande prudence, une extrême réserve ; mais il déclarait qu'elle ne devait pas inspirer de découragement, et que l'équilibre budgétaire pouvait être rétabli à la condition qu'on s'imposât la règle de ne pas augmenter les dépenses sans une absolue nécessité. La prudence sur ce point, ajoutait le ministre de l'intérieur, doit être recommandée tout aussi bien aux membres de la Chambre qu'au gouvernement, et à l'appui de cette assertion, il rappelait que, dans la session précédente, il y avait eu des amendements de réduction pour une somme de 600,000 fr. et des amendements d'augmentation sur le budget ordinaire pour plus de 4,000,000 fr.

— Si la progression des recettes n'avait pas été suffisante pour couvrir les excédents de dépenses, elle ne laissa pas cependant d'être très considérable dans la période, qui vient de nous occuper. Cette question des revenus publics est la dernière qui nous reste à examiner, avant d'aborder la législation budgétaire de la république. De 1830 à 1848, diverses modifications avaient été apportées à l'assiette et au tarif des impôts.

(1) Les réserves de l'amortissement avaient été absorbées et la dette flottante, qui n'était que de 200 millions sous la Restauration, s'était élevée à 700 millions. Voyez aussi discours de M. A. Fould, dans la même séance du 25 janvier 1848.

Tous les revenus ordinaires de l'État furent soumis à une discussion, dont les éléments se trouvaient dans le rapport sur les finances présenté au roi le 15 mars 1830, et cette revision des tributs demandés à la propriété et aux objets de consommation conduisit à augmenter les charges qui pesaient sur la première, et à diminuer celles qui s'appliquaient aux seconds.

La loi du 26 mars 1831, en séparant la taxe personnelle de la taxe mobilière, et en transformant la première de ces contributions ainsi que la taxe des portes et fenêtres en impôt de *quotité*, éleva les contingents d'environ 30 millions. L'essai ne fut pas, il est vrai, de longue durée. La loi du 12 avril 1832 rendit aux deux contributions leur précédent caractère, mais elle leur laissa près de 20 millions d'augmentation ; et les lois des 17 août 1835 et 4 août 1844, qui consacrèrent la mobilité de leur principal d'après le nombre variable des propriétés bâties et la classification des communes, devinrent la source de nouveaux accroissements. Un principe identique avait été appliqué à la contribution foncière des propriétés bâties. (Loi du 17 août 1835.) Les droits d'enregistrement furent remaniés et augmentés. Les patentes reçurent de la loi du 25 avril 1844 une complète et plus large organisation. Par contre, la loi du 12 décembre 1830 avait consenti sur l'impôt des boissons une réduction que l'on ne saurait évaluer à moins de 30 ou 40 millions. Les droits de douanes et de navigation furent abaissés, la loterie et la ferme des jeux supprimées. La seule aggravation pour les contribuables en cette matière fut l'assimilation aux sucres coloniaux des sucres indigènes jusqu'alors exempts. (L. 18 juillet 1837, 3 juillet 1840, 3 juillet 1843.)

Mais si les taxes s'étaient trouvées réduites, il en avait été autrement des produits. Le développement de la fortune publique et de la prospérité générale donna aux impôts indirects un tel essor, que non seulement les pertes du Trésor furent réparées et au delà, mais que leur rendement s'éleva, surtout depuis 1837, dans une proportion encore inconnue. La moyenne de la progression par exercice avait été d'environ 7 millions de 1830 à 1837; elle atteignit presque 20 millions de 1837 à 1848. Voici les principaux chiffres du budget des recettes de 1847, d'après sa loi de règlement :

Contribut. directes { Fonds généraux   202.091.000 fr. } 423.435.000 Fr.
                     { Fonds spéciaux   131.343.000 fr. }

Produits des forêts et de la pêche.................   20.431.000

Revenus et vente de domaines.....................   6.013.000

Impôts / Enregistrement et timbre.   265.482.000 fr. \
et   \ Douanes (1)..............   201.100.000 fr. / 821.782.000
revenus / Contributions indirect. (1) 304.912.000 fr. \
indir. \ Postes ....   53.287.000 fr. /

Revenus et produits divers.....................   59.142.000

Ressources extraordinaires.....................   29.578.000

En tout 1,372,387.000 fr., non compris la portion de la réserve de l'amortissement appliquée à l'extinction des découverts de l'exercice (2).

V

Le système politique, inauguré par la révolution de février, tendit à rendre plus strictes encore les règles de la spécialité budgétaire. « Suivant la doctrine des républiques, en effet, le pouvoir, qui vote l'impôt, a seul le droit d'en régler l'emploi d'une manière limitative (3). » L'omnipotence d'une assemblée unique et permanente devait aisément achever l'œuvre, déjà presque menée à terme par les conquêtes successives de l'autorité parlementaire depuis 1830.

La Constitution nouvelle (4 novembre 1848) ne fit que confirmer, au point de vue des finances, les principes consacrés par la Charte (4). Mais une loi du 20 juillet 1848 avait déjà disposé (art. 13) que les comptes de chaque ministère présente-

(1) La taxe des sels rapporta 70 millions ; les droits sur les sucres 72 millions ; le monopole des tabacs 117 millions ; l'impôt des boissons 101,827,000 fr.

(2) Cette somme ne figure pas aux recettes parce qu'aux termes de la loi du 25 juin 1841 (art. 38) elle n'était employée qu'à l'extinction des découverts, constatés et fixés par la loi des comptes. Son chiffre, pour l'exercice 1847, fut de 95,654,000 fr.

(3) Rapports sur le sénatus-consulte du 25 décembre 1852.

(4) Voy. Préambule, art. 7. Constitution, art. 14, 15, 16, 17.

raient à l'avenir dans leurs développements la comparaison,
article par article, des dépenses prévues et des dépenses réalisées (1). L'article 14 de la loi du 15 mai 1850, pour établir,
d'une manière absolue et définitive, dans chaque branche de
service la séparation du personnel et du matériel, décida que toutes les portions de crédits, qui resteraient disponibles par suite
de vacances d'emploi, devaient faire retour au Trésor. Du reste,
sauf en ce qui concernait l'accroissement du nombre des chapitres, ou la demande de certains documents justificatifs (2),
il restait peu à faire pour la contexture du budget. La question
la plus essentielle était, comme toujours, celle des crédits supplémentaires et extraordinaires. Il importait, pour que de
nouveaux déficits ne vinssent pas encore aggraver la situation
déjà si obérée du Trésor, que ces crédits fussent renfermés
dans les plus étroites limites ; le principe nouveau de la perma-
nence du pouvoir législatif exigeait, en outre, des modifications aux règles précédemment appliquées. Tel fut l'objet des
articles 9, 10, 11, 12 et 13 de la loi du 15 mai 1850 (3).

Aucune dépense, dit l'article 9, ne pourra être ordonnée ni
liquidée, sans qu'un crédit préalable ait été ouvert par une loi.
Toute dépense non créditée ou portion de dépense dépassant
le crédit sera laissée à la charge personnelle du ministre con-
trevenant. Toutefois, pendant les prorogations de l'Assemblée,

(1) « L'ancienne administration des finances avait promis de présenter à l'avenir les comptes de chaque ministère, de manière à ce que les
développements comprissent la comparaison, article par article, des
dépenses prévues et des dépenses réalisées. L'avantage de cette amélioration annoncée pour la rédaction des comptes de 1847 est incontestable, et nous vous proposons de la consacrer par une disposition addi-
tionnelle, en déclarant que nous ne voulons déroger en aucune manière
à la spécialité des chapitres, qui nous paraît suffisante. » Rapport du
1er juillet 1848 à l'Assemblée constituante, sur le projet de loi portant
règlement du budget de l'exercice 1845.

(2) Les inventaires des objets mobiliers appartenant à l'État, dressés
et récolés, conformément aux lois existantes, seront déposés aux archives de l'Assemblée et de la cour des comptes. (Loi du 8 décembre
1848.) La loi du 10 mai 1849 obligea d'insérer au *Moniteur* avant le jour
de l'ouverture de la session des Conseils généraux, l'arrêté du pouvoir
exécutif portant répartition du fonds commun entre les départements.
(Art. 11.)

(3) Voy. Rapport de M. Berryer sur le budget des dépenses de l'exercice 1850. Séance du 16 février 1850.

des crédits soit extraordinaires, soit supplémentaires, pourront être ouverts par arrêté du président de la république, après délibération du conseil des ministres et avec le contre-seing du ministre des finances. Ces arrêtés seront insérés au *Bulletin des lois* et régularisés dans la forme suivante :

S'il s'agit de crédits extraordinaires, les arrêtés seront soumis, sous forme de projets de loi spéciaux, à l'approbation de l'Assemblée, dans les dix jours qui suivront l'expiration de la prorogation ; — s'il s'agit de crédits supplémentaires, les crédits ouverts par arrêté seront soumis à l'approbation législative dans un seul projet de loi à l'époque fixée par l'article 15 ci-après. (Art. 10.)

L'article 11 détermine les circonstances, dans lesquelles peuvent avoir lieu les demandes de crédits extraordinaires : elles ne doivent s'appliquer qu'à des dépenses urgentes, et n'ayant pu être prévues ni réglées dans le budget de l'exercice, et font l'objet de lois présentées par le ministre des finances avec indication des voies et moyens. — L'article 12 prescrit au même ministre de réunir chaque année, au plus tard au mois de décembre, en un seul projet avec indication précise des voies et moyens, toutes les ordonnances de crédits supplémentaires. — Peuvent seuls donner ouverture à ces crédits, en cas d'insuffisance d'allocations dûment justifiée, les services dénommés par la loi de 1834, *services votés*, et dont la nomenclature est jointe chaque année au budget des dépenses. (Art. 13.)

Ces prescriptions plus sévères n'empêchèrent pas les demandes de crédits supplémentaires et extraordinaires, pour l'exercice 1850, de s'élever, dès le mois de février 1851, à la somme de 53 millions ; l'exercice en cours d'exécution faisait prévoir des résultats identiques. Deux propositions furent déposées par MM. Creton et Sauvaire Barthélémy pour tenter d'apporter de nouveaux remèdes à un état de choses, que l'insuffisance des recettes rendait plus fâcheux. Complétées par la commission chargée de leur examen, ces propositions furent adoptées par l'Assemblée législative et devinrent la loi du 16 mai 1851.

L'art. 1er, supprimant les crédits complémentaires « véritable déviation des principes de la comptabilité (1) », décida qu'il ne pourrait plus être dérogé aux prévisions normales du budget des dépenses que par des lois, portant ouverture de crédits supplémentaires ou extraordinaires. Tout projet de loi, portant demande de crédits de cette nature, imputables sur un ou plusieurs exercices, dut être contresigné par le ministre compétent et par le ministre des finances. (Art. 2.) Le projet comprenait l'ensemble de la dépense, soit qu'elle s'appliquât à un ou plusieurs ministères, soit qu'elle portât sur un ou plusieurs exercices. Il contenait l'indication des voies et moyens affectés au paiement. S'il ne pouvait y être pourvu sur les ressources effectives de l'exercice, le projet mentionnait que le crédit était mis au compte de la dette flottante. (Art. 3.) Le ministre des finances réunissait en un seul projet de loi toutes les demandes de crédits supplémentaires ou extraordinaires, dont le besoin s'était fait sentir dans les divers services pendant l'intervalle d'un mois au moins. La présentation en était faite comme annexe du budget. Il n'était procédé par projets de loi spéciaux que dans les cas d'urgence. (Art. 2 et 4.) Les motifs de cette dernière disposition sont donnés en ces termes par le rapport du 14 avril : « L'éparpillement des nombreuses demandes de crédits, qui se renouvellent dans tout le cours d'un exercice, a pour résultat d'amoindrir l'attention qu'il conviendrait d'y apporter. Si ces demandes au contraire sont à des intervalles assez éloignés réunies en un seul projet de loi, elles se produiront en quelque sorte, sous la forme d'un supplément de budget, dont le gouvernement et l'assemblée apprécieront plus sûrement les conséquences. »

(1) « Dans le cours de chaque exercice, toute dépense doit être autorisée avant l'exécution du service auquel elle se rapporte ; tout droit acquis doit être immédiatement constaté et soumis à l'ordonnancement du ministre. Les demandes de crédits supplémentaires ou extraordinaires sont légalement autorisées, dans le but de pourvoir à ces dépenses, à défaut du budget normal. Mais admettre dans ce cas des demandes de crédits complémentaires, c'est sanctionner l'irrégularité dans les dépenses et, d'un autre côté, porter atteinte au crédit public en arrêtant pendant un délai plus ou moins prolongé le payement d'une dette de l'État. » (Rapport de M. Corne sur les propositions de MM. Croton et Sauvaire Barthélemy. Séance du 14 avril 1851.)

— Trois actes de la période républicaine, relatifs au budget, doivent encore être mentionnés : la loi du 8 mars 1850, dont l'article 14 ordonna la publication annuelle de la situation des approvisionnements de la marine, pour les résultats en être arrêtés dans le règlement législatif de chaque exercice, après que leur exactitude aurait été confirmée par la Cour des comptes ; — l'article 16 de la loi du 20 juillet de la même année, aux termes duquel toute première demande de fonds destinés à des constructions d'édifices, de routes, ponts, canaux et autres grands travaux publics, dut être accompagnée de devis, plans ou avant-projets faisant connaître l'application des fonds demandés et l'étendue de la dépense ; — enfin le décret du 11 août 1850. Ce décret rapprocha de deux mois, en la fixant au 31 août de la seconde année de l'exercice, l'époque de la clôture du paiement des dépenses ordonnancées, et limita au 13 juillet précédent l'ordonnancement de ces mêmes dépenses. En même temps le délai pour l'achèvement des services du matériel, qui ne peuvent ni s'interrompre ni se terminer au 31 décembre de la première année, était ramené du 1er mars au 1er février de la seconde.

— Le budget de 1848 eut un énorme découvert. Tandis que les dépenses s'élevaient à 1,611 millions et, avec les travaux extraordinaires, atteignaient même le chiffre de 1,770 millions, les recettes descendaient à 1,207 millions ; les impôts indirects seuls présentèrent sur 1847 une moins-value de 141 millions. Mais la création de ressources extraordinaires, parmi lesquelles figurent l'impôt des 45 centimes (192 millions) et la réserve de l'amortissement, permit de solder, en fin de compte, cet exercice par un déficit insignifiant de 3 millions. Les exercices 1849, 1850 et 1851 ne se réglèrent qu'avec des excédants de dépenses très considérables. « La Révolution de 1848 a dévoré en quatre années 946 millions de ressources extraordinaires, en dehors des recettes et produits ordinaires de chacun des quatre budgets, surélevés de 63 millions de nouveaux impôts. Elle a rendu à la dette flottante son précédent chiffre par les 336 millions de découverts de ces quatre mêmes années. Enfin, les 244 millions de rentes inscrites au 24 février et dont 175 millions soulement étaient dus à des tiers, se trouvaient, malgré les annulations de 91 millions de rentes, être au 31 décembre 1851, de 247 millions entièrement dus à des tiers, non compris le fonds de dotation de l'amortissement passé du chiffre de 48 millions et demi à celui de 64 millions et demi. C'est, en ce qui concerne la dette inscrite, un capital de 5.709.971.728 fr. substitué en quatre années à celui de 3.954.985.910 fr. du 24 février 1848 : c'est une différence en plus de 1.755.585.818 fr. nonobstant 946 millions de ressources extraordinaires absorbés, et 336 millions de nouveaux découverts : c'est au delà de 3 milliards. » (1)

De 1848 à 1852, presque toutes les taxes furent soumises à la revision législative et firent l'objet de réformes. Un décret du gouvernement provisoire, en date du 15 avril 1848, avait supprimé l'impôt du sel à partir du 1er janvier 1849 ; la loi du

(1) Corps Législatif, 29 mai 1852, Rapport de M. Lequien sur le règlement définitif de l'exercice 1848. Dans un autre passage de son Rapport M. Lequien, recherchant quelles avaient été les conséquences de la Révolution de 1848 sur la fortune publique, s'exprimait ainsi : « On a calculé que, en quarante et quelques jours, à partir du 24 février, la perte éprouvée à la Bourse sur la valeur des rentes, des actions de banque, des chemins de fer, etc., s'était élevée à 3 milliards 750 millions. Qu'on y joigne l'avilissement qui est résulté des mêmes causes pour les autres valeurs mobilières ainsi que pour la propriété foncière, et, tout énorme, tout effrayante que sera l'addition elle ne sera pas encore complète. L'argent n'a pu manquer si absolument aux besoins commerciaux, industriels et agricoles sans atteindre l'ouvrier des villes et des campagnes dans ses seuls moyens d'existence. Des faits trop précis ont révélé la réduction qu'a subi partout le travail. Combien peu d'établissements, après avoir lutté avec autant de philanthropie que de patriotisme, n'ont dû chômer partiellement ou complètement ! C'est aux sept douzièmes qu'a été évaluée la réduction de la masse du travail parisien et des produits de ce travail. » Le projet de règlement de l'exercice 1848 avait déjà été soumis à l'Assemblée législative et la Commission de cette assemblée avait, dans un rapport du 25 juin 1851, présenté les mêmes conclusions. Relevant dans la gestion financière du gouvernement provisoire de nombreuses infractions aux lois, des actes de prodigalité et de gaspillage elle avait proposé le rejet de 200.139 fr. de crédits. Le Gouvernement du Prince-Président et le Corps législatif ne crurent pas devoir faire sortir de l'apurement des comptes de 1848 aucune répétition, par le motif que la répétition aurait atteint non les ordonnateurs, mais les comptables qui avaient été obligés de céder aux injonctions de proconsuls armés de « pouvoirs illimités ». La liquidation définitive des exercices 1848-1851 a arrêté le chiffre de leurs découverts à 359.374.163 fr. (Compte général de l'administration des finances.)

28 décembre 1848 abrogea ce décret, mais, en maintenant la contribution, abaissa le droit des deux tiers (de 30 à 10 fr. les 100 kil.), ce qui entraîna, pour le trésor, une perte de plus de 35 millions. Un autre décret du 31 mars de la même année substitua un droit général de consommation sur les boissons à l'exercice. Rétabli dans son ancienne forme par la loi du 22 juin, puis supprimé à partir de 1850 par la loi du 19 mai 1849, l'impôt des boissons fut provisoirement conservé par la loi du 20 décembre suivant, et soumis en même temps à une enquête, dont les conclusions ont inspiré la réforme réalisée dans cette partie de la législation par le décret du 17 mars 1852. La taxe des lettres fut réduite et ramenée à un taux uniforme (Loi du 24 août 1848). Il en résulta une moins value d'environ 11 millions sur les produits. Enfin, la loi du 7 août 1850 accorda aux contribuables une réduction de 27 millions sur l'impôt foncier par la suppression des 17 centimes généraux additionnels, lesquels étaient affectés aux dépenses de l'Etat. D'un autre côté, il est vrai, les droits d'enregistrement et de timbre furent sensiblement augmentés (Lois des 8 mai et 5 juin 1850) ; une taxe spéciale frappa les biens de mainmorte (L. 20 juin 1849) ; de nouvelles catégories furent ajoutées à la liste des patentables (L. 15 mai 1850).

Le budget des recettes de 1851 donna les résultats suivants :

Contributions directes......................		412.225.000 fr.
Produits des forêts et de la pêche............	.	26.536.000 —
Revenus et vente de domaines..............		8.088.000 —
Enregistrement et timbre	235.596.000 fr.	
Douanes...............	147.830.000 —	743.728.000 —
Contributions indirectes.	316.082.000 —	
Postes...............	41.218.000 —	
Revenus et produits divers................		82.097.000 —
Total des recettes ordinaires........		1.273.272.000 fr.
Ressources extraordinaires :		
Vers. des comp. de chem. de fer	11.273.000	87.326.000 —
Réserve de l'amortissement (1).	76.053.000	
Total général..............		1.360.600.000 fr.

(Impôts indir. — marginal label beside the bracketed indirect tax lines)

(1) Depuis 1848, l'amortissement a été suspendu, et la réserve, formée chaque année, est affectée aux besoins généraux du budget. (Ar-

Les dépenses pour le même exercice s'élevèrent à 1,461,000,000 fr. savoir :

1re partie : *Dette publique.* Dette consolidée (1), viagère, emprunts spéciaux et intérêts de capitaux remboursables à divers titres (21 chapitres)......................	385.742.000 fr.
2e partie : *Dotations* (2 chap., le 2e en 3 sect.).	8.419.000 —
3e partie : *Services généraux des ministères*, Ministère de la justice (17 chapitres).........	27.151.000 —
— des affaires étrangères (14 chapitres)	8.335.000 —
— de l'instruct. publ. et des cultes (instruct. publ. (39 chapitres)..	21.901.000 —
cultes (22 chapitres).........	41.833.000 —
— de l'intérieur (Service général (40 c.) Serv. dép. (4 sect.).	125.619.000 —
— de l'agric. et du commerce (22 ch.)	19.308.000 —
— des trav. publics (Serv. ord. (25 ch.)	64.543.000 —
Trav. extr. (13 ch.)	65.809.000 —
— de la guerre (Serv. ordin. (40 chap., dont 1 en 9 §§).....	312.852.000 —
Trav. extraord. (2 ch.).	4.034.000 —
— de la marine (Service marit. (21 c.) Serv. colonial (7 ch.)	97.083.000 —
Trav. extraordin. (6 c.)	3.946.009 —
— des finances (14 chapitres)..........	32.296.000 —
4e partie : *Frais de régie, de perception et d'exploitation* (33 chapitres).................	148.948.000 —
5e partie : *Remboursements et restitutions, non valeurs, primes et escomptes* (6 chapitres, dont 1 en 3 paragraphes).................	93.500.000 —

En tout 1,461,329,000 fr. et 360 chapitres ou sections, dont 294 pour les services généraux des ministères. Le nombre des

rêtés des 8 mars et 22 juillet, loi du 12 décembre 1848.) L'action de l'amortissement avait été partiellement rétablie, à partir de 1859 (loi du 4 juin 1858), mais elle a été de nouveau suspendue par l'art. 3 de la loi du 5 mai 1860, afin de faciliter les réformes des tarifs de douanes, que cette dernière loi a prescrites.

(1) La République inscrivit 53,923,000 fr. de rentes nouvelles sur le grand-livre.

chapitres, dans le budget de 1831, le premier voté sous l'empire de la loi du 29 janvier, atteignait à peine 104 ; on voit que la progression avait été rapide. Chacun des 300 chapitres était l'objet d'un vote distinct de l'Assemblée législative, et, le vote intervenu, les sommes allouées ne pouvaient plus être appliquées à un autre chapitre, ni affectées à un nouvel emploi jusqu'à ce que la loi des comptes de l'exercice, prononçant l'annulation des crédits restés disponibles, les eût fait rentrer dans la masse générale des fonds du Trésor. Une spécialité si étroite avait assurément ses avantages ; elle opposait un obstacle à l'arbitraire ministériel, et réprimait cette tendance naturelle de tous les ordonnateurs à entreprendre des dépenses utiles sans doute, mais qui n'avaient pas reçu l'approbation préalable des mandataires du pays et que la situation financière pouvait d'ailleurs interdire. L'action législative s'exerçait, dans sa plénitude, sur les diverses parties de l'administration. Toutefois, le but n'avait-il pas été outrepassé à cet égard ? De fait, le pouvoir d'administrer s'était trouvé transporté presque en son entier aux mains du législateur. De plus, au point de vue financier, l'affectation exclusive d'une somme distincte à chaque chapitre entraînait de sérieux inconvénients : d'abord, la nécessité pour les ministres d'exagérer leurs évaluations, afin de ne pas risquer d'être plus tard pris au dépourvu ; puis l'entraînement à faire la dépense une fois votée, les économies réalisées ne pouvant profiter à aucun autre service ; enfin et surtout, comme le budget, voté longtemps à l'avance, contient nécessairement en plus ou moins des prévisions inexactes, l'immobilisation d'une part des fonds restés sans emploi sur les services trop largement dotés, et dont la moyenne, pour les dix dernières années du régime parlementaire, s'est élevée à 44 millions, et d'autre part l'obligation de recourir pour les services en souffrance à des crédits extra-budgétaires. Le nombre de ces derniers services ne laissait pas d'être chaque année très considérable, moins encore par l'incertitude de prévisions, que par la disproportion que la défiance des chambres vis-à-vis des ministres mettait entre les besoins réels et les allocations accordées. Aussi toutes les mesures successivement adoptées, sinon pour supprimer les crédits extra-budgétaires, du moins pour les contenir dans do justos limites, avaient-elles échoué. Ces crédits, nous l'avons vu, n'avaient fait que s'accroître, et venaient presque périodiquement renverser après coup l'équilibre établi entre les recettes et les dépenses de l'exercice (1).

VI

Le régime constitutionnel de 1852 a apporté au système budgétaire précédent d'importantes modifications. Déjà les nou-velles règles, posées par la Constitution du 14 janvier pour la présentation et la discussion des lois, notamment les res-trictions au droit d'amendement et la substitution devant le Corps législatif aux grands ordonnateurs de commissaires, pris dans le sein du Conseil d'Etat, avaient influé d'une manière sensible sur l'intervention des représentants du pays dans le règlement des dépenses. Cependant le budget de 1853 fut en-core voté avec sa division par chapitres (2), et la loi du 18 juil-let 1852, portant fixation de ce budget, se borna, en ce qui concernait les crédits supplémentaires et extraordinaires, à abroger les lois de 1850 et 1851 et à remettre en vigueur celles de 1833 et 1834. La grande réforme en cette matière date du sénatus-consulte du 25 décembre 1852 (3).

(1) Suivant le rapport sur le sénatus-consulte du 31 décembre 1861, « les crédits supplémentaires tant critiqués sous la monarchie de juil-let, n'étaient pourtant que le correctif indispensable de la spécialité poussée à l'excès ; ils étaient devenus une sorte de droit commun très commode, dont les ministres usaient avec d'autant plus de hardiesse, disait M. Dupin, qu'on avait cessé de considérer cette manœuvre comme un abus. »

(2) Ils étaient au nombre de 302. Depuis le décret-budget du 17 mars 1852, la contexture de la loi des finances a été modifiée en ce sens que deux colonnes distinguent les recettes et dépenses effectives de l'Etat, de celles en assez grand nombre qui n'y figurent que pour ordre et pour satisfaire aux règles de la comptabilité. Le budget de l'exercice 1863 réalise un pas de plus dans la même voie. A partir de 1853, les recettes et dépenses ont été réunies en une seule loi.

(3) L'article 4 du même sénatus-consulte a rendu à des décrets de l'Empereur, rendus dans la forme des règlements d'administration publi-que, la faculté d'autoriser tous les travaux d'utilité publique et toutes les entreprises d'intérêt général. Néanmoins si ces travaux et entre-

L'article 12 de ce sénatus-consulte, « inspiré, disait M. le Président Troplong, rapporteur, par la nécessité d'opérer en faveur de la couronne une sorte de restitution en entier contre un partage, qui porte atteinte à ses droits actuels, » décida que le budget des dépenses ne serait plus désormais voté que par le ministère. « On comprend, faisait observer le rapporteur, les votes controversés sur certains grands chapitres de dépense, qui se lient à un système de gouvernement et à toute une situation politique ; là, en effet, peuvent se trouver des moyens de soulager le peuple du fardeau des taxes toujours si pesant. Mais on n'en aperçoit pas l'utilité quand on descend à des détails d'un ordre inférieur, sans profit réel pour le contribuable, et dans le but unique de gêner l'administration et de lui enlever ses moyens d'action. »

En ressaisissant ainsi la liberté d'emploi des fonds alloués, le gouvernement n'entendit pas toutefois se soustraire au contrôle du législateur. Le vote par divisions étroites peut être nuisible à la bonne administration, mais la discussion porte toujours des fruits ; l'article 12 ajouta que le budget continuerait à être présenté avec ses subdivisions administratives, par chapitres et par articles.

La subdivision par chapitres n'était pas d'ailleurs destinée à rester purement administrative. Si, dans l'intérêt du pouvoir exécutif, le sénatus-consulte avait restreint la spécialité législative aux limites de chaque ministère, il n'avait pas voulu cependant abandonner aux ordonnateurs l'absolue disposition de leurs crédits ; il fit revivre, en l'entourant de nouvelles garanties, la spécialité ministérielle, telle qu'elle avait existé jusqu'en 1831. Avant l'ouverture de l'exercice, au moment où les prévisions allaient se traduire en faits, un décret impérial, soumis aux délibérations du conseil d'État, dont les membres avaient déjà pris part à la préparation et à la discussion du budget, dut régler la répartition par chapitres du crédit accordé

prises ont pour condition des engagements ou des subsides du Trésor, le crédit devra être accordé ou l'engagement ratifié par une loi avant la mise à exécution. S'il s'agit des travaux exécutés pour le compte de l'État, les crédits peuvent être ouverts, en cas d'urgence, suivant les formes prescrites pour les crédits extraordinaires ; ces crédits seront soumis au Corps législatif dans sa plus prochaine session.

en bloc à chaque ministère. Pour cette répartition, toute latitude appartint au gouvernement ; il n'était aucunement lié par les nomenclatures présentées à la Chambre, et pouvait distribuer les fonds entre les services, sans tenir compte des détails ni même des amendements produits. Toutefois, en fait, il a, depuis 1852, rarement usé de ce droit et la conformité entre les divisions, qui avaient servi d'éléments à la discussion du Corps législatif, et le décret de répartition a été une règle de conduite dictée par un sentiment de bonne intelligence (1). La répartition, opérée par le décret impérial, dut servir de base aux déclarations de la Cour des comptes et à la loi de règlement de l'exercice ; elle fut obligatoire pour les ministres qui ne purent y déroger qu'au moyen de *virements*, autorisés par décrets rendus en conseil d'État.

Le virement est le transport à un service en déficit de l'excédent de crédit appartenant à un autre service, dont les besoins n'ont pas réalisé les prévisions. Ce droit existait déjà pour l'administration, antérieurement à la loi du 29 janvier 1831. Supprimé depuis lors, il a été rétabli par le premier paragraphe de l'article 12 du sénatus-consulte, qui a ajouté aux garanties anciennes celle d'un décret spécial rendu en conseil d'État. Aux termes de ce paragraphe, la faculté de virement ne dut être restreinte que par les limites du budget de chaque ministère ou des services spéciaux, en un mot, des crédits distincts votés par le Corps législatif.

Dès l'origine, le rôle attribué par le législateur au virement dans le nouveau système financier fut considérable. Le rapport sur le sénatus-consulte du 25 décembre le considérait comme un moyen presque certain de « renfermer strictement le budget dans des bornes infranchissables », et M. Bineau, ministre des finances, partageait la même opinion quand il disait que « la faculté de virement supprimerait la presque totalité des annulations des crédits, et qu'il fallait que, par contre, elle supprimât de même la presque totalité des crédits supplémentaires (2). » (Rapport du 8 février 1853.)

(1) Rapport sur le sénatus-consulte du 31 décembre 1851.

(2) M. Schneider, rapporteur de la loi de finances de 1854, s'exprimait ainsi à ce sujet : « Il nous a paru que le droit de virement devait

La législation, relative à ces crédits, subit également, par suite de la réforme de 1852, des modifications qu'il importe de signaler. La distinction entre les services *votés* et les services *définitifs*, qui tenait essentiellement à la spécialité par chapitre, se trouva implicitement abrogée par l'article 12 du sénatus-consulte, et le droit du gouvernement d'ouvrir des crédits extra budgétaires par décrets, dans l'intervalle des sessions, redevint général et absolu. L'époque de la régularisation législative des décrets fut aussi fixée à nouveau. Le gouvernement avait d'abord voulu la reporter à la session qui suivrait la clôture de l'exercice, afin de se réserver la faculté de les convertir en décrets de virements, en cas d'excédents disponibles sur d'autres services. Mais cette solution fut contestée par la Chambre, et l'article 21 de la loi de finances du 5 mai 1855 décida que les décrets, relatifs aux crédits extraordinaires, devraient être soumis à la sanction du corps législatif dans les deux premiers mois de la session, qui suivrait l'ouverture des dits crédits, tandis que ceux relatifs aux crédits supplémentaires ne le seraient que dans les deux premiers mois de la session, qui suivrait la clôture de chacun des exercices, sur les-

---

donner à l'avenir aux prévisions du budget, prises dans leur ensemble, un caractère de vérité et d'exactitude dont elles manquaient précédemment, mais à la condition que, tout en évitant les allocations exagérées qui permettent des dépenses abusives, on aurait doté les services dans une convenable mesure ; en effet, l'insuffisance qui, dans le cours de l'exercice, apparaîtrait sur les prévisions de certains chapitres, pourrait alors être compensée par des excédents se produisant sur d'autres chapitres. On doit attendre de ce système un double avantage : d'une part, le ministre, obligé de se renfermer en définitive dans les limites de son budget, sera naturellement appelé à réaliser toutes les économies partielles compatibles avec les besoins du service, et, d'autre part on pourra voir disparaître ces annulations de crédits, et ces crédits supplémentaires qui venaient chaque année bouleverser les prévisions et rendaient trop illusoire le vote du budget. » Jusqu'en 1857 les virements de chapitre à chapitre ont pu être effectués à toutes les époques de l'exercice, mais le décret du 10 novembre 1856 a décidé alors qu'ils seraient désormais réservés pour couvrir, après la première année, par des excédents de crédits réellement disponibles, les insuffisances d'allocations auxquelles il serait reconnu nécessaire de subvenir. Cette disposition, qui avait notablement amoindri l'influence des virements, se trouve abrogée par le sénatus-consulte du 31 décembre. Voy. le mémoire lu par M. Fould en séance du conseil des ministres le 12 novembre 1861.

quels les suppléments auraient été accordés. Les suppléments
de crédits ouverts par décrets ne purent, avant leur régularisation être employés aux virements. Les lois de crédits supplémentaires furent votées par ministères et non par chapitres,
parce qu'elles étaient considérées comme l'accessoire du budget (1). Rappelons encore que l'article 2 du décret du 10 novembre 1856 exigea que tous les décrets, portant ouverture de
crédits supplémentaires et extraordinaires, fussent rendus en
conseil d'État, et indiquassent les voies et moyens affectés aux
crédits demandés, et que l'article 1er du même décret, reproduisant une règle empruntée aux lois des 25 mars 1817 et 15
mai 1850, a disposé que les ministres ne pourraient, sous leur
responsabilité, engager aucune dépense nouvelle, avant qu'il
eût été régulièrement pourvu au moyen de la payer, soit par
un supplément de crédit, soit par un virement de chapitres (2).

Le rapport du 8 février 1853, que nous avons déjà cité, appréciait dans les termes suivants, au moment de sa mise en
vigueur, le régime budgétaire, dont nous venons d'indiquer
rapidement les points principaux :

« En adoptant ce système, les auteurs de la constitution se
sont inspirés de cette pensée qu'au pays, par ses députés, il
appartient de fixer annuellement la somme qu'il veut mettre à
la disposition du chef de l'État pour le gouverner, l'administrer
et le défendre ; que cette somme une fois déterminée, c'est au
chef de l'État à en régler l'emploi suivant les besoins et les
intérêts du pays.

(1) Voyez à ce sujet la discussion qui s'est élevée dans la séance du
Corps législatif du 26 juin 1860, à l'occasion de la loi affectant à de
grands travaux d'utilité générale les fonds restant libres sur l'emprunt
de 500 millions.

(2) L'article 4 du décret du 10 novembre 1850 veut, qu'avant de procéder à ses délibérations, le Conseil d'État communique les décrets concernant les suppléments ou les virements de crédits au ministre des
finances, qui donne son avis en prenant en considération les crédits déjà
ouverts et la situation des recettes. Chaque décret doit être contre-si-
gné par le ministre compétent et le ministre des finances. Un décret du
1er décembre 1861 porte en outre qu'aucun décret relatif à des travaux
ou à des mesures, pouvant avoir pour effet d'ajouter aux charges budgétaires, ne pourra être soumis à la signature de l'Empereur qu'accompagné de l'avis du ministre des finances.

« Votre Majesté a pensé que ce système, tout en donnant au gouvernement la liberté et l'indépendance dont il a besoin, assurerait au pays autant au moins de garanties d'économie, qu'il en avait lorsque ses représentants étaient appelés à régler les moindres détails des services administratifs. Ce but sera atteint, Sire, mais à la condition que, sauf les cas tout à fait extraordinaires et exceptionnels, les crédits supplémentaires disparaîtront. »

Des guerres glorieuses, l'immense développement donné à tous les grands travaux d'intérêt général (1) n'avaient pas permis jusqu'à présent de remplir la condition, que le ministre des finances signalait en 1853 comme une conséquence nécessaire du nouveau régime.

La lettre impériale du 12 novembre 1861 en assure l'accomplissement.

Aux termes de l'article 3 du sénatus-consulte du 31 décembre, qui a formulé les principes posés dans cette lettre, il ne pourra plus dorénavant être accordé de crédits supplémentaires ni de crédits extraordinaires qu'en vertu d'une loi. L'administration ne reste pas cependant entièrement dépourvue en présence de ces cas de force majeure, de ces éventualités qui se produisent quelquefois inopinément dans le cours d'un exercice, et auxquels il ne saurait, sans préjudice grave, être différé de faire face. La faculté de virement lui en fournit au moins provisoirement les moyens, et ce système a l'avantage, par cela même que les fonds, ainsi détournés de leur destination, sont pris dans le budget du ministère intéressé, d'en limi-

---

(1) Ces guerres et ces travaux ont donné lieu à des emprunts, dont le détail est fourni par le compte général de l'administration des finances. Du 1er janvier 1852 au 1er janvier 1862 la dette consolidée s'est accrue de leur fait de 84.260.341 fr. de rentes. C'est l'accroissement net, déduction faite des annulations et réductions, dont la plus considérable a été celle résultant de la conversion ordonnée par le décret du 14 mars 1852. 175.664.010 fr. de rentes 5 0/0 ont été alors échangés contre 158.097.609 fr. de rentes 4 1/2 0/0, soit un bénéfice annuel pour le Trésor de 17.566.401 fr. Une loi du 12 février de la présente année 1862 a autorisé la conversion en rentes 3 p. 0/0 des obligations trentenaires émises par le Trésor en exécution des lois des 23 juin 1857 et 29 juin 1861 pour la construction de nouveaux chemins de fer. La conversion a porté sur 604.622 obligations, et vient de donner lieu à l'inscription de 12.092.440 fr. de rentes.

ter l'usage aux besoins vraiment urgents et indispensables (1).

En même temps, et conformément aux vœux exprimés dans la dernière session législative, le budget de chaque ministère sera voté, à l'avenir, par grandes sections, dont une nomenclature annexée au sénatus-consulte, fixe le chiffre total à 50 (2). Ces sections, sans être de véritables spécialités parlementaires dans l'acception rigoureuse de la loi du 29 janvier 1831, par suite de la faculté de virement réservée à l'administration dans l'étendue de chaque budget ministériel, auront le résultat considérable de permettre au Corps législatif d'appliquer facilement et utilement à la délibération de la loi de finances le droit, qui lui a été rendu par le décret du 24 novembre 1860.

Enfin, à partir de l'exercice 1863, la loi de finances reçoit dans sa contexture une forme nouvelle et, ce semble, plus normale. Elle sera divisée désormais en deux : *Budget ordinaire* et *Budget extraordinaire.*

Le Budget ordinaire se subdivisera lui-même en deux sections. La première sera consacrée aux services obligatoires et permanents de l'Etat. Les crédits, qui y seront inscrits, devront assurer le paiement de la dette, l'exécution des lois, l'administration de la justice, la perception du revenu, la défense du territoire ; après les avoir réglés avec toute l'économie qu'ils peuvent comporter, il sera toujours nécessaire, si l'on veut maintenir le bon ordre dans les finances, d'établir des recettes suffisantes pour en assurer intégralement le paiement (3). La seconde section comprendra, sous le nom de *Budget des dépenses sur ressources spéciales*, les recettes et dépenses des départements, des communes, pour la part inscrite au Budget, ainsi que celles des services spéciaux de non-valeurs, secours à l'agriculture, frais de contrôle et de surveillance de sociétés et établissements divers, ainsi que des chemins de fer. Ces recettes et dépenses, jusqu'à présent inscrites aux ministères de

(1) L'article 4 du sénatus-consulte porte qu'il n'est point dérogé aux dispositions des lois existantes sur les crédits extra-budgétaires, en ce qui concerne les dépenses d'exercices clos restant à payer, les dépenses des départements, des communes et des services locaux, et les fonds de concours pour dépenses d'intérêt public.

(2) Non compris 7 sections pour les services spéciaux.

(3) Exposé des motifs du 6 mars 1852.

l'intérieur, des finances, de l'instruction publique, de l'agriculture, du commerce et des travaux publics, n'y figuraient véritablement que pour ordre ; il faut les en séparer, sans les soustraire au contrôle législatif, si l'on veut se faire une idée exacte des charges vraies et des ressources réelles de l'Etat.

Le Budget extraordinaire comprendra les grands travaux publics, les constructions nouvelles, les excédents temporaires de l'effectif militaire nécessités par la protection de nos intérêts extérieurs, en un mot, tout ce qui, répondant à des besoins momentanés et destinés à disparaître, ne doit pas figurer parmi nos charges permanentes. Quelque incontestable que soit leur utilité, quelque soit le désir légitime de leur donner un prompt et grand développement, il sera toujours possible, après avoir déterminé les ressources disponibles, soit à raison des circonstances, soit à raison des facultés contributives du pays, de les limiter au montant même de ces ressources.

Les prévisions budgétaires pour 1863 viennent d'être arrêtées, ainsi qu'il suit, par le Corps Législatif (1) :

Budget ordinaire........................... 1.721.581.077 fr.
Budget des dépenses sur ressources spéciales. 217.917.785 fr.
Budget extraordinaire...................... 121.114.500 fr.

Les règles nouvelles, édictées en matière financière, confèrent au Budget « ce caractère limitatif de la dépense que l'on considère avec raison comme la meilleure garantie de l'ordre et de l'économie, » et ainsi semblent conciliés dans une juste mesure les deux grands principes, dont nous avons signalé plus d'une fois l'antagonisme dans le cours de cette étude : l'indépendance, la liberté d'action du souverain, et le droit des représentants de la nation de voter l'impôt.

(1) Non compris 97.004.895 fr. des services spéciaux rattachés par ordre au Budget, savoir : Légion d'honneur : 15.543.150 fr. ; Imprimerie Impériale : 4.040.000 fr.; Chancelleries consulaires: 1.350.000 fr.; Monnaies et Médailles : 18.61.745 fr.; Caisse de dotation de l'armée ; 60.340.000 fr. ; Caisse des invalides de la marine : 13.270.000 fr.
Pour la situation budgétaire de 1852 à 1860, voir l'appendice.

APPENDICE

—

LES BUDGETS DE 1852 A 1860

Voici, d'après le Compte général de l'administration des finances, le tableau par exercice de la situation financière et du règlement des Budgets de 1852 à 1860.

	Recettes ordinaires et extraordinaires	Dép. ordin. et extraordin.	Excédents de recette	de dépense
	fr.	fr.	fr.	fr.
1852	1.487.344.984	1.513.103.997	»	25.759.013
1853	1.524.448.464	1.547.597.009	»	23.148.545
1854	1.802.044.838	1.988.078.160	»	186.033.322
1855	2.703.273.965	2.309.217.840	394.096.125	»
1856	2.307.999.274	2.195.781.787	112.217.487	»
1857	1.911.443.325	1.892.526.217	18.917.108	»
1858	1.890.299.012	1.858.493.891	31.805.121	»
1859	2.210.544.256	2.207.660.403	2.883.853	»
1860	1.965.082.470	2.084.091.354	»	119.008.086

Les exercices 1854, 1855, 1856 et 1859 ont été affectés, en recettes et en dépenses, par les guerres de Crimée et d'Italie. Les recettes de 1854 ont été accrues de l'emprunt de 250 millions (L. 11 mars 1854) ; celles de 1855 de 1.134.030.397 fr. sur les emprunts de 500 et 750 millions (L. 31 décembre 1854. L. 11 juillet 1855) ; celles de 1856 de 154.342.681 fr. reliquat de ces emprunts ; enfin celles de 1859 de 360.133.717 fr. sur l'emprunt de 500 millions (L. 2 mai 1859). Le déficit de 1860 a eu pour cause en partie la moins-value résultant de la réforme économique, dont le traité de commerce signé le 23 janvier 1860 avec l'Angleterre a été le point de départ.

De 1852 à 1861, les taxes directes et indirectes ont subi les remaniements suivants : 1852. Décret-loi du 17 mars. *Boissons*, réduction des droits d'entrée sur les vins et cidres, élévation du droit de détail avec abaissement à 25 litres des quantités passibles du droit de gros, réduction à moitié des taxes d'octroi ; abandon au profit des communes du prélèvement du dixième par le Trésor. *Sels*, droit sur les sels destinés à la fabrication des soudes. — 1854. *Postes.* L. 20 mai, réduction de la taxe des lettres à 20 centimes. — 1855. *Enregistrement.* L. 5 mai, rétablissement du droit sur les obligations et quittances. L. 14 juillet : *Boissons.* Élévation du droit de consommation sur l'alcool. *Chemins de fer.* Élévation de l'impôt sur le prix des places des voyageurs et perception du dixième sur le prix des marchandises transportées à grande vitesse. *Impôts indirects.* Perception temporaire d'un second décime. —1857. *Enregistrement et timbre.* L. 23 juin : Droit de transmission sur les actions et obligations françaises et étrangères. Suppression du second décime sur les droits d'enregistrement. Suppression du timbre des avis de commerce.— 1858. *Télégraphie privée.* L. 18 mai : Réduction de la taxe. *Patentes.* L. 4 juin : Revision et remaniement des tarifs. Dégrèvement des petits patentables. Suppression du droit de timbre des formules des patentes remplacé par 4 centimes additionnels au principal. — 1860-1861. *Réforme économique et commerciale.* 1860. D. 10 mars : Promulgation du traité de commerce avec l'Angleterre, réduction des droits à l'importation des houilles et cokes, des droits sur les fers, fontes et aciers, levée des prohibitions et remplacement par des droits ad valorem de 30, puis de 25 0/0 (Voir rapport à l'Empereur du 24 janvier 1860 par les ministres des affaires étrangères, de l'agriculture, du commerce et des travaux publics). L. 5 mai : Suppression des droits à l'importation en masse des laines, des cotons et autres matières premières. —1861. D. 5 janvier, suppression des droits à l'importation des peaux brutes, cuirs, graisses, fruits oléagineux et graines, minerais, cuivre, plomb, étain, dents, os et sabots d'animaux. D. 27 mai : Promulgation du traité de commerce avec la Belgique. 29 mai, Décrets qui déterminent les modifications que ce traité apporte à la législation en matière de douanes et fixent le tarif à l'importation de certaines marchandises. *Contributions indirectes* 1860. D. 22 mars : Suppression des droits de navigation maritime et sur les fleuves. D. 22 août ; abaissement des droits de navigation sur des rivières et canaux. L. 23 mai : Abaissement des taxes sur les sucres, cafés, cacaos et thé. L. 20 juillet : Élévation des droits sur l'alcool. D. 19 octobre : Élévation du prix de vente des tabacs.

———————

LE

BUDGET DE 1883

(Le Français, *novembre* 1882. *Publication à part avec addition du paragraphe IX en avril* 1884.)

LE BUDGET DE 1883

Le budget de 1883 a subi de nombreuses vicissitudes. Préparé par M. Allain-Targé, membre du ministère du 14 novembre, et présenté par lui le 23 janvier 1882, il était, quelques jours après, retiré par le nouveau ministère que M. de Freycinet venait d'être appelé à constituer, et dans lequel M. Léon Say avait reçu le portefeuille des finances.

Profondément remanié et déposé une seconde fois, le 2 mars, sur le bureau de la Chambre des députés, il donnait lieu à de longues et sérieuses délibérations au sein de la commission chargée de son examen, et, le 1er juillet, cette commission, par l'organe de M. Ribot, rapporteur général, concluait à son adoption dans sa forme nouvelle, sauf certaines modifications de détail acceptées d'ailleurs par le Gouvernement.

On sait quel incident se produisit au moment même où, la discussion générale étant fermée après de brillants débats, la Chambre venait de passer à l'examen des budgets particuliers des ministères, et comment, à la suite du rejet des crédits relatifs à l'envoi de troupes en Égypte, le cabinet Freycinet tomba, la présidence du conseil échut à M. Duclerc et la session ordinaire de 1882 fut inopinément close. Si l'on en croit les informations de journaux officieux, le ministre actuel, M. Tirard, se refuserait à accepter en son entier le programme financier de son prédécesseur, et un troisième projet, offrant des divergences plus ou moins accentuées avec le second, serait présenté au nom du Gouvernement à l'ouverture de la session prochaine.

Le budget de 1883 se trouvera ainsi, situation rare dans nos annales, avoir reçu successivement l'empreinte des différents partis qui forment la majorité parlementaire. A ce titre déjà il comporterait une étude spéciale ; mais, ce qui semble de nature à ajouter singulièrement encore à l'intérêt de l'étude, c'est que, par suite de l'antagonisme qui s'est produit entre les partis, la véritable muraille de la Chine, dont la commission du budget s'était plu à s'entourer depuis que le pouvoir a passé aux mains républicaines, s'est pour la première fois abaissée.

Pour la première fois, la minorité conservatrice et avec elle le pays se sont trouvés en mesure de dresser un bilan relativement exact de l'actif et du passif du Trésor, d'apprécier à leur valeur les affirmations officielles d'une prospérité financière sans mélange, affirmations qu'ils avaient dû jusqu'à présent accepter de confiance et sans contrôle.

Les garanties tutélaires, édictées en matière de comptabilité publique par les régimes précédents, paraissent, en effet tombées aujourd'hui absolument en désuétude, et nous nous permettons d'émettre en passant le regret que les éminents orateurs de nos amis qui, soit au Sénat, soit à la Chambre des députés, se font annuellement entendre dans la discussion des budgets, n'aient pas cru devoir insister plus fréquemment et plus nettement sur la violation incessamment renouvelée de lois toujours en vigueur.

Aucun des exercices, depuis et y compris celui de 1871, n'a encore été réglé législativement (1). Cet arriéré anormal, qui n'a pas pour moindre inconvénient de rendre tout à fait illusoire la responsabilité ministérielle au point de vue des dépenses engagées ou acquittées, est assurément en premier lieu le fait de la négligence parlementaire. Toutefois les services ministériels ont aussi, à cet égard, leur part de culpabilité. Ainsi l'exercice 1879 est clos depuis le 31 août 1880, et cependant ses résultats définitifs n'étaient pas encore connus au 1er janvier 1882. Ce

(1) Le règlement définitif de l'exercice 1870 a été seulement prononcé par la loi du 5 août 1882. Depuis le 3 août 1875, date du premier dépôt par le Gouvernement du projet de ce règlement, quatre législatures en avaient été successivement saisies. Le débat, que partisans comme adversaires du Gouvernement de la Défense nationale annonçaient devoir se produire sur les comptes de ce gouvernement, n'a été soulevé ni dans l'une ni dans l'autre Chambre. Il y a lieu de penser qu'ainsi que l'indique du reste le rapporteur du Sénat on a préféré de part et d'autre attendre le règlement de l'exercice 1871, qui fournira le complément de renseignements nécessaires pour apprécier ces comptes dans leur ensemble.

n'est qu'approximativement qu'au bout de près de deux années M. Ribot, qui relève avec raison le fait dans son rapport du 1er juillet, a pu indiquer l'excédent provisoire des recettes et le montant éventuel des annulations de crédits de cet exercice.

La responsabilité de l'administration et plus spécialement de l'administration des finances, apparaît surtout à propos du *Compte général* et des retards inexplicables apportés à sa publication. Le compte général de l'administration des finances constitue, suivant la juste observation d'un auteur qui fait autorité en ces matières, M. Leroy-Beaulieu, le plus précieux des documents financiers, car il présente la situation de tous les services de recettes et de dépenses, du mouvement des fonds, de la dette flottante et de la dette inscrite, au commencement et à la fin de chaque année, et met ainsi sous les yeux du *législateur* un résumé authentique de tous les faits budgétaires, dont les comptes des divers ministres ne donneront ultérieurement que le développement. Aux termes de la loi du 9 juillet 1836 (art. 11), et de l'article 150 du décret du 31 mai 1862 sur la comptabilité publique, il doit être publié dans le premier trimestre de l'année suivante, c'est-à-dire qu'avant le 1er avril 1882 le législateur comme le public auraient dû être saisis du compte des opérations de l'année 1881, du compte provisoire de cet exercice, du compte définitif de l'exercice 1880, ainsi que du bilan et de la situation générale des finances au 1er janvier 1882 ; mais il n'en est pas ainsi.

Le compte, qui vient de paraître avec le millésime de 1882, ne se réfère qu'aux exercices 1878 et 1879 et arrête le bilan au 1er janvier 1880 seulement. Ce retard illégal de deux ans peut-il être considéré comme absolument étranger à la situation pleine de périls prochains, qu'a brusquement révélée la déclaration ministérielle du 2 mars, et que nous semblent avoir encore accentuée les débats ouverts devant la Chambre des députés ?

Quelle est cette situation ? comment s'est-elle produite ? à quelles conditions serait-il possible d'y porter remède pour 1883 ? Tels sont les divers points que nous nous proposons de rechercher et d'indiquer très brièvement.

II

L'histoire financière de l'Assemblée nationale de 1871 a été récemment écrite par un ancien ministre, M. Mathieu Bodet, et plus récemment encore l'un des plus habiles collaborateurs de ce ministre, M. Le Trésor de la Rocque, en a publié dans le *Correspondant* un intéressant exposé ; nous leur emprunterons d'abord quelques chiffres.

Le dernier budget régulier de l'empire, celui de 1869, réglé par la loi du 27 décembre 1875, en dépenses, à la somme de 2.225.439.124 francs, se subdivisait en cinq grandes sections ou budgets particuliers (1) : le budget ordinaire (1.621.390.248 fr.) ; le budget spécial de la caisse d'amortissement, établi par une loi du 11 juillet 1866 (80.511.028 fr.) ; le budget extraordinaire (118.823.721 fr.) ; le budget spécial de l'emprunt de 429 millions (97.061.453 fr.) ; le budget sur ressources spéciales, réunissant depuis 1863 l'ensemble des dépenses départementales, communales et spéciales (308.155.820 fr.) (2).

(1) Une section distincte, qui n'a cessé d'exister depuis, était, en outre, affectée aux services spéciaux rattachés pour ordre au budget. Le total des dépenses de ces services pour 1869 a été de 100.981.465 francs, sur lesquels 59 millions afférents à la caisse de la dotation de l'armée, dont la liquidation a été décrétée en 1871. — Il est prévu au budget de 1883 à la somme de 84.516.003 francs.

(2) La loi du 27 décembre 1875 a en même temps réglé, ainsi qu'il suit, le budget des recettes de 1869 :

Budget ordinaire :

Contrib. directes (fonds généraux).fr.	332.439.520	
Produits des domaines et forêts pour les frais d'administration	21.568.697	
Impôts et revenus indirects	1.323.605.012	1.762.947.602
Produits et revenus de l'Algérie......	15.023.618	
Produits divers......................	70.312.755	
Les dépenses ne s'élevant qu'à.....................		1.621.390.248
Les recettes ont présenté un excédent de............		111.557.354

qui a été inscrit comme premier article de recettes au budget extraordinaire, lequel avec 35.249.931 fr. de recettes propres, s'est trouvé doté de 176.799.289 fr. La dépense ayant été de 118.823.567 fr. seulement, le budget extraordinaire a présenté un excédent définitif de 57.173.567 fr. en recettes.

Le capital de la dette montait au 1er janvier 1870 à 13 milliards
788.231.798 fr., répartis de la manière suivante : Rentes perpétuelles 4 1/2, 4 et 3 0/0 : 11.601.906.177 fr. (dont 10.818.740.600
fr. afférents à la rente 3 0/0). — Dette amortissable par annuités :
1.332.168.019 fr.). — Les charges annuelles des mêmes dettes
s'élevaient à 511.748.217 francs, savoir : arrérages des rentes
perpétuelles : 362.451.952 francs ; arrérages des rentes viagères : 94.168.030 francs ; annuités de la dette amortissable :
55.127.034 francs.

La dette flottante s'élevait également au 1er janvier 1870, à
704.156.760 fr., et les découverts des budgets à 720 millions (1).

M. Thiers avait trop fréquemment combattu sous l'Empire
la multiplicité des budgets comme l'origine d'illusions dange-
reuses, comme une manière d'agir qu'il n'hésitait même pas à
qualifier de déloyale, pour suivre une fois au pouvoir les mêmes errements. Le budget dut désormais renfermer dans un
seul et même cadre l'ensemble des dépenses de l'Etat. Toutefois, à côté de ce budget unique, les nécessités de la situation
faisaient en même temps ouvrir un compte de liquidation ayant
pour objet de réparer les désastres de la guerre. Ce compte était
affecté : 1° à la reconstitution du matériel militaire, ainsi qu'à
la liquidation des dépenses de la guerre de 1870-1871 ; 2° aux
dédommagements aux départements envahis et aux indemnités

Le budget sur ressources spéciales et le budget de l'emprunt de 420
millions se sont balancés en recettes et en dépenses.

Quant au budget spécial de la caisse d'amortissement le produit net
des forêts, celui de l'impôt du dixième sur les transports par chemins
de fer, les bénéfices de la caisse des dépôts et consignations, les arrérages de rentes rachetées, les sommes prises par la caisse de la vieillesse,
les reports de l'exercice antérieur lui avaient constitué 102 millions de
ressources, sur lesquels il n'a été fait emploi que de 80 millions et demi.

(1) Ces 720 millions se répartissaient ainsi entre les divers régimes
antérieurs à 1870 : 1° Budgets antérieurs à 1848 290 millions ; Budgets de 1848 à 1851 (seconde république) 376 millions ; Budgets du
second Empire 53 millions (Compte général de l'administration des
finances). En réalité le second empire n'a pas laissé de découverts, puisque l'exercice 1869 a présenté un excédent de recettes de 59 millions,
lequel eût dû, aux termes de la loi, venir en atténuation de ces découverts, au lieu d'être affecté, comme l'a fait l'Assemblée nationale, à la
dotation du 1er Compte de liquidation.

du second siège de Paris ; 3° à la reconstitution des approvisionnements de tabac ; 4° aux dépenses extraordinaires du matériel naval ; 5° aux travaux à exécuter au Louvre, au Palais-
Royal et aux monuments incendiés. La vérité oblige de dire
que cette création du compte de liquidation était bien autrement fâcheuse que le budget extraordinaire tant critiqué par
M. Thiers lui-même ; car le compte de liquidation n'était pas
annuel, et toujours ouvert il pouvait recevoir indéfiniment l'imputation de nouvelles dépenses.

Les charges résultant de l'invasion et de la guerre civile ont
nécessité l'émission, de 1870 à 1872, d'emprunts, contractés
sous différentes formes, pour un capital de 10 milliards 556
millions (1).

En vue de faire face au payement des arrérages de ces emprunts et de pourvoir en même temps aux autres accroissements de dépenses du budget, l'Assemblée nationale n'avait
pas hésité à demander au patriotisme des contribuables un
supplément annuel de 730 millions d'impôts (2). Elle avait toutefois pris grand soin de stipuler expressément que la surcharge
ainsi consentie ne l'était qu'à titre extraordinaire et tempo-

---

(1) Le capital des dettes perpétuelle, amortissable par annuités et
flottante, a été augmenté, du 4 septembre 1870 à 1877, de 12.683.415.643
francs, savoir :

Rentes perpétuelles (emprunts émis en vertu des lois des 12 août
1870, 27 juin 1871, et 28 juillet 1872), produit brut : 6.528.877.091 fr.,
capital nominal : 8.247.192.860 fr.

Dettes amortissables par annuités, y compris l'emprunt Morgan au
capital nominal de 250 millions, l'emprunt de 1.425 millions à la Banque
de France, et 385 millions de bons du Trésor émis pour le compte de
liquidation : 4.145.488.057 fr. Au 1er janvier 1876, 1.149.286.043 fr. de ces
annuités se trouvaient déjà remboursés.

La dette flottante montait, en 1870, à 794 millions, et à la fin de 1877
à 1.084.891.336 fr., soit un accroissement de 290.734.680 fr.

Les charges annuelles, provenant des dettes de toute nature posté-
rieures au commencement de la guerre de 1870, se sont accrues de
615.029.184 francs, dont 385.806.106 fr. afférents à la dette perpétuelle et
31.847.309 fr. à la dette viagère. Les 197.375.619 fr. de surplus représentent la moyenne des annuités de la dette amortissable à rembourser
d'après les lois et conventions intervenues, pour les dix ans qui suivent
l'année 1877.

(2) Voir à l'appendice la nomenclature des impôts nouveaux et augmentations d'impôts depuis 1870, ainsi que celle des dégrèvements
accordés.

raire ; et elle a transmis à ses successeurs l'obligation étroite et explicite de procéder au dégrèvement, aussitôt que la situation des finances le permettrait (1).

L'exercice même 1875 fournit une première occasion de remplir cette obligation. Il présenta en clôture un excédent de 78 millions et demi. L'excédent fut encore plus considérable pour l'exercice 1876, le dernier dont l'Assemblée nationale ait préparé le budget. L'écart entre les recettes de ce budget (2.778.351.808 fr.) et les dépenses (2.680.146.077 fr.) s'est élevé à 98.204.823 francs.

Le compte de liquidation avait été ouvert, ainsi que nous l'avons dit, en 1871 ; il a été arrêté pour la première de ses parties au 31 décembre 1875, tant en recettes qu'en dépenses, à la somme de 829 millions. La seconde partie de ce compte, qui s'applique exclusivement au complément des dépenses nécessitées par la reconstitution de notre matériel militaire et naval, demeure encore ouverte et nous aurons ultérieurement à signaler la transformation qu'elle a subie. Nous nous bornerons à indiquer ici que, d'après le plan primitif, elle comportait une dépense totale de 1 milliard 500 millions, dont 1 milliard 420 millions pour la guerre, et 80 millions pour la marine, dépense à laquelle il devait être pourvu par des obligations du Trésor à court terme, avec amortissement complet prévu en 1893.

1878 est la première année de la République dirigée et administrée par les républicains. Le budget de cet exercice avait encore été préparé d'après la doctrine de M. Thiers, et dans la forme qu'il avait fait prévaloir. Une réserve de 170 millions, inscrite au ministère des finances, assurait le remboursement, à la fois, de l'emprunt de 1.500 millions fait à la Banque de France à l'occasion des événements de 1870-1871, emprunt qui devait se trouver entièrement amorti en 1879, des obligations à court terme destinées à alimenter le second compte de liquidation, et des obligations trentenaires, créées pour l'exécution

(1) « Les mots à titre extraordinaire et temporaire ont été placés dans la loi, dit entre autres l'exposé des motifs du 5 novembre 1873, comme indiquant pour les pouvoirs publics l'engagement, dès que la situation financière le permettra, de dégrever ceux de ces impôts qui pèsent le plus sur les classes laborieuses. »

de travaux de constructions de chemin de fer et d'amélioration de canaux et rivières. L'ensemble de ces travaux, décidés en 1876 et 1877, s'élevait à la somme de 420 millions. Mais de plus larges pensées agitaient l'esprit des hommes d'État qui venaient de saisir le timon des affaires. Oublieux des critiques qu'ils n'avaient cessé de diriger contre les grandes entreprises d'utilité publique de l'Empire, ils ambitionnaient de les reprendre et d'effacer par un nouveau et aussi vaste programme les souvenirs qu'avait pu laisser aux populations leur fructueuse exécution.

A la suite d'une conférence entre MM. de Freycinet, Gambetta et Léon Say, conférence dont celui-ci a révélé les détails, le 25 juillet dernier, à la tribune de la Chambre des députés, ce programme fut arrêté dans ses principales lignes, et l'année 1878 n'était pas écoulée qu'il avait reçu l'approbation du Parlement, et que son application commençait. Le rachat des compagnies secondaires de chemins de fer avait été voté (loi du 18 mai 1878) ; un type nouveau de trois pour cent, amortissable en soixante-quinze années, était créé (loi du 11 juin), et devait, sans grandes émissions à époques fixes, procurer chaque année des ressources proportionnées aux besoins, évalués en moyenne à 500 millions ; enfin la loi de finances du 22 décembre instituait à partir de 1879 un budget, le budget des dépenses sur ressources extraordinaires ou de l'emprunt, dans lequel le second compte de liquidation, c'est-à-dire la reconstitution de notre matériel militaire et naval, devait désormais, pour la partie non encore employée de ses crédits (1), prendre place à côté des grands travaux publics.

Le plan de M. de Freycinet avait été chiffré par lui en 1878 à six milliards. Les devis définitifs ont constaté une insuffisance de prévisions de 700 millions environ, qu'accroîtront encore de 300 millions des raisons stratégiques. Certains travaux, non compris dans le classement et relatifs aux ports et aux

(1) Il y avait, au 31 décembre 1878, 981 millions 612.000 francs de crédits ouverts sur le second compte de liquidation, et 560 millions seulement d'obligations à court terme émises. Le montant de ces obligations a été graduellement porté à 983 millions, dont 461 millions se trouvent déjà remboursés en 1882. Le surplus devra achever de l'être avec l'exercice 1886.

canaux, demanderont un supplément de crédits de 400 millions.
Enfin, l'agriculture, qui, comme toujours, avait été oubliée, a
paru d'autant plus en droit de participer aux grands travaux
projetés, que le premier résultat de leur exécution sera de l'appauvrir encore en lui enlevant, pendant une période de dix
années au moins, les capitaux et les bras qui lui manquent chaque jour davantage. Le discours de M. Léon Say du 25 juillet,
auquel nous empruntons les indications qui précèdent, porte à
500 millions, au moins, les dépenses à prévoir pour travaux
d'irrigation et d'amélioration agricole, et, par suite, à huit milliards l'accroissement, que l'accomplissement du plan de 1878
imposera à la dette publique, déjà chargée de dix milliards du
fait de l'invasion et de la guerre civile.

A qui incombe devant le pays la responsabilité de ces dix
milliards? Sans vouloir discuter ici la question, il n'est pas hors
de propos de rappeler la déclaration faite par M. Thiers le 20
juin 1871, à la tribune de l'Assemblée nationale : « La faute de
la guerre poursuivie à outrance a commencé non pas à Paris,
mais sur la Loire. J'ai la conviction que, si nous avions fait la
paix à ce moment, nous aurions moins perdu en territoire, et
moins donné en indemnité de guerre. Au lieu de cinq milliards,
nous aurions pu obtenir la rançon de la défaite pour deux milliards et demi... En réalité, le gouvernement se trouvait alors
dans la main d'un seul homme. Eh bien ! à mon avis, on a
poussé la guerre à des extrémités désastreuses, et c'est alors
qu'on a dépensé encore 1 milliard 500 millions de plus environ
et peut-être même plus de 1 milliard 500 millions. Quant à l'indemnité de guerre, elle est montée à 5 milliards au lieu de 2
milliards et demi. Quant à la part des fautes, la voici : ceux
qui ont fait la guerre nous ont condamnés à une dépense de 4
milliards ; ceux qui l'ont prolongée trop ont doublé le désastre et la dépense. Je le dis, pour être complètement juste. »

Quoi qu'il en soit, le plan de M. de Freycinet, si gigantesque et onéreux qu'il fût, n'a pas suffi aux aspirations républicaines. Une loi du 10 avril 1879 a porté de 200 à 500 millions
la dotation de la caisse des chemins vicinaux, et ces 500 millions ne seront pas loin de se trouver absorbés en 1887. Trois
autres lois des 1er juin 1878, 3 juillet 1880 et 2 août 1881 ont

créé la caisse des lycées, collèges et écoles primaires, et leur
ont déjà ouvert à la charge, comme les 300 millions précédents,
de la dette flottante, tant en subventions qu'en avances pour
leur amélioration matérielle, des crédits s'élevant à 392 millions
et demi. Un discours du ministre de l'instruction publique a
annoncé officiellement, au commencement de l'année 1882, que
les sacrifices ainsi faits en faveur de cette caisse ne devaient
pas être considérés comme arrivés à leur terme, et que des
nécessités prochaines en doubleraient vraisemblablement le
chiffre (1).

III

Les considérations politiques avaient eu une part prépondé-
rante à l'adoption des divers actes que nous avons énumérés
précédemment ; elles devaient heureusement aussi ne pas permettre au législateur de laisser complètement en oubli les engagements formels pris par l'Assemblée nationale en matière
de dégrèvements. Seulement, au lieu d'affecter, comme l'aurait
voulu le contrat intervenu, à la réduction des taxes créées ou
surélevées depuis 1871, l'intégralité des excédents budgétaires
demeurant libres après dotation suffisante de l'amortissement,

(1) Un rapport des ministres de l'instruction publique et des finances,
inséré au *Journal officiel* du 17 février 1883, expose ainsi qu'il suit la
situation de la caisse des lycées, collèges et écoles au 31 décembre
1882. — 1re section. Lycées et collèges communaux de garçons et de
jeunes filles. Subventions allouées par l'État de 1880 à 1882 : 53.794.737
francs, dont 15.602.753 francs ordonnancés au 31 décembre ; emprunts
autorisés : 16.765,100 francs ; avances réalisées : 6.010.100 francs. — 2e
section. Écoles normales, écoles primaires. De 1878 au 31 décembre
1882, 20.077 communes ont bénéficié des avantages de la caisse. La dépense totale s'est élevée à 275.550.595 francs se répartissant ainsi : Part
contributive des communes : 157.487.069 francs. Allocations des départements : 8.068.586 francs. Subventions de l'État : 110 millions, sur
lesquels 50 millions restaient à verser au 31 décembre 1882. D'après
une enquête faite et les documents transmis par les préfets, la dépense
restant à faire pour l'installation des écoles et salles d'asiles s'élèverait
à 716.630.738 fr., dont 706.760.354 francs pour la France, et 9.870.384
francs pour l'Algérie. La part contributive probable des communes à
ce total est évaluée à 294.631.052 francs, celle des départements à
21.406.100 francs. Ensemble 316.087.152 francs. 400 millions seraient à
fournir par l'État.

il ne leur en réserva qu'une fraction, et cette fraction même ne fut pas également répartie entre tous, mais bénéficia presque exclusivement au commerce et à l'industrie.

La totalité, ou peu s'en faut, des impôts nouveaux qui frappaient ces branches de la richesse nationale, se trouvait éliminée en 1880 (1), tandis que sur les cent et quelques millions montant des dégrèvements opérés jusqu'alors, les deux décimes et demi abandonnés sur la taxe du sel pouvaient seuls être portés, et encore pour partie, au compte de l'agriculture.

C'était peu pour se représenter devant ses électeurs ruraux. La Chambre, élue le 14 octobre 1877 et qui touchait à sa dernière législature, le sentit et, par la loi du 19 juillet 1880, elle abaissa dans une notable proportion les droits sur les sucres et sur les vins. L'opération était en soi hâtive et téméraire ; M. Allain-Targé le déclarait récemment lui-même. Le dégrèvement qui, malgré les apparences et l'étiquette qu'on eut grand soin de lui mettre, s'adressait en réalité beaucoup moins au producteur agricole qu'au consommateur et au consommateur urbain, surtout, créait, en effet, dans les recettes du Trésor un déficit de 150 millions, qui eût singulièrement compromis l'équilibre budgétaire et le mirage flatteur de plus values constantes. Afin d'y obvier, on décida qu'un prélèvement aurait lieu au profit de 1880 sur les excédents disponibles des exercices antérieurs, et que ce véritable emprunt fait à la dette flottante, dont les excédents ainsi prélevés avaient pour destination normale d'atténuer les découverts, se continuerait d'année en année, jusqu'à ce que, par le développement progressif de la consommation, le produit de l'impôt sur les sucres eût repris son niveau antérieur. Ce résultat ne sera certainement pas atteint avant 1885, au plus tôt, et en comptant sur les conjonctures les plus favorables.

L'exercice 1878 a présenté en clôture un excédent de recette de 62 millions. Les recettes tant ordinaires qu'extraordinaires

---

(1) « La presque totalité des impôts industriels a été éliminée depuis 1872... Tous les impôts qui grevaient directement l'outillage industriel ont été diminués jusqu'à concurrence d'une somme de 116 millions. » Chambre des Députés, 23 février 1880, discours de M. Rouher.

se sont élevées à 3.580.462.105 francs et les dépenses à 3.524.105.226 francs. Ce dernier total se décomposait ainsi :

Budget ordinaire : 2.623.580.495 francs ; budget extraordinaire : 480.858.087 francs ; budget sur ressources spéciales 415 millions 346.520 francs.

Au 1er janvier 1879, la dette flottante s'élevait à 1.101 millions.

Il y a une différence énorme entre le total de 1869 et celui de 1878, 1.300 millions, plus d'un tiers. Cette différence s'explique, mais dans une certaine mesure seulement, par les charges qu'a entraînées pour le budget de l'État la double calamité de l'invasion et de la guerre civile ; nous disons, dans une certaine mesure seulement, car la Dette consolidée ne s'est accrue que de 300 millions de 1869 à 1870, et même en ajoutant les sommes affectées pendant le courant de l'exercice 1878, tant au remboursement fait à la Banque, qu'à d'autres opérations de même nature, on se trouve fort loin de compte.

Les 500 millions d'écart, entre 1875 et 1878, se justifieraient plus difficilement encore, car le premier de ces exercices eût dû marquer, ce semble, le maximum des sacrifices imposés aux contribuables. Ils trouvent sinon leur justification, du moins leur explication, dans ce fait que les travaux extraordinaires ont été portés de 117 millions en 1875 à 461 millions en 1878.

La progression des dépenses a continué à s'accentuer de 1878 à 1882. Le budget de ce dernier exercice, celui aujourd'hui en cours, a été arrêté en prévisions, ainsi qu'il suit, par la loi du 29 juillet 1881 :

Budget ordinaire :

Recettes, y compris prélèvement de 50 millions sur les excédents de recettes des exercices 1877-1879.   2.856.535.223 fr.

Dépenses...............................   2.856.232.905

Budget sur ressources extraordinaires......   461.136.000

Les dépenses de ce budget ont été imputées provisoirement sur les ressources de la dette flottante. Même imputation a été faite pour les dépenses sur ressources extraordinaires de l'exercice précédent (617.987.979 fr.) par une loi du 9 août 1881.

Budget sur ressources spéciales..........   413.255.957 fr.

Le total est de 3.728 millions, mais en prévisions seulement, et ce total doit dès lors être tout au moins majoré d'une somme de 200 millions, moyenne des crédits supplémentaires et extraordinaires pour la période de 1871 à 1881. Les frais de l'expédition de Tunisie, entre autres, feront assurément atteindre, sinon dépasser, cette moyenne en 1882.

Pour les exercices antérieurs, les crédits supplémentaires et extraordinaires ont trouvé, à peu de chose près, leur contrepartie dans les plus-values du produit des impôts. Mais, d'après les résultats des neuf premiers mois de 1882, que vient de publier le *Journal officiel*, et qui se traduisent par 73 millions d'augmentation seulement sur les évaluations budgétaires, il y a tout lieu de craindre qu'il n'en puisse être de même pour le présent exercice et, par conséquent, que son budget n'ouvre de nouveau pour nous l'ère des déficits.

Toute autre était l'impression du gouvernement et du parlement au moment du vote de la loi du 29 juillet 1881. M. Allain-Targé le rappelait le 21 juillet dernier à la tribune de la Chambre des députés, dans des termes qui veulent être notés. « Il y a moins d'un an à pareille époque, disait-il, M. le ministre des finances, l'honorable M. Magnin, était à cette tribune et faisait le tableau de la prospérité de nos finances aux applaudissements de vos prédécesseurs, qui se faisaient quelques semaines plus tard devant les électeurs un titre d'avoir soutenu sa politique financière. Au Sénat, l'honorable M. Varroy, rapporteur de la commission des finances et M. de Freycinet, président de cette commission, s'associaient à la politique de M. Magnin... M. Haentjens, qui avait essayé de la contredire, doit se souvenir de la manière dont ses critiques furent accueillies, non seulement par le centre, mais par toutes les fractions du parti républicain qui, en somme, avait raison de combattre son pessimisme. Aujourd'hui, je ne puis m'empêcher de faire remarquer que la situation est tout à fait changée. M. le ministre des finances nous apporte un tableau noir, un budget de pénitence et sombre, et ceux qui défendent le budget de M. Léon Say ne trouvent qu'un mot pour le caractériser, ils disent que c'est un budget d'expédients nécessaires..... Il importe, au début de cette discussion du budget, de savoir qui est-ce qui a tort et qui est-ce qui a raison ; il s'agit de savoir si l'optimisme de l'honorable M. Magnin n'était qu'un optimisme électoral, ou si au contraire c'est le ministre actuel qui a raison. »

L'examen rapide des documents publiés sur le budget de 1883 et de la discussion, à laquelle ce budget a déjà donné lieu, va nous fournir la réponse au dilemme posé par M. Allain-Targé.

IV

Nous avons, dans les précédents paragraphes, rappelé les principaux résultats de la gestion financière tant de l'Assemblée de 1871, que de celles qui lui ont succédé. Cette étude préliminaire était indispensable pour l'intelligence du budget de 1883 et des discussions législatives, auxquelles ce budget a déjà donné lieu.

Ce fut, nous l'avons indiqué, le 23 janvier que M. Allain-Targé en déposa le premier projet au nom du ministère, qui depuis le 14 novembre 1881 présidait, sous la direction de M. Gambetta, aux destinées de la République. L'exposé des motifs débutait en déclarant que ce projet avait été « préparé avec le parti pris d'assurer à la politique démocratique et progressive une base financière inébranlable ».

« Vos prédécesseurs, disait le ministre, avaient tenu à voter et à commencer de grands dégrèvements, à engager des dépenses utiles et considérables. Le projet de budget de 1883 a été établi de manière à remplir toutes les intentions de vos prédécesseurs, à supporter toutes les charges qu'ils vous ont léguées, et cependant il conserve une élasticité qui peut vous permettre, si vous consentez à ménager les ressources qu'il contient en germe, de réaliser les réformes et les progrès nouveaux que le gouvernement a le dessein de vous proposer d'accomplir, en exécution de vos programmes et du sien. »

L'ensemble du budget, tant ordinaire que sur ressources extraordinaires et sur ressources spéciales, était évalué en recettes à 4.015.074.221 francs et en dépenses à 4.011.087.890 francs, non compris 84,572,338 francs afférents aux services rattachés pour ordre au budget. Ces services sont : les Monnaies et Médailles (1.845.358 francs), l'Imprimerie nationale (6.827.000 francs.), la Légion d'honneur (17.667.930 francs), la Caisse des invalides de la marine (31.413.000 francs), l'École centrale des arts et manufactures (503.000 francs), enfin les chemins de fer de l'Etat (26.316.000 francs). C'est pour la première fois que le budget annexe des chemins de fer de l'Etat se trouve rattaché au budget général. Jusqu'à présent, le ministre des travaux publics l'a réglé seul et sans la participation du pouvoir législatif. Ce régime, établi par la loi du 18 mai 1878, constituait une trop grave dérogation à notre législation financière, pour que nous n'applaudissions pas entièrement à sa suppression.

Le budget ordinaire entrait dans les deux totaux pour 2.076.901.192 francs et 2.972.314.861 francs, présentant sur le budget de 1882, tel que l'a arrêté en prévisions la loi de finances du 29 juillet 1881, une augmentation en recettes de 120.305.969 francs et en dépenses de 118.081.956 francs.

L'augmentation des recettes reconnaissait pour cause les plus-values réalisées pendant l'exercice 1881 sur les évaluations admises pour 1882. Conformément au procédé depuis longtemps déjà mis en usage, les faits constatés en 1881 avaient été pris pour base des évaluations à inscrire au budget de 1883. Une exception avait été faite toutefois en ce qui concernait les vins et les sucres. Par application de la règle posée par la loi du 19 juillet 1880, le produit de l'impôt des boissons en 1881 avait été majoré de 15 0/0, et l'insuffisance présumée de celui de la taxe des sucres, comparativement aux recouvrements de 1879, devait être couverte par un prélèvement de 31,888.5)) francs sur les excédents libres des exercices antérieurs.

Quant aux 118 millions de dépenses, le ministre s'empressait de faire remarquer qu'une bien faible partie, 9 millions 929.060 francs seulement, était réclamée par les divers départements ministériels en accroissement pour 1883 de leur dotation, et que les 108 autres millions devraient être considérés comme appartenant au passé. Il avait voulu, en effet, tout d'abord inscrire au budget ordinaire les dépenses, dont le principe se trouvait

dans les lois votées pendant la dernière session et qui n'avaient
pas été comprises dans le budget de 1882, soit 37.080.324 francs
sur lesquels plus du quart (9.701.000 francs) pour l'enseignement tant secondaire que primaire, et 1.100.000 francs, conséquence de la création et de la transformation des départements
ministériels par suite de la constitution du cabinet du 14 novembre ; puis faire rentrer dans ce même budget certains crédits ayant un caractère permanent et qui précédemment figuraient au budget extraordinaire (20.775.238 francs) ; assurer le
fonctionnement de tous les services, et notamment des perceptions de l'impôt ainsi que des manufactures et des monopoles de
l'Etat, qui subissent les mêmes lois de développement que la
fortune publique (12.320.854 francs) ; pourvoir à des augmentations résultant pour la dette publique, au point de vue notamment des rentes viagères et des pensions, de calculs plus
exacts (19.303.880 fr.) ; enfin porter à 208 millions, par une
dotation complémentaire de 25 millions, les crédits du chapitre
5 du ministère des finances, affecté à l'intérêt et à l'amortissement des capitaux du budget extraordinaire. Bien que le montant des obligations à court terme remboursables en 1883 fût
de 170 millions, comme en 1882, le chapitre 5 ne prévoyait de
ce chef que 102 millions. Pareille insuffisance de prévisions
existait pour l'exercice 1882, et le projet de loi du 23 janvier,
proposait de la couvrir par un prélèvement sur les 160 millions,
que le règlement des exercices antérieurs laissait disponibles.
Le surplus, soit 68 millions, devait être prélevé, de même
qu'en 1880 et en 1881, sur l'excédent en clôture des recettes de
1883, et à défaut donner lieu à l'émission de nouvelles obligations de même nature.

Le budget des dépenses sur ressources extraordinaires était
évalué à 621.697.803 fr. C'était, par comparaison avec celui de
1882, tel que l'avaient réglé la loi de finances du 29 juillet 1881
et deux lois rectificatives des 25 et 29 décembre suivant, une
augmentation de 62 millions et demi, due à peu près exclusivement à l'impulsion à donner aux grands travaux publics. Le
ministre faisait entrevoir l'éventualité d'une réduction par un
appel au concours de l'industrie privée. Il proposait d'imputer
provisoirement, comme pour 1881 et 1882, les dépenses extra-

ordinaires do 1883 sur les ressources de la dette flottante, sauf
à déterminer par une loi ultérieure le mode d'emprunt destiné
à pourvoir définitivement à ces dépenses.

Le budget sur ressources spéciales complétait par la somme
de 417.075.229 francs, à laquelle il était provisoirement fixé,
les deux totaux de 4.015.074.221 francs, et de 4.011.087.890
francs, que nous avons donnés ci-dessus pour l'ensemble des
recettes et dépenses de l'exercice 1883.

L'exposé des motifs du 23 janvier contenait deux déclarations,
qu'il convient de relever.

La première reconnaissait implicitement le bien fondé des critiques, que la minorité renouvelait sans succès depuis plusieurs
années contre l'imputation au budget, alimenté par l'emprunt,
de dépenses, que leur caractère rattachait au budget ordinaire.
« Sans doute, y lisait-on, il eût été possible de continuer à
écarter quelques-unes de ces dépenses du budget ordinaire, ou
de les omettre, et d'user de certains procédés qu'on a le droit
d'employer pour obtenir un résultat important. Mais il nous a
paru que, au début d'une législature et au moment d'entreprendre une œuvre réformatrice, qui réclamera probablement
des ressources considérables, le plus nécessaire était d'établir
un bilan rigoureusement exact. » Malgré la netteté de cette
dernière affirmation, on verra plus loin que la rectification
opérée était loin de se trouver complète.

La seconde déclaration concernait les crédits supplémentaires votés hors budget et insistait sur la nécessité d'arrêter,
par une dotation suffisante du budget des dépenses au moment
de sa confection, leur accroissement annuel, dont la moyenne,
de 1871 à 1881, avait atteint le chiffre inconnu jusqu'alors de
195 millions, menaçant ainsi de « compromettre les excédents
de nos budgets, ou tout au moins la régularité de notre comptabilité budgétaire ».

Le ministère du 14 novembre a qualifié de *démocratique*
le budget qu'il avait préparé. Le résumé que nous venons de
placer sous les yeux du lecteur doit, ce semble, lui avoir donné
la conviction que rien dans la contexture ni dans les dispositions
de ce budget n'était de nature à justifier cette qualification
nouvelle. En réalité, il différait sur bien peu de points des bud-

gets des exercices précédents. Il continuait les errements de la politique financière appliquée depuis 1879 et en aggravait les dangers par un développement notoirement exagéré de la dette flottante. Il ne réalisait enfin, ne préparait, n'indiquait même, ni du côté des recettes, ni du côté des dépenses, aucune de ces innovations, de ces réformes qu'annonçait son programme, ou du moins qu'il pouvait faire pressentir, car les termes de ce programme ne paraissent avoir été jamais très nettement formulés.

V

En prenant possession du pouvoir le 31 janvier, M. de Freycinet et ses collègues avaient tenu à préciser, dans une déclaration portée devant les Chambres, l'esprit qui inspirerait leur politique. Au point de vue financier, cette politique se traduisait par trois négations, négations qui semblaient alors plus que justifiées par des conjonctures que tout le monde a encore présentes à la mémoire: *ni conversion, ni rachat des chemins de fer, ni emprunt.*

Le budget présenté par M. Léon Say, le 2 mars, avait été établi sur les bases de la déclaration du 31 janvier.

Écartant les deux questions de « la conversion des rentes ajournée en raison d'une situation financière dont il était impossible de méconnaître la gravité, — et du rachat des chemins de fer, qui nécessiterait la création de valeurs dont le marché, ne pourrait pas opérer la liquidation », le ministre s'attachait à expliquer la combinaison à laquelle il s'était arrêté et grâce à laquelle, sans interrompre les travaux publics engagés, en leur assurant même une dotation suffisante, l'État pourrait échapper à l'obligation de négocier un emprunt sur le marché des capitaux au cours de l'année 1883 aussi bien que de l'année 1882.

L'exposé des motifs commençait par rappeler quelle était la composition de la dette flottante et à quel chiffre elle menaçait de s'élever. Les dépenses du budget sur ressources extraordinaires de 1881 et 1882 (ensemble 1.179 millions) avaient été ou devaient être balancées provisoirement par les ressources de cette dette. M. Allain-Targé proposait de recourir au même procédé pour 1883, de telle sorte que, si l'on acceptait sa proposition, la dette flottante se trouverait appelée à pourvoir, du chef seul de ces trois exercices, à 1.801.082.709 francs. Elle avait en outre à faire face aux découverts des anciens budgets, qui formaient naguère son principal objet et qui s'élevaient à plus de 700 millions ; enfin aux avances et subventions que des lois spéciales lui avaient imposées, jusqu'à concurrence de 892 millions, pour l'achèvement des chemins vicinaux, pour la construction des écoles, des collèges et des lycées. Toutes ces charges réunies dépassaient 3 milliards. « C'était la première fois, depuis qu'il existait en France des budgets et des comptes publics, que la dette flottante prenait semblable extension. » Une dette flottante aussi exorbitante ne pouvait être considérée par le public que comme la préface nécessaire d'un emprunt, et cette menace, pesant sur le marché des capitaux, suffirait pour faire naître une crise, si cette crise n'existait pas. Or, elle existait et avait pour cause les agissements immodérés de la spéculation, qui, ayant créé plus de titres, d'affaires, d'entreprises que l'épargne du pays ne pouvait ou ne voulait en absorber, s'était vue contrainte, pour donner à celle-ci le temps de se reformer et de se décider, d'entreposer dans les banques ses valeurs discréditées.

Le dernier emprunt en 3 0/0 amortissable n'avait pu lui-même échapper à la destinée commune. Le vrai public n'en avait mis dans ses caisses que pour une somme relativement restreinte. Le surplus non classé se trouvait entre les mains d'un public spécial, fort habile, peut-être riche, mais qui ne pouvait cependant en garder la propriété provisoire qu'au moyen d'emprunts contractés à la Bourse sous le nom de reports. L'un des versements sur cet emprunt coïncidant avec la liquidation de janvier, le ministère des finances avait même dû, pour éviter d'accroître les désastres de cette liquidation, recourir à une opération de compensation qui avait restitué indirectement à la place, sous forme de reports, l'argent qui lui était enlevé sous forme d'appel de fonds.

La mesure extraordinaire ainsi prise avait produit un effet

salutaire. Il fallait, suivant le ministre, aller plus loin et, en résolvant la question de la dette flottante, dissiper les inquiétudes que son accroissement hors de toute proportion avait inspirées au public. Cet accroissement n'avait aucune corrélation, faisait-il justement remarquer, avec les augmentations budgétaires que peuvent imposer, non sans danger d'ailleurs, dans un État démocratique, des dépenses reconnues utiles, et ne se justifiait par aucune considération plausible. Il y avait donc opportunité et jusqu'à un certain point même nécessité de procéder à la consolidation de la dette flottante dans celles de ses ressources qui présentaient un caractère permanent, savoir : les cautionnements en numéraire ; les fonds versés en compte courant par la Caisse des dépôts et consignations, tant pour son propre compte que pour celui des différentes caisses dont elle a la gestion ; la portion obligatoire des avances des trésoriers-payeurs généraux ; les fonds déposés au Trésor par ses divers correspondants. L'ensemble de ces fonds et avances représentait environ 1.200 millions. M. Léon Say proposait de les convertir en titres de 3 0/0 amortissable, lesquels se trouveraient immédiatement immobilisés par leur destination même, et de liquider ainsi du même coup les budgets extraordinaires de 1881 et de 1882.

Cet allégement n'était pas le seul dont il voulut faire bénéficier la dette flottante. Il l'exonérait des dépenses extraordinaires de l'exercice 1883, auxquelles il pourvoyait sans emprunt, à l'aide de ressources certaines et disponibles que nous indiquerons plus loin. Les avances à faire aux départements et aux communes pour les caisses des chemins vicinaux et des écoles devaient être échelonnées sur un plus grand nombre d'années ; enfin, par surcroît de prudence et, malgré l'élasticité des ressources qu'assurait au Trésor l'abaissement à 37 millions de ses bons en circulation, le projet ministériel remaniait les échéances des 522 millions restant à rembourser sur les obligations à court terme émises pour le service du second compte de liquidation, et en prorogeait l'amortissement jusqu'en 1887.

Le budget ordinaire préparé par M. Allain-Targé s'élevait, en dépenses, à 2.972.314.861 francs. M. Léon Say le portait à 3.027.830.098 francs, soit 55.515.237 francs de plus. Cet excédent avait pour cause presque exclusive le transfert au budget ordinaire d'un certain nombre de services permanents que, malgré les déclarations explicites de l'exposé de motifs du 23 janvier, son prédécesseur avait cru devoir maintenir au budget de l'emprunt. En même temps, il retranchait du budget des recettes ordinaires les 31 millions, prélevés sur les exercices antérieurs par application de la loi de 1880. Les 222 millions qui figuraient dans le bilan du Trésor comme excédents libres de ces exercices n'étaient pas, en effet, réellement disponibles. Ils avaient été affectés à l'atténuation des découverts des budgets, et, si l'on avait voulu en faire emploi, il eût fallu en reconstituer l'équivalent par l'émission de bons du Trésor ou par la création d'une autre ressource, ce que paraissait interdire pour le moment la situation obérée de la dette flottante.

Pour couvrir l'insuffisance de 80 millions résultant de ce double remaniement, le ministre proposait de recourir à un nouveau mode d'évaluation des recettes. Le mode depuis longtemps en vigueur consistait à prendre pour base les résultats de l'année expirée au moment de la préparation d'un budget, de telle sorte qu'il s'écoulait entre les évaluations de ce budget et sa réalisation deux années dont on ne tenait pas compte. De là des plus-values considérables, qui n'existaient que parce que le terme de comparaison était manifestement trop bas, et qu'on ne se faisait pas faute d'escompter, au risque de bouleverser au fur et à mesure toutes les combinaisons du budget préalable. « Continuer à suivre cette règle, c'était ouvrir en quelque sorte aux chapitres de la dépense un crédit intitulé : *Réserve indéterminée* pour être employée à ce que l'on voudra. » Aussi M. Léon Say insistait-il sur la nécessité à tous les points de vue de revenir à la vérité des faits en adoptant une règle nouvelle d'évaluation, qui consisterait à ajouter aux recettes connues de l'exercice écoulé au moment de la préparation de la loi de finances la plus-value normale d'une année, calculée sur la moyenne de la plus-value des trois dernières années.

La première application de la méthode devait, par extraordinaire, rehausser les évaluations de deux plus-values au lieu d'une ; elle donnait précisément les 85 ou 80 millions nécessaires pour équilibrer le budget ordinaire.

Quant au budget extraordinaire, le projet du 2 mars le ramenait de 621 millions à 529, ou plutôt à 581, si l'on tient compte des 52 millions et demi transportés au budget ordinaire ; il devait en outre être fait appel à l'industrie privée pour 40 millions. Sur les 529 millions, 81 étaient affectés aux dépenses de la guerre et 448 à la continuation du programme des grands travaux publics. Les reliquats non employés des reports antérieurs fournissaient les 81 millions de la guerre et 190 millions pour la dotation des travaux publics ; le surplus de cette dotation devait, d'après le plan du ministre, être pris sur le compte des sommes dues au Trésor par les compagnies de chemins de fer comme avances faites à titre de garantie d'intérêts. Ces avances s'élevaient, au 31 décembre 1881, pour le réseau français, à 674.728.111 francs, capital et intérêts. Depuis 1880 une seule compagnie, l'Ouest, avait eu besoin de recourir à l'Etat. L'Orléans, l'Est, le Midi, qui s'étaient trouvés antérieurement dans la même obligation, non seulement n'avaient plus demandé d'avances, mais encore avaient commencé à rembourser. Une convention provisoire négociée à ce sujet avec l'une des compagnies, celle d'Orléans, se trouvait soumise au Parlement en même temps que le budget. La convention avec l'Orléans a été, comme la majoration des recettes ordinaires, le point le plus critiqué du système de M. Léon Say ; M. Ribot l'a étudiée dans son rapport ; elle a été discutée sous toutes ses faces à la Chambre des députés. Nous la retrouverons donc et nous nous bornerons ici à l'énoncer.

L'exposé des motifs du 2 mars ne pouvait, étant surtout donné son auteur, ne pas parler de degrèvement. Mais, comme « degrever n'est permis que lorsque le dégrèvement est une conséquence des faits », il déclarait nettement qu'aucune opération de cette nature, quelque nécessaire qu'elle fût, ne semblait susceptible d'être proposée pour 1883, et ajournait l'agriculture ainsi que les légitimes espérances, dont l'avait bercée la Chambre précédente, à l'époque plus ou moins problématique de la conversion.

VI

Le rapport, fait par M. Ribot au nom de la commission de la Chambre des députés sur le budget de l'exercice 1883, rapport dont nous avons déjà dit que les conclusions se trouvaient dans leur ensemble conformes au projet de M. Léon Say, est un tra-vail considérable, fort supérieur aux documents de la même nature auxquels nous avaient habitués les années précédentes, et qui mérite de fixer l'attention.

L'honorable rapporteur, après un coup d'œil général jeté sur la situation économique du pays, que, sauf en ce qui concernait l'agriculture, il croyait pouvoir considérer en somme comme sa-tisfaisante, déclarait que néanmoins les faits semblaient désor-mais commander la prudence et la réserve. Il n'était plus possi-ble à son sens de se fier complaisamment aux conjectures trop optimistes, qu'avaient fait naître les résultats d'une période ex-ceptionnellement heureuse au point de vue du rendement des impôts. La décroissance sensible des plus-values de 1882 don-nait à cet égard un sérieux avertissement, et comme les de-mandes de crédits supplémentaires et extraordinaires pour le même exercice avaient progressé, au contraire, il y avait lieu de craindre qu'il ne se soldât par un déficit qui au 1er juillet se chiffrait déjà par plus de 97 millions.

L'établissement du budget, tant ordinaire qu'extraordinaire, avait rencontré pour 1883 des difficultés réelles. La commission les avait reconnues, comme le ministre, et, d'accord avec lui, avait étudié les moyens d'y apporter remède.

Le budget ordinaire, déposé par M. Léon Say, le 2 mars, s'élevait à 3 milliards 27 millions, présentant sur celui voté pour 1882, 173 millions et demi d'augmentation. Cette augmen-tation avait trois principales causes : l'inscription de dépenses qui, malgré leur caractère permanent, s'étaient glissées jusqu'a-lors dans le budget sur ressources d'emprunt; une dotation plus large du chapitre 5 du ministère des finances ; des supplé-ments de dotation réclamés pour les services généraux des mi-nistères.

Le report proposé du budget extraordinaire au budget ordinaire répondait trop aux vœux exprimés par le Parlement et déjà en partie réalisés par les lois des 24 et 25 décembre 1881 pour ne pas obtenir l'entière approbation de la commission. Elle s'était bornée à modifier sur quelques points les propositions gouvernementales, notamment en ce qui concernait les dépenses d'établissement des lignes télégraphiques souterraines, qu'elle avait maintenues au budget de l'emprunt. L'augmentation, de ce premier seul des trois chefs, atteignait 70 millions.

La commission avait également reconnu le bien fondé du supplément de dotation réclamé par le chapitre 5 ; elle avait même conclu à l'accroître. Le ministre demandait, pour 1883, 208 millions se répartissant ainsi : intérêts et amortissement des rentes 3 0/0 amortissables, 62 millions ; intérêts et amortissement des nouvelles rentes de même nature à créer pour la consolidation de la dette flottante, 25 millions au minimum ; intérêts des obligations à court terme, 18 millions ; remboursement des dites obligations, 113 millions. Les obligations à échoir en 1883, s'élevant au total de 170 millions de francs, il reportait les 67 millions manquant à la charge des exercices suivants et, par un remaniement général des échéances, prorogeait à la fin de 1887 l'amortissement complet des ressources du second compte de liquidation. La commission n'avait pas cru pouvoir accepter cette prorogation qui lui paraissait à la fois en contradiction avec les engagements formels pris par l'État vis-à-vis de ses créanciers, et de nature à compromettre en 1887 le service des intérêts et de l'amortissement des rentes 3 0/0 qui seraient émises d'année en année jusqu'à cette époque. Elle avait préféré, en portant à 240 millions la dotation du chapitre 5, réduire l'insuffisance de crédits à 35 millions avec la pensée que, dans ces proportions, ladite insuffisance serait aisément couverte en fin d'exercice soit par les excédents de recettes, soit à l'aide de la dette flottante.

La troisième cause d'augmentation du budget ordinaire de 1883 était les suppléments de dotation réclamés pour les services généraux des ministères. La commission les avait soumis tous à un rigoureux examen, elle avait opéré des réductions qui ne laissaient pas d'être considérables, mais elle avait dû, d'autre part, consentir à élever certains crédits notoirement insuffisants.

En résumé, le projet présenté par le gouvernement montait à la somme de 3.027.056.347 francs et celui arrêté par la commission, à 3.044.203.646 francs.

Cet énorme total a provoqué de la part du rapporteur les plus sérieuses et les plus patriotiques observations à l'adresse du gouvernement et des Chambres. Il a rappelé qu'en 1869 le même budget ordinaire ne s'élevait en dépenses qu'à 1.624 millions. « Les événements de 1870-1871 ont sans doute contribué, a-t-il dit, dans une très large proportion, à cette aggravation des dépenses publiques. Toutefois, si l'on déduit du budget de 1883 les sommes nécessaires au service de la dette publique, on constate que les services des ministères exigent en 1883 une somme supérieure de près de 600 millions de francs à la dotation qui leur était allouée en 1869. »

Ajoutons avec M. Ribot que c'est surtout dans les trois dernières années que l'accroissement a été considérable. En rapprochant les chiffres du budget de 1880 des chiffres proposés pour 1883, on reconnaît que l'écart n'est pas inférieur à 294 millions ou tout au moins à 240 millions, si l'on tient compte des dépenses reportées du budget extraordinaire, et ce n'est pas tout encore. D'un état communiqué par le ministre à la commission du budget il appert que la Chambre se trouve actuellement saisie de propositions et de projets financiers, dont l'ensemble entraînerait un accroissement de charges et une diminution de ressources s'élevant, dès 1883, à la somme de 363.879,047 francs. Dans quelle mesure la sagesse gouvernementale et parlementaire préservera-t-elle à cet égard le budget ? L'expérience du passé est de nature à faire concevoir de légitimes inquiétudes.

Afin de pouvoir balancer les dépenses ordinaires de 1883, le ministre des finances avait été obligé de recourir à un nouveau mode d'évaluation des recettes. Ce mode d'évaluation, en atténuant un écart trop considérable entre les prévisions et les réalisations, lui semblait en outre avoir pour précieuse conséquence d'enrayer la progression exagérée des dépenses publiques, et surtout l'abus des crédits supplémentaires. La commission, non sans regretter dans une certaine mesure l'abandon d'une règle devenue en quelque sorte classique, a donné son adhésion au système proposé par M. Léon Say, en substituant toutefois, d'accord avec lui, pour le calcul des plus-values, la moyenne des cinq années antérieures à celle des trois années. Elle a cru devoir signaler, en passant, à l'attention du gouvernement l'opportunité d'une réforme qui, s'inspirant de l'exemple des autres nations de l'Europe, de l'Angleterre notamment, rapprocherait la période de préparation du budget de celle de son exécution, et peut-être même fixerait au 1er juillet l'ouverture de l'exercice.

Calculées d'après les bases nouvelles que nous venons de dire, sauf à l'égard des sucres, en faveur desquels le prélèvement de 31 millions sur les excédents libres de 1881 était maintenu à titre éventuel, les recettes ordinaires de l'exercice 1883 se trouvaient fixées par la commission à la somme de 3 milliards 044.655.002 francs.

Le rapport de M. Ribot consacre un chapitre spécial et complet à l'étude du budget extraordinaire, de ses besoins et de ses ressources. Nous regrettons de ne pouvoir qu'en résumer ici les conclusions. Ce budget, on le sait, a un double objet ; l'achèvement de la reconstitution de notre matériel de guerre ; l'exécution du programme des travaux publics, adopté en 1879 et notablement grossi depuis.

L'ensemble des crédits ouverts aux ministères de la guerre, de la marine et des postes (pour les lignes télégraphiques souterraines) s'est élevé au 31 décembre 1881 à 2 milliards 105 millions, dont 242.625.527 francs non encore employés. C'est sur cette somme de 242 millions, accrue de 17.650.000 francs, reliquat disponible du compte de liquidation, qu'ont été imputés, par voie d'annulation, 81.400.000 francs au ministère de la guerre pour 1883, et 7.750.000 au ministère des postes et télégraphes.

Les crédits, ouverts pour l'exécution des travaux publics au titre du budget sur ressources extraordinaires, atteignaient à la même date du 31 décembre 1881 le total de 1.878.215.750 francs, se répartissant entre le ministère des travaux publics, pour 1.800 millions, celui de l'agriculture pour 10 millions et demi, et le service de l'Algérie pour 7.517.676 francs. L'excédent alors disponible sur les dépenses effectuées s'élevait à 761.545.900 francs. La commission a estimé que, conformément aux prévisions du ministre, la campagne de 1882, suffisamment dotée, laisserait sur cet excédent 190 millions non employés, qui pourraient être reportés sur 1883, et se joindraient à 250 millions de ressources nouvelles pour former un total de 440 millions, affectés à la continuation des grands travaux en cours.

« En vous demandant de ne porter au budget extraordinaire de 1883 que 253 millions de crédits nouveaux, disait M. Ribot, le gouvernement s'est inspiré d'une pensée d'ordre et d'économie, qui avait déjà frappé les précédentes commissions du budget. Si l'on veut écarter la confusion et le gaspillage, on ne doit mettre à la disposition des ministres des ressources nouvelles que lorsque les anciennes, ayant la même destination, sont à peu près épuisées. Les crédits ouverts au ministère des travaux publics sur les exercices 1879 à 1882 avaient été calculés sur des prévisions de dépenses qui n'ont pas été atteintes. On avait cru qu'il serait aisé d'employer dans ces quatre années une somme de crédits de 2 milliards 333 millions. L'expérience montre que la volonté de dépenser des centaines de millions à des travaux utiles trouve moins d'obstacle dans la difficulté de se procurer les moyens financiers, que dans la difficulté de développer au delà d'une certaine limite les moyens d'exécution. Il est donc arrivé que des reliquats de crédits non employés se sont accumulés à la fin de chaque exercice. »

Jusqu'en 1882, les ministres avaient joui de la faculté de reporter ces reliquats par simples décrets aux exercices suivants. L'article 9 de la loi de finances du 20 juillet a porté remède à ce véritable abus, et subordonné désormais les reports de crédits du budget extraordinaire à la sanction législative.

Nous avons déjà indiqué que, sur les 529.541.033 francs de ressources nécessaires au budget extraordinaire de 1883, 271.400.000 francs devaient, dans le système de M. Léon Say, être fournis par des reports des exercices antérieurs, et les 258 millions restants par le remboursement anticipé des avances faites aux compagnies de chemins de fer à titre de garantie d'intérêts. L'examen de la convention provisoire intervenue avec l'Orléans avait porté la commission à reconnaître que cette convention sauvegardait à la fois les intérêts de la compagnie et ceux du Trésor, auquel elle permettait de faire dès à présent état en recette du moment total de sa créance. Elle proposait donc à la Chambre de la ratifier, sous la réserve expresse toutefois que les droits inscrits au profit du Trésor dans les conventions antérieures relativement au partage des bénéfices seraient absolument maintenus, et que l'État n'abdiquait aucunement la faculté de rachat qu'il tenait de ces conventions.

La combinaison présentée, ajoutait le rapporteur, n'est qu'un expédient très habilement imaginé à l'effet de pourvoir aux besoins du budget de 1883; ce n'est pas un système pour l'avenir. Le moment est venu pour le gouvernement et pour les Chambres de prendre un parti et de décider entre les divers systèmes mis en avant pour l'exploitation des chemins de fer. Ces questions, au point de vue de l'avenir de nos finances, ne sauraient demeurer plus longtemps en suspens.

VII

Il peut ne pas être sans intérêt de placer en regard des principaux chapitres du budget des dépenses de 1883, tel qu'il a été adopté par la commission et qu'il se trouve en ce moment soumis à la Chambre, ceux du budget de 1869, le dernier régulier de l'empire, ainsi que du budget de 1870, première année où la Constitution actuelle ait été en vigueur. La comparaison ne saurait toutefois être absolument exacte, puisque, pour les deux exercices 1869 et 1870, nous avons pris la loi de règlement, c'est-à-dire les dépenses faites et les crédits consommés, tandis que le budget de 1883 n'est encore arrêté et ne sera voté qu'en prévisions, avec l'inévitable perspective des crédits supplémentaires qui seront demandés en cours d'exercice (1).

C'est ce dernier budget, que nous avons choisi naturellement pour type, en cherchant à rapprocher de ses chiffres les résul-

(1) Pour le montant de ces crédits en 1883, voir page 124.

tats afférents aux deux autres, autant du moins que l'a pu permettre la différence de leur contexture.

DETTE PUBLIQUE ET DOTATIONS	1869 fr.	1870 fr.	1883 fr.
Dette consolidée........	347.393.800	713.850.073	711.070.255
Capitaux remboursables à divers titres (1). Annuités diverses, amortissᵗ., dette amortissab.)	81.161.130	283.968.353	388.954.000
Dette viagère (2)........	85.555.523	104.277.752	187.088.618
Dotations et dépenses des pouvoirs législatifs....	51.257.270	33.613.571	36.413.236
SERVICES GÉNÉRAUX DES MINISTÈRES (3).			
Ministère des finances..	18.654.850	20.144.912	19.553.470
— de la justice..	36.007.944	35.001.861	35.914.642
Service des cultes......	51.433.793	53.410.149	52.929.306
Ministère des affaires étrangères (4)........	13.113.126	11.102.371	11.348.900

(1) Y compris, pour 1869, 48,159,055 francs portés au budget spécial de l'amortissement ; — pour 1876, 154,895,000 fr. de remboursements à la banque ; — pour 1883, 240 millions, service de la dette 3 p. 100 amortissable et remboursement d'obligations à court terme.

(2) La principale cause de l'augmentation de ce chapitre est la progression du chiffre des pensions. De 30,852,077 francs en 1869, les seules pensions civiles, placées sous le régime de la loi du 9 juin 1853, se sont élevées en 1883 à 55 millions. 8 millions d'indemnités viagères sont allouées aux soi-disant victimes du 2 décembre.

(3) De 933,608,000 francs, en 1869, les dépenses des services généraux des ministères sont portées en prévision à 1,351,865,454 francs pour 1883 ; c'est un accroissement de plus de 30 p. 100 et qui s'aggrave encore du fait des pertes de territoire éprouvées en 1871, pertes auxquelles a dû correspondre une réduction proportionnelle du montant des dépenses ordinaires annuelles. L'ensemble des traitements civils soumis à retenues ne dépassait pas en 1869 217 millions ; il est pour 1883 de près de 341 millions. En 1869, le total des traitements des administrations centrales des ministères s'élevait à 14,350,038 francs ; il atteint en 1883 le chiffre de 18,314,968 francs, soit près de 4 millions d'augmentation en moins de 14 ans. En 1876, le siège officiel du pouvoir exécutif et des chambres était à Versailles, aux termes de l'article 9 de la loi constitutionnelle du 25 février 1875. Il résultait de ce fait une aggravation de dépenses pour les administrations centrales, aggravation qu'aurait dû faire disparaître leur translation à Paris en 1879.

(4) Le budget spécial des chancelleries consulaires a été supprimé à partir du 1ᵉʳ janvier 1877, et réuni, tant en recettes qu'en dépenses, au budget général. Il s'élevait à 1.500,0000 fr. Si on les retranche pour

SERVICES DES MINISTÈRES.	1869 fr.	1876 fr.	1883 fr.
Ministère de l'intérieur.	49.450.110	82.376.399 (1)	68.813.055
— des postes et télégraphes (2)	»	»	2.122.360
Ministère de la guerre...	377.406.977	512.588.588	584.100.000
— de la marine..	135.319.687	141.240.830	204.808.519
— Service des colonies	27.137.787	28.030.947	32.288.951
— de l'instruction publique....	25.530.181	39.063.254	134.410.451
— Service des beaux-arts et bâtim. civils (3)	8.211.058	11.948.230	16.639.745
— du commer. (4)	8.160.480	7.736.948	21.918.504

l'exactitude de la comparaison, on trouve pour le budget des affaires étrangères en 1883 un total de 12.848.000 fr. sensiblement égal à celui de 1869.

(1) Dans ce total figurent certains crédits, qui ne sont pas reproduits au budget de 1883, savoir : subvention aux chemins vicinaux : 11.500.000 fr.; réparations à ces chemins des dommages causés par les inondations: 341.112 fr ; secours aux victimes des mêmes inondations : 1.741.603 fr ; liquidation des dépenses de la guerre (dernière annuité) : 7.600.562 fr. ; subvention pour l'acquittement des loyers : 650.000 fr. ; délégation de Versailles : 111.569 fr. En retranchant ces crédits, pour l'exactitude de la comparaison, le total du budget de l'intérieur pour 1876 n'est plus que de 60.371.253 fr.

(2) Le ministère des postes et télégraphes a été institué par décret du 5 février 1879. En 1869 et 1876, les postes étaient rattachées au ministère des finances, et les télégraphes au ministère de l'intérieur. Dans le premier de ces deux exercices, les postes et télégraphes ont produit 105.981.336 francs, et, dans le second 133.017.618 francs. Les prévisions de 1883 s'élèvent à 161.720.000 fr., y compris l'Algérie. Les frais de régie représentaient en 1869 71 p. 100 ; ils étaient descendus en 1876 à 64 p. 100. Ils sont actuellement de 78 p. 100.

(3) En 1869 les beaux-arts et bâtiments civils faisaient partie, comme les haras aujourd'hui à l'agriculture, du ministère de la maison de l'empereur. — En 1876, les bâtiments civils étaient réunis au ministère des travaux publics. Déduction en a été opérée dans le tableau.

(4) Un décret du 15 décembre 1877 a transféré le service des forêts du ministère des finances à celui de l'agriculture et du commerce. Ce dernier ministère a été divisé en deux ministères distincts par le décret du 14 novembre 1881, lequel a détaché en même temps du ministère des travaux publics le service des travaux d'amélioration agricole pour l'incorporer au nouveau ministère de l'agriculture. — La nouvelle législa-

SERVICES DES MINISTÈRES.	1869 fr.	1876 fr.	1883 fr.
Ministère de l'agricult.,	13.417.452	13.072.367	24.397.35
— des trav. publ.			
serv. ordin.	70.902.400	77.838.824	89.625.681
2º sect., trav. extraordin. et garanties d'intérêt aux chemins de fer........	71.333.505	129.756.294	49.762.860
Algérie (1).............	15.308.433	23.176.432	32.498.019
FRAIS DE RÉGIE, DE PERCEP- TION, D'EXPLOITATION DES IMPOTS ET REVENUS PUBLICS Contributions directes, enregistrem., douanes et contribut. indirectes	140.432.935	178.946.090	176.301.559
Postes et télégraphes (2)	75.483.639	85.874.227	125.078.906
Forêts................	10.053.661	12.083.375	16.165.617
REMBOURSEMENTS ET RESTITU- TIONS, NON-VALEURS ET PRIMES................	13.801.000	44.534.056 (3)	21.155.550

BUDGET EXTRAORDINAIRE. L'exercice 1869 a eu deux budgets extraordinaires, dont l'un alimenté par une quote-part de l'emprunt de 429 millions, contracté en vertu de la loi du 1ᵉʳ août

tion sur la marine marchande a inscrit en 1883 à titre de subvention au ch. 7 du ministère du commerce un crédit de 12 millions, qui ne figurait au budget ni en 1869, ni en 1876. — Les forêts ont produit en 1869, 38,784,261 francs, en 1876, 37,545,965 francs. Elles sont prévues au budget de 1883 pour 35,763,900 francs, y compris 580,000 francs de l'Algérie. Les frais de régie représentaient en 1869 26 p. 100, en 1876 32 p. 100. Ils atteignent actuellement 45 p. 100.

(1) Un décret du 26 août 1881 a supprimé le budget spécial de l'Algérie et rattaché les divers services de la colonie aux ministères compétents. Nous avons néanmoins maintenu ce budget dans le tableau ci-dessus, en le reconstituant, aussi exactement que possible, pour 1883.

(2) Voir note 2 de la page précédente.

(3) Le chiffre de 1876 se trouve accidentellement grossi d'une somme de 25 millions et demi pour la liquidation des dépenses d'expropriation des fabriques d'allumettes chimiques.

1868. Ils ont été réglés ensemble par la loi du 27 décembre 1875, en recettes et dépenses, à la somme égale de 215.885.174 francs. Il convient d'en déduire les crédits afférents aux travaux publics et aux cultes pour certains services inscrits au budget ordinaire de 1883 et que nous avons en conséquence dû reporter au budget ordinaire de 1869, ce qui ramène leur montant à 166.259,932 francs. Ce montant s'est ainsi réparti : guerre 63.980.106 francs ; marine, 18.710.214 francs ; travaux publics, 39.981.486 francs ; affaires étrangères, 102.690 francs , intérieur, 15.461.563 francs ; finances, 19.450.739 francs ; instruction publique, 2.014.338 francs ; bâtiments civils et beaux-arts, 7.103.780 francs.

L'exercice 1870 n'a pas eu de budget extraordinaire proprement dit. Les travaux extraordinaires figuraient au budget ordinaire. Il y avait, entre autres, 24 millions inscrits de ce chef au budget de l'intérieur, et 100 millions à celui des travaux publics. On ne saurait toutefois oublier qu'à côté du budget normal fonctionnait en 1876 le compte de liquidation et que sur ce compte 350 millions de crédits ont été ouverts et consommés pendant ladite année.

Quant au budget extraordinaire de 1883, on vient de voir quelle affectation doivent recevoir les 529 millions et demi, qu'on propose de lui affecter.

BUDGET SUR RESSOURCES SPÉCIALES. Ce budget, qui comprend les dépenses des départements, celles des communes acquittées sur les centimes, celles des fonds de secours et de non valeurs et celles de certains services spéciaux de contrôle et de surveillance, s'est aussi considérablement accru de 1869 à 1883. Il a été réglé pour le premier de ces exercices à 307.961.480 francs. Il est prévu pour le second à 416.931.420 francs.

Les centimes départementaux ont produit en 1869, 130.876.257 francs, en 1870, 143.557.635 francs; ils sont inscrits au budget de 1883 pour 156.546.300 francs. La progression a été beaucoup plus rapide en ce qui concerne les centimes communaux. 1869 : 103.338.213 francs ; 1870 : 147.325.604 francs ; 1883 : 152.074.067 francs. L'application complète des nouvelles lois sur l'instruction primaire menace de grossir encore notablement leur chiffre dans un prochain avenir (1).

En 1869, la contribution de chaque Français aux dépenses ordinaires de l'État était en moyenne de 44 francs ; elle s'est élevée pour 1870 à 68 fr. 50 ; elle atteindra 81 francs en 1883, à condition que les prévisions de la loi des finances actuellement en discussion ne soient pas dépassées.

La charge totale imposée aux contribuables par les dépenses tant ordinaires qu'extraordinaires de l'État, les dépenses départementales et les dépenses communales, pour la partie inscrite au budget, se chiffre ainsi qu'il suit pour les trois mêmes exercices :

1869, 58 francs. — 1870, 85 francs. — 1883, 107 francs.

VIII

A l'ouverture de la session extraordinaire du Parlement, le président du conseil a demandé à la Chambre des députés d'inscrire le budget de 1883 en tête de son ordre du jour, et celle-ci, faisant droit au désir qui lui était exprimé, a décidé que, dès la séance du 11 novembre, elle reprendrait l'examen de ce budget au point même où elle l'avait interrompu le 28 juillet dernier, c'est-à-dire au budget des cultes. En présence de la décision ainsi intervenue et déjà en cours d'exécution, l'exposé de la discussion générale, qui a eu lieu il y a quatre mois, offrirait un intérêt trop exclusivement rétrospectif, pour que nous puissions songer à autre chose qu'à en retracer en quelques lignes les points les plus saillants.

MM. Allain-Targé et Rouvier avaient naturellement pris en main dans cette discussion la défense du budget présenté le 23 janvier contre celui de M. Léon Say, auquel ils reprochaient en termes amers ses appréciations pessimistes et inopportunes, le déficit fictif qu'il accusait, l'attitude humiliée qu'il préten-

_____
(1) Voir la note de la page 96.

dait imposer à la démocratie en l'interdisant comme prodigue.
Apologistes convaincus de la Chambre précédente, de sa gestion financière, des grandes entreprises dont cette Chambre
avait voté le programme et avait cru assurer la dotation en
« ouvrant le robinet de l'Amortissable », des dégrèvements enfin
qu'elle avait opérés, ils insistaient sur l'urgence d'une solution en ce qui concernait à la fois la conversion et la question
des chemins de fer, de laquelle dépendait l'existence même
du budget extraordinaire. La conversion, retardée à tort depuis 1879, leur semblait devoir se faire à la première embellie.
Quant aux chemins de fer, la convention négociée avec l'Orléans ne présentait aucun avantage financier sérieux, et il
fallait la rejeter, car elle engageait la question de principe dans
le sens que voulait M. Léon Say, adversaire déclaré du rachat,
et, en faisant passer l'Etat du rôle de créancier à celui de débiteur aux abois, elle infirmait singulièrement les pouvoirs dont
l'armaient les contrats antérieurs pour imposer aux compagnies
l'abaissement de leurs tarifs et les conditions nécessaires à la
mise en valeur des réseaux secondaires.

L'un et l'autre orateur se prononçait contre le nouveau mode
d'évaluation des plus-values budgétaires ; c'était, du reste, le
point le plus contestable. M. Allain-Targé considérait ce mode,
non sans apparence de raison, comme devant se trouver souvent en contradiction avec les faits, et comme étant en même
temps de nature à favoriser, le cas échéant, un dégrèvement
politique, qui mènerait au déficit. M. Rouvier craignait que
la majoration des recettes ne fît disparaître les excédents en fin
d'exercice et ne rendît dès lors impossible la réforme de notre
régime fiscal, réforme qui s'imposait cependant à la République ; car ce régime, datant du premier Empire et de la Restauration, « suait, disait-il, l'iniquité par tous les pores, » en ne
demandant à l'impôt foncier et aux autres impôts directs que
le tiers des ressources budgétaires, et prélevant les deux autres tiers sur les besoins, sur la faim même du travailleur (1).

1. En regard de cette appréciation, tout au moins erronée, il convient
de placer des calculs aujourd'hui admis par tous les économistes et qui
déterminent, ainsi qu'il suit, la part proportionnelle des diverses catégories de contribuables aux charges publiques. L'Etat prélève 25 p.

La réplique avait été donnée par MM. Ribot et Léon Say. Ceux-ci n'avaient pas eu de peine à disculper le budget de 1883, dans les termes où l'accord du gouvernement et de la commission l'avait arrêté, des accusations que nous venons de résumer. Ils avaient établi que tout juste-milieu et centre gauche qu'il pût être qualifié, ce budget tenait bien plus compte des réalités de la situation et répondait bien mieux à ses exigences que le projet présenté par le cabinet du 14 novembre.

Ce dernier projet, malgré les apparences d'excédents qui lui avaient été données pour plaire à la démocratie, ne se trouvait, et pour cause, réaliser ni même préparer aucune des réformes, des grandes opérations que ses rédacteurs réclamaient de leurs successeurs au ministère. Il inscrivait sur le papier au titre de budget extraordinaire d'énormes crédits avec la certitude qu'ils ne pourraient être consommés dans le cours de l'exercice 1883, et il aurait rendu ainsi nécessaire un emprunt, à l'émission duquel se refusait l'état du marché.

Les deux orateurs s'étaient successivement attachés à ramener la convention avec l'Orléans à ses véritables proportions et à démontrer qu'elle ne constituait en réalité qu'une opération de banque, un prélèvement effectué par l'Etat sur le compte courant qu'il avait avec les compagnies. Mais comme le ministre actuel des finances s'est décidé à demander à d'autres ressources, plus ou moins hypothétiques, la somme que l'opération proposée devait fournir pour équilibrer le budget extraordinaire de 1883, il ne saurait y avoir lieu d'insister sur ce point, non plus que sur l'ensemble des mesures projetées en vue de contenir l'expansion des crédits dans de plus justes limites, de prévenir le gaspillage résultant de réorganisations incessantes, de rapprocher enfin la préparation du budget de l'exercice où ses opérations s'effectuent. Il est, en effet, très probable qu'à l'époque avancée de l'année où nous sommes, l'examen de la plu-

_____

100 sur le revenu du propriétaire rural; 16 p. 100 sur le revenu du propriétaire urbain; 4 p. 100 sur le revenu de la propriété mobilière ; 13 p. 100 sur le revenu des valeurs industrielles et commerciales. Les contribuables de chacune de ces catégories acquittent en outre leur quote-part (7.77 p. 100 de leur revenu) des impôts généraux de consommation. Cette quote-part est le seul prélèvement, que les traitements des employés et les salaires des ouvriers subissent au profit du Trésor public.

part de ces mesures sera ajourné à 1884. Il est certain que
c'est à la même échéance, au plus tôt, que la commission ex-
traparlementaire, annoncée dans la déclaration ministérielle du
9 novembre, aura arrêté le classement, réclamé par M. Léon
Say, des grand travaux publics, suivant leur importance et leur
urgence.

Deux autres discours considérables ont été prononcés dans
la discussion générale du mois de juillet, l'un par M. Daynaud,
l'autre par M. Haentjens, que l'on retrouve toujours sur la brè-
che dans la grande lutte parlementaire du budget. Quelque
précises et concluantes qu'aient été les critiques formulées par
les deux honorables membres de la minorité conservatrice contre la gestion financière des dernières années, nous ne voulons
pas ici les reproduire ; car c'est, d'après les déclarations de ses
partisans, de ses orateurs les plus autorisés, d'après les faits
par eux constatés, que le régime actuel nous semble devoir être
jugé.

Or, de ces déclarations et de ces faits il résulte incontestable-
ment que le budget ordinaire de 1883 présente sur celui de 1869
un accroissement de 600 millions pour les souls services des
ministères, déduction faite des sommes nécessaires au service
de la dette publique ; que la progression a été surtout considérable dans les trois dernières années, pour chacune desquelles
elle s'est chiffrée par près de 100 millions ; que la moyenne de
crédits hors budget, tant supplémentaires qu'extraordinaires,
s'est élevée, pour la période de 1871 à 1881, au total exorbitant
de 195 millions ; que le programme des grands travaux publics,
adopté en 1879 et qui se poursuit depuis lors, comporte cependant encore aujourd'hui une dépense d'au moins six milliards,
supérieure par conséquent aux évaluations totales primitives ;
que le type spécial de rente créé en vue de ces travaux rencon-
tre si peu de faveur auprès de l'épargne que la majeure partie
du dernier emprunt n'est pas encore classée ; et que, dès lors,
à l'heure présente, les travaux déjà engagés ne peuvent se
poursuivre et se parachever qu'à l'aide de la dette flottante,
parvenue à un total qu'elle n'a jamais atteint depuis qu'il existe
en France des budgets et des comptes publics.

IX

Cette étude a paru, ainsi qu'il a été indiqué en commençant, dans le *Français* en novembre 1882. Depuis lors, au cours même de l'exercice 1883, la situation financière a subi des transformations, qui seraient de nature à comporter un nouvel et complet examen. Je n'ai pas pensé qu'il y eût lieu de l'entreprendre ici, non plus que de modifier le texte de mon premier travail et les considérations qui y sont exposées. Tel qu'il est demeuré, ce travail m'a semblé pouvoir conserver son actualité comme son intérêt, par le rapide aperçu qu'il présente de la gestion des 14 dernières années, et par le rapprochement qu'il permet au moment où va se clore l'exercice 1883, entre les prévisions de la loi de finances et les faits réalisés pendant le dit exercice, faits qui formeront certainement la principale base de la discussion budgétaire, qu'ouvrira la rentrée des Chambres.

Afin d'aider encore au rapprochement, et sans vouloir entrer à aucun degré dans le débat, je crois devoir indiquer très brièvement les principaux actes intervenus en matière de finances dans les sessions ordinaire et extraordinaire de 1883.

La loi du 29 décembre 1882 fixa à 3.044.386.806 francs, en prévisions, le total général des dépenses ordinaires de l'exercice 1883, savoir :

Dette publique et dotations................	1.353.897.870 fr.
Services généraux des ministères..........	1.351.691.854
Frais de régie, de perception et d'exploitation	317.621.582
Remboursements et restitutions, non-valeurs et primes................................	21.155.500

Ce total était conforme aux propositions de la commission législative, dont M. Ribot avait été rapporteur. Il s'est trouvé naturellement dépassé en cours d'exercice, et parmi les crédits supplémentaires déjà votés figurent en première ligne ceux afférents à la coûteuse expédition, qui se poursuit au Tonkin sans but ni conditions législativement encore déterminés.

Au 21 février 1884, suivant le projet de loi déposé par M. le Ministre des finances sur le bureau de la Chambre des députés, l'ensemble des crédits additionnels nécessaires pour le budget ordinaire s'élevait à 101.533. 212 francs, déduction faite des annulations résultant des lois et des décrets de report. Les frais d'occupation de la Tunisie n'avaient pas été prévus au budget de 1883(1), et ont fait l'objet d'un crédit extraordinaire de 29 millions, alimenté par un prélèvement sur les excédents des exercices antérieurs, excédents, soit dit en passant, fort hypothétiques.

A l'insuffisance des prévisions de dépenses a malheureusement correspondu une moins-value notable des recettes. Les recouvrements effectués sur les impôts indirects ont été inférieurs de 68 millions 1/2 aux évaluations budgétaires. C'est là un fait des plus graves, et qui doit éveiller toute la sollicitude du législateur, bien qu'il s'atténue dans une certaine mesure si l'on considère qu'il peut être imputé pour partie au nouveau mode d'évaluation appliqué en 1883, dont j'ai parlé plus haut. « Le système des majorations n'a pas complètement réussi, a dit M. le Ministre des finances dans son exposé des motifs du budget de 1885, présenté le 28 février dernier à la Chambre des députés ; et ce n'est que par l'impossibilité absolue de reprendre l'ancienne méthode d'évaluations que nous avons dû, pour le budget de 1884, conserver en partie les majorations de 1883. »

La même loi du 29 décembre 1882 avait arrêté à 416.931.429 francs le budget des dépenses sur ressources spéciales (2).

(1) Le budget de 1883 avait encore beaucoup moins pu prévoir la loi révolutionnaire du 30 août sur l'organisation judiciaire qui, en même temps qu'elle grèvera le chapitre de la dette viagère de plus de 1.400.000 francs de pensions et indemnités aux 614 magistrats éliminés, entraînera une augmentation annuelle de 1.255.808 francs au budget de la justice pour élévation des traitements du nouveau personnel.

(2) La nomenclature des services inscrits au budget sur ressources spéciales a été remaniée en 1883. La loi des finances de l'exercice 1884 a reporté au budget ordinaire les sept services suivants ; frais de contrôle et de surveillance des chemins de fer en France et en Algérie (3.259.500 francs) ; frais de contrôle et de surveillance des tramways (25.728 francs ; frais de surveillance de sociétés et établissements divers dépendant des ministères de la guerre, du commerce, de l'agri-

Une loi du 30 du dit mois a ouvert aux trois ministères de la guerre, des travaux publics, et des postes et télégraphes des crédits montant ensemble à 529,541,033 francs (1) pour les dépenses extraordinaires de l'exercice 1883. Les ressources nécessaires pour faire face à ces dépenses ont dû être fournies, pour 331,400,000 francs par les reliquats de crédits des exercices antérieurs, et pour le surplus tant par les remboursements effectués et à effectuer par les compagnies de chemins de fer sur leur compte de garanties d'intérêts (84,985,529 francs) que par l'excédent du produit de la consolidation de la dette flottante sur les avances faites par elle aux budgets extraordinaires de 1881 et 1882 (19,653,040 francs), et enfin par une nouvelle imputation sur les ressources de la dite dette (2).

Du débat législatif, auquel a donné lieu l'examen du budget extraordinaire, je ne reproduirai que la déclaration faite à la tri-

culture et des travaux publics (59.900 francs) ; frais de rédaction et d'administration du Bulletin des communes (6.000 francs) ; service de l'assistance hospitalière en Algérie (1.189.502 francs) ; constitution de la propriété individuelle indigène en Algérie (350.000 francs) ; traitements d'agents du service postal et télégraphique détachés auprès de divers établissements (35,500 francs). Ce remaniement a eu lieu, nous apprend l'exposé des motifs du 3 mars 1883, pour faire droit aux critiques formulées par la Cour des comptes sur les opérations de l'année et de l'exercice 1878. A partir de 1881, et conformément aux principes posés par la loi du 2 juillet 1862, le budget sur ressources spéciales ne devra comprendre que les *dépenses pour ordre*, c'est à-dire les dépenses qui ne constituent pas en réalité une charge obligatoire et permanente pour l'État, et ne sont inscrites à son budget qu'en vue de satisfaire aux règles de la comptabilité.

(1) Ces 529.541.033 francs ont été répartis ainsi qu'il suit : Ministère de la guerre 81.400.000 francs. Ministère des travaux publics 440.391.093 francs. Ministère des Postes et télégraphes (lignes souterraines) 7.750.000 francs.

(2) L'imputation n'avait eu lieu qu'à titre provisoire et jusqu'à ce qu'une loi ultérieure eût déterminé les voies et moyens destinés à y pourvoir définitivement (L. 30 décembre 1882, art. 1). Les voies et moyens ont été créés par la loi du 30 janvier 1884, laquelle a autorisé un nouvel emprunt de 350 millions en rentes 3 p. 100 amortissables, affecté en même temps à la dotation du budget extraordinaire de 1884 jusqu'à concurrence de 257 millions. Le prix d'émission de cet emprunt, qui a eu lieu le 12 février et qui augmente les arrérages annuels de la dette publique de 13.706.743 francs, a été fixé à 76 fr. 60 centimes par 3 francs de rente, jouissance d'avril 1884. L'emprunt du 17 mars 1881 avait été émis à 83 fr. 85.

bune le 11 décembre 1882 par M. Tirard, ministre des finances.
Elle témoigne de la légèreté, de l'insouciance à l'égard des contribuables, avec lesquelles la majorité républicaine a procédé en
cette matière comme en tant d'autres.

Rappelant le rapport de M. Ribot sur la convention avec
l'Orléans, le ministre s'est exprimé ainsi :

« J'envisageais absolument la situation comme lui ; c'est dans
cet ordre d'idées que dès le 11 septembre dernier, j'écrivais à
mon collègue des travaux publics une lettre dans laquelle je
lui demandais quel était dans sa pensée le chiffre exact, auquel
devait s'élever la dépense pour l'exécution du programme de
M. de Freycinet.

« Il était resté dans mon esprit l'impression qu'au moment
où nous avions voté ce programme — vous vous rappelez, Mes-
sieurs, avec quel enthousiasme — il s'agissait de 4 milliards
1/2 au maximum.

« M. Léon Say, dans son discours, avait énoncé le chiffre de
8 milliards. L'écart m'avait inspiré une certaine inquiétude.

« Le 24 octobre, j'ai reçu de mon collègue une lettre que j'ai
communiquée à la commission du budget et dont voici la conclusion.... L'exécution complète de l'ensemble des grands travaux publics, conçu en 1879, augmenté des travaux complémentaires approuvés ou pris en considération depuis, entraîne
une dépense qu'en l'état présent d'avancement des études et au
taux actuel des salaires et des matériaux, j'estime en nombre
rond à 9 MILLIARDS 150 MILLIONS, 6 milliards 1/2 pour les chemins de fer, 2.650 millions pour la navigation.

« Sur ce total, il aura été dépensé 1.367 millions sur les fonds
du Trésor au 31 décembre prochain et d'autre part 400 millions
sur le milliard qui doit, en vertu des conventions existantes,
être fourni en avance par les grandes compagnies de chemins
de fer. Il nous restera donc à pourvoir à 6.783 millions environ
de dépenses à partir du 1er janvier 1883. »

Ainsi, en moins de quatre ans, les devis avaient été doublés,
la signature du trésor s'était trouvée engagée pour NEUF MIL-
LIARDS, au lieu de 4 milliards et demi, sans que ni gouvernement, ni mandataires du pays y eussent pour ainsi dire pris

gardo, sans que le ministro des finances, auquel la loi imposo cependant l'obligation étroito de « donner son avis sur tous projets pouvant avoir pour effet d'ajouter aux charges de l'Etat », en eût été officiellement informé, et, lorsque le titulaire de ce portefeuille, *concevant une certaine inquiétude*, s'est décidé à interroger enfin son collègue des travaux publics, celui-ci a eu besoin de six semaines pour pouvoir se renseigner ui-même et être en mesure de répondre.

Au 21 février 1884, le total des crédits ouverts ou demandés sur le budget extraordinaire de 1883 s'élevait à 628,578,108 (1). Cette augmentation de 100 millions se trouvait, il est vrai, compensée pour la majeure partie par des reports des exercices antérieurs. Il y avait toutefois des dépenses nouvelles engagées, telles par exemple que les chemins de fer du Sénégal.

L'article 6 de la loi du 20 décembre 1882 autorisait le Ministre des finances à consolider en rentes 3 p. 100 amortissables, jusqu'à concurrence de 1,200 millions, les fonds versés au Trésor en compte courant par la Caisse des dépôts et consignations, soit pour son compte, soit pour celui des différentes caisses, dont elle avait la gestion. L'extension primitivement proposée de la consolidation aux cautionnements en numéraire, ainsi qu'aux avances réglementaires des trésoriers généraux, avait été écartée.

De même, malgré le caractère purement financier de la convention avec la compagnie d'Orléans et les réserves expressément stipulées à cet égard, le Gouvernement et les Chambres s'étaient mis d'accord pour ajourner son examen, afin de ne pas préjuger la question du régime définitif des chemins de fer, et de lui permettre de se présenter entière et dans son ensemble devant les pouvoirs publics.

On sait que la question a été abordée, largement discutée, et finalement résolue dans le courant de 1883. Six lois ont, à la date du 20 novembre de ladite année, approuvé les conventions passées pour l'exécution du troisième réseau avec les compagnies de Paris à Lyon et à la Méditerranée, d'Orléans, du

(1) Ce total comprend des crédits afférents au Ministère de la marine et des colonies pour 19.704.572 francs, et à celui des Beaux-Arts pour 4.074.252 francs.

Nord, du Midi, de l'Est et de l'Ouest. Le caractère général et les conséquences financières de ces conventions peuvent se résumer ainsi :

Les compagnies se substituent à l'Etat pour l'ensemble des travaux. Sur les 12,000 kilomètres du plan Freycinet, elles en prennent 9,811 à leur charge, à construire dans des délais déterminés ne dépassant pas dix ans au maximum. Elles contribuent à la dépense sur le pied de 50.000 francs par kilomètre, ce qui représente 470 millions pour toutes les compagnies (1). Celles, que les comptes de garanties d'intérêts constituent débitrices, escomptent leur dette et la remboursent immédiatement en travaux. Pour le surplus de la dépense, les compagnies empruntent aux lieu et place de l'État, lequel se libérera des avances faites par des annuités, comprenant l'intérêt et l'amortissement, et payables jusqu'à l'expiration des concessions, c'est-à-dire en 74 ans. L'acquittement des annuités commencera seulement avec l'exercice 1885.

Il n'y aura plus qu'un seul réseau, et les insuffisances résultant de l'exploitation des lignes nouvelles resteront au compte des compagnies, au lieu de tomber à la charge de l'Etat. Enfin celui-ci entrera désormais dans le partage des bénéfices, supérieurs au dividende réservé, dont le chiffre est abaissé, pour les deux tiers au lieu de moitié.

Évaluant approximativement à 3 milliards la dépense totale de construction du nouveau réseau concédé, M. Rouvier, rapporteur, constatait à la tribune de la Chambre des députés, le 20 juillet dernier, que le tiers de cette dépense incomberait aux compagnies, et que leur concours de 1 milliard se traduirait pour le Trésor par une économie annuelle de 40 millions. L'économie se trouvera encore sensiblement accrue par la prise en charge, qu'ont acceptée les compagnies, des insuffisances de recettes, insuffisances estimées de 2,500 francs à 3,000 francs, par kilomètre du troisième réseau, soit au bout de dix ans lorsque les travaux de construction seront terminés, de 25 à 30 millions.

(1) La compagnie du Nord s'est rendue en outre acquéreur au prix de 90 millions de 161 kilomètres de lignes déjà construites et exploitées. Des échanges conclus avec la compagnie d'Orléans ont donné plus d'homogénéité au réseau de l'Etat.

Les conventions, indispensables pour assurer désormais l'exécution sans trop de dommage pour le crédit public du plan gigantesque et ruineux de 1870 (1), n'ont pas eu d'effet direct sur l'exercice 1883. Si je les ai mentionnées avec quelques détails, c'est que la question a été soulevée à l'occasion du budget de cet exercice, qu'elle a tenu la plus large place dans sa discussion, et qu'en définitive la loi du 20 novembre n'a fait qu'heureusement consacrer l'un des articles du programme financier de M. Léon Say, formulé dans l'exposé des motifs du 2 mars : *pas de rachat des chemins de fer.*

Un autre article du même programme, *la conversion,* a eu un sort différent.

M. Léon Say considérait que la gravité de la situation financière commandait d'ajourner cette opération. Il avait en outre rappelé que des engagements formels des pouvoirs publics lui donnaient pour corollaire obligé des dégrèvements d'impôts en faveur de l'agriculture.

La loi du 27 avril 1883 a ordonné la conversion en rentes 4 1/2 p. 100 des rentes 5 p. 100 inscrites au grand livre de la dette publique. Cette conversion a eu lieu, jouissance pour les nouvelles rentes du 16 août 1883. Mais les 33,933,299 francs d'économie annuelle, qu'elle a procurés au Trésor, ont été appliqués à combler, jusqu'à due concurrence, le déficit du budget ordinaire, et l'agriculture continue à attendre et malheureusement attendra longtemps encore l'allégement solennellement promis des charges fiscales, sous la charge desquelles elle ploie et succombe (2).

(1) « J'ai la conviction absolue que, probablement en 1884 et en 1835 certainement, si les combinaisons financières n'étaient pas intervenues, les travaux étaient très menacés. » Chambre des députés, séance du 29 juillet 1883. Discours de M. Raynal, ministre des travaux publics.

(2) La détresse de l'agriculture se confirme et s'accentue chaque jour davantage. La question, posée par M. le Comte de Saint-Vallier à M. le Ministre de l'agriculture dans la séance du 29 février 1884, a déroulé devant le Sénat l'un des coins de ce lamentable tableau. Suivant l'honorable sénateur de l'Aisne, dans un seul arrondissement, celui de Laon, et dans la partie la plus fertile de cet arrondissement, 7,080 hectares de terres labourables seraient actuellement délaissés et ne trouveraient pas preneur même pour le montant de l'impôt.

APPENDICE

—

I

Créations et augmentations d'impôts de 1871 à 1876

Contributions directes, centimes additionnels sur les patentes (L. 24 juillet 1873) ; 3 centimes 8/10 sur les patentes en compensation des droits de timbre (L. 23 juillet 1872) ; rehaussement du tarif des patentes. (L. 29 mars 1872).

Taxes spéciales assimilées aux contributions directes. Taxes sur les voitures et les chevaux ; sur los billards ; sur les cercles (L. 16 septembre 1871 et 23 juillet 1872). Élévation de la taxe sur les biens de main-morte (L. 30 mars 1872). Modification au tarif des poids et mesures (D. 26 février 1873).

Impôt de 3 p. 100 sur le revenu des valeurs mobilières françaises et étrangères (L. 29 juin 1872 et 21 juin 1875).

Enregistrement. Second décime sur les droits d'enregistrement ; dispositions relatives aux valeurs mobilières étrangères et actes d'ouvertures de crédit ; taxes sur les assurances ; enregistrement des locations verbales et mesures répressives (L. 23 août 1871). Élévation du droit de transmission sur les obligations et actions des sociétés, sur les obligations des départements, des communes et du Crédit foncier (L. 16 septembre 1871, 30 mars et 29 juin 1872). Etablissement du droit fixe gradué ; élévation des droits fixes proprement dits ; droit proportionnel sur les ordres et distributions amiables et sur les ventes de navires ; droit proportionnel sur les ventes de fonds de commerce ; augmentation du droit proportionnel sur les lettres de change (L. 28 février 1872). Élévation du droit de transmission des titres au porteur et droit sur les valeurs étrangères (L. 30 mars 1872 et 29 juin 1872). Demi-décime sur les droits d'enregistrement (L. 30 décembre 1873). Augmentation du droit fixe sur les actes extra-judiciaires (L. 19 février 1874). Droit de transcription des donations contenant partage ; capitalisation par 25 du revenu des immeubles ruraux ; élévation du tarif des échanges d'immeubles et des droits sur les meubles dépendant des successions ; droit de mutation par décès des capitaux assurés (L. 21 juin 1875). Droit de mise au rôle des greffes des justices de paix. (L. 16 novembre 1875).

Timbre. Double décime sur le timbre y compris les avertissements des greffes de justice de paix (L. 23 août 1871). Élévation du droit de timbre des récépissés d'expéditions faites par tous modes de transports (L. 23 août 1871 et 30 mars 1872). Droit de timbre sur les permis de chasse (L. 23 août 1871, abrogée le 20 décembre 1872). Droit de timbre des effets de commerce ; droit de timbre des quittances, acquits et factures et sur les chèques (L. 23 août 1871). Droit de timbre des connaissements (L. 30 mars 1872). Augmentation du droit de timbre proportionnel des effets de commerce ; droit de timbre sur les chèques de place à place et mesures répressives (L. 19 février 1874). Décimes sur le timbre des permis de chasse (L. 2 juin 1875).

Douanes. — Surtaxes des cafés, thés, cacaos et poivres (L. 8 juillet 1871, 22 et 30 janvier 1872). Cinq dixièmes sur les sucres coloniaux et étrangers (L. 8 juillet 1871 et 22 janvier 1872). Droit de statistique (L. 22 janvier 1872). Droit de quai (L. 30 janvier 1872). Tarifs spécifiques sur les matières premières (L. 26 juillet 1872 abrogée L. 25 juillet 1873). Demi-décime sur les sucres de toutes origines, augmentation du droit d'importation sur les huiles minérales, demi-décime sur les droits de douane (L. 30 décembre 1873). Taxes sur les viandes salées (L. 21 mars 1874). Répression de la fraude ; deux décimes et demi sur les sels de douanes (L. 2 juin 1875).

Contributions indirectes. Élévation du droit de circulation des vins (L. 1er septembre 1871) ; du droit de consommation des alcools et mesures répressives (L. 1er septembre 1871, 28 février, 26 mars et 2 août 1872) ; du droit de fabrication des bières (L. 1er septembre 1871). Cinq dixièmes sur les sucres indigènes (L. 8 juillet 1871 et 21 janvier 1872). Licences, cartes à jouer et garantie des matières d'or et d'argent (L. 1er septembre 1871 et 30 mars 1872). Poudres à feu (L. 4 septembre 1871 abrogée, L. 25 juillet 1873). Chicorées et similaires (L. 4 septembre 1871 et 21 juin 1873). Papiers (L. 4 septembre 1871). Huiles minérales (L. 16 septembre 1871). Allumettes (L. 4

septembre 1871, 22 janvier 1872 et 28 janvier 1875). Tabacs,
L. 4 septembre 1871 et 29 février 1872). Dixième des chemins
de fer et des voitures publiques (L. 16 septembre 1871). Demi-
décime sur les droits des contributions indirectes et sur les sucres indigènes (L. 30 décembre 1873). Augmentation du droit
d'expédition des boissons, du droit d'entrée. Droit sur les huiles non minérales, sur les savons, sur les stéarines, et les
bougies (L. 30 décembre 1873). Impôt de 5 p. % sur la petite
vitesse ; réduction de la tolérance des bouilleurs de cru (L. 21
mars 1874). Entrepôts de Paris (L. 16 février 1875). Intérêts
de retard des obligations souscrites et droit sur les manquants
(L. 15 février et 4 mars 1875). Monopole de la dynamite (L. 4
mars 1875). Deux décimes et demi sur les sels, sur les poudres
de chasse et de guerre, et sur les voitures publiques (L. 2 juin
1873). Révision des taxes uniques et extension du régime de
ces taxes (L. 9 juin 1875).

Postes. Taxes postales (L. 24 août 1871). Envois d'argent,
augmentation de 1 à 2 p. % (L. 24 août 1871 abrogée, L. 20
décembre 1872). Transformation des distributions de postes en
bureaux (L. 29 décembre 1873). Télégraphie privée (L. 29
mars 1872).

Le produit des impôts nouveaux et des augmentations d'impôts déjà existants a été prévu au budget de 1877 pour
740,145,799 francs dont 25 % à porter, suivant M. Mathieu
Bodet, au compte des taxes directes sur le revenu ou sur le
capital. A propos de ces mêmes impôts l'un des prédécesseurs
de M. Mathieu Bodet au ministère des finances, M. Magne,
s'exprimait ainsi : « Il ne viendra à l'esprit de personne, disait-
il le 5 mai 1874 à la tribune de l'Assemblée nationale, de soutenir que la propriété foncière n'a pas voulu payer et très largement payer son contingent dans les charges nouvelles que la
guerre nous a imposées. Sur les 600 millions que vous avez déjà
votés, si l'on fait bien le compte, on reconnaît que la propriété,
directement ou par ses produits, a supporté environ les deux
tiers des charges nouvelles. »

II

Dégrèvements votés de 1876 à 1880

Loi du 20 décembre 1876. — Suppression de la surtaxe de 2 décimes et demi sur les sels (7.198.000 fr.).

Loi du 21 mars 1878. — Réforme postale et réforme télégraphique (19.000.000 fr.).

Loi du 26 mars 1878. — Suppression de l'impôt sur les savons (6.156.000 fr.). Suppression du droit sur la petite vitesse (22.219.000 fr.).

Loi du 13 juin 1878. — Réduction du droit de timbre sur les billets de la Banque de France (1.000.000 fr.).

Loi du 22 décembre 1878. — Réduction du droit proportionnel des effets de commerce (18.000.000 fr.). Suppression des droits sur la chicorée (5.339.000 fr.). Modification de l'impôt sur les huiles (2.000.000 fr.).

Loi du 18 mars 1879. — Suppression du droit de timbre sur les mandats de poste (1.000.000 fr.).

Loi du 18 juillet 1879. — Suppression de la taxe sur les voitures publiques (1.047.000 fr.).

Loi du 30 juillet 1879. — Réduction de 43 à 20 du nombre des centimes extraordinaires sur la contribution des patentes (18.201.050 fr.). Modification du droit fixe de certaines classes de patentables, et abaissement du droit proportionnel pour d'autres (6.710.038 fr.).

Loi du 22 décembre 1879. — Modification de la contribution sur les voitures et les chevaux (2.100.000 fr.).

Loi du 19 février 1880. — Suppression des droits de navigation intérieure (3.000.000 fr.).

Loi du 18 mars 1880. — Suppression du droit sur les inscriptions prises dans les facultés de l'Etat (1.126.715 fr.).

Loi du 15 juillet 1880. — Revision de la législation sur les patentes (6.494.000 fr.)

Loi du 19 juillet 1880. — Dégrèvement sur les sucres (82.318.463 fr.). Dégrèvement sur les vins (71.000.000 fr.).

BUDGETS D'AUTREFOIS
BUDGETS D'AUJOURD'HUI

Publié en Septembre 1885

BUDGETS D'AUTREFOIS
BUDGETS D'AUJOURD'HUI

Le *Journal officiel* du 9 août promulgue la loi de finances de l'exercice 1886. C'est le dernier acte de la Chambre qui, dans quelques semaines, va comparaître devant les électeurs et leur rendre ses comptes, comptes lourds à rendre pour la majorité, car, de mémoire parlementaire, aucune n'en a agi avec autant de désinvolture que celle de la législature 1881-1885 à l'égard de l'opinion comme à l'égard du pays.

Dès le début, ses tendances jacobines se sont du reste affirmées en matière de finances, pour ne point varier. De parti pris, elle n'a jamais voté le budget, de l'élaboration duquel elle a constamment écarté tous les membres de la minorité, qu'à une époque de l'année où les droits de contrôle, que la constitution a attribués au Sénat, se trouvaient annihilés en fait. L'hiver dernier, on s'en souvient, ses procédés dilatoires ont été poussés à ce point que le temps matériel a fait défaut pour la promulgation de la loi de finances, et qu'on en a été réduit, pour ne pas arrêter dans sa marche toute la machine gouvernementale, à recourir à l'expédient, que les nécessités militaires du commencement du siècle avaient imposé au Consulat, sans que la comptabilité française l'ait vu se reproduire depuis : le vote en bloc, pour le premier trimestre, de crédits mis à la disposition arbitraire du gouvernement.

Cette année, l'expiration de son mandat interdisait à la Chambre de pareils agissements. La majorité n'a pas moins tout mis en œuvre pour empêcher la lumière de se faire sur sa gestion financière. Elle a inscrit à son ordre du jour, examiné et voté les budgets particuliers des dépenses des ministères avant que le rapport général sur le budget ait été même déposé, de telle sorte que, quand, à la suite d'un véritable steeple-chase de millions et de milliards couru en moins de cinq séances, la discussion s'est enfin ouverte sur ce rapport, on a pu dire avec raison qu'elle ne présentait plus qu'un intérêt rétrospectif et sans sanction pratique.

M. Thiers et l'Assemblée nationale, d'accord avec lui, avaient voulu que le budget renfermât dans un cadre unique les charges de toute nature, afin que, de même que le législateur, le public pût embrasser d'un seul coup d'œil les ressources et les charges du Trésor.

Un député, dont la compétence financière est hautement appréciée, comme les opinions républicaines sont universellement connues, M. Henri Germain, déclarait, il y a quelques jours, du haut de la tribune que, grâce au mode de comptabilité inauguré depuis 1870, le budget était devenu « inabordable à tous et incompréhensible ».

Cette déclaration de l'honorable député de l'Ain me servira, je l'espère, d'excuse auprès du lecteur, s'il ne trouve pas tous les éclaircissements qu'il pourrait souhaiter dans l'exposé succinct de l'état des finances républicaines, que je me propose de lui présenter aujourd'hui.

Pour l'intelligence plus complète du sujet, j'ai pensé qu'il convenait de faire précéder cet exposé de quelques indications rapides sur la gestion financière des régimes antérieurs à celui qui est aujourd'hui le nôtre.

I

BUDGETS D'AUTREFOIS

Lorsqu'un comptable rend ses comptes, c'est exclusivement sur les faits de sa gestion que la loi l'appelle à s'expliquer et, s'il est besoin, à se justifier. Il n'a pas à répondre des actes de ses prédécesseurs, comme il ne peut pas non plus invoquer à titre d'excuse des erreurs ou des dilapidations relevées dans ses propres écritures, celles que les mêmes prédécesseurs auraient antérieurement commises.

La majorité républicaine entend se soustraire à l'application de ce principe de droit. On lui demande ce qu'elle a fait de l'argent et du crédit de la France depuis qu'on lui a confié, ou plutôt depuis qu'elle a pris la clef de la caisse. Elle refuse de présenter son bilan, et prétend se rejeter sur la manière dont les gouvernements précédents auraient administré nos finances. « Ce n'est pas un bon argument, remarquait M. Wilson le 11 juillet dernier, que de dire à un contradicteur : Nous vous imitons ; vous avez mal fait, nous le confessons, mais nous nous appuyons sur ce que vous avez fait dans le passé, afin de nous justifier dans le présent. »

Mais d'ailleurs, l'argument porte-t-il ? La gestion financière de la monarchie de Juillet, du second Empire, de l'Assemblée nationale de 1871, mérite-t-elle les reproches qu'on se plaît à lui adresser, les critiques qu'on formule contre elle ?

Les chiffres sont là pour donner un complet démenti.

En 1847, dernière année de la monarchie de Juillet, le budget s'éleva à 1.620 millions. Ce total, représentant une charge de 46 francs par tête, comprenait les dépenses de l'État tant ordinaires qu'extraordinaires, ainsi que l'amortissement, les dépenses des départements et les dépenses des communes, celles-ci pour la part qui figure annuellement dans la loi de finances. Les contributions directes produisaient en fonds généraux 292 millions, en fonds spéciaux 131 millions. La dette flottante était, au 1er janvier 1848, de 630 millions ; les capitaux remboursables à divers titres atteignaient à peine 42 millions. La monarchie de Juillet n'avait accru la dette consolidée que de 2.000.000 francs en moyenne par an, et cependant la France lui devait l'organisation de l'instruction primaire, la création et le développement du réseau des chemins vicinaux, les premières grandes lignes de chemins de fer, dont 4,034 kilomètres se trouvaient concédés au moment où éclata la révolution du 24 Février.

1869 est le dernier exercice normal du second Empire. Le montant total des dépenses de cet exercice, générales, départementales et communales, fut de 2.225 millions, soit une charge

de 58 francs par tête. La part du budget ordinaire de l'Etat,
y compris celui de l'amortissement doté de revenus propres et
effectifs, se chiffrait par 1.700 millions. Les contributions directes produisaient en fonds généraux 332 millions, en fonds
spéciaux, 243 millions. La dette flottante était, au 1er janvier
1870, de 794 millions. Le chapitre des capitaux remboursables
à divers titres nécessitait un crédit de 77 millions. L'empire
avait accru la dette consolidée de 7 millions et demi par an en
moyenne ; mais, sans parler de l'impulsion donnée à l'instruction, de l'extension des voies vicinales de communication dont
le budget se trouvait presque doublé, il avait doté le pays d'un
réseau de chemins de fer qui comprenait 23,400 kilomètres
d'intérêt général, dont 17,000 livrés à l'exploitation et 1,941 kilomètres d'intérêt local. 7 milliards et demi avaient été consacrés, tant par l'Etat, que par les compagnies pour la grosse
part, à cette œuvre féconde qui se développait depuis 1852 à
raison de 833 kilomètres par an en moyenne. Le mouvement
du commerce extérieur était passé de 2.246 millions en 1852 à
6.228 millions en 1869, et les exportations avaient, dans la
dernière période quinquennale, présenté au bénéfice des producteurs français un excédent annuel de 100 millions. Le prix
moyen de l'hectolitre de blé était en 1869 de 20 fr.31, celui du
demi-kilogr. de pain de 0 fr. 16 c.

En 1876, grâce à l'habile gestion de l'Assemblée nationale,
aux sacrifices vaillamment consentis par les contribuables, on
pouvait considérer comme terminée la liquidation des désastres de 1870-1871, désastres dont, suivant la déclaration de
M. Thiers, le 20 juin 1871, à l'Assemblée nationale, la responsabilité incombait par égale portion à l'empire qui avait déclaré la
guerre, au gouvernement de la Défense nationale qui l'avait
prolongée outre mesure et poussée aux extrémités par passion
de parti. On pouvait en même temps prévoir l'époque prochaine
où des excédents certains de recettes permettraient le dégrèvement graduel des 700 millions d'impôts nouveaux, dont le
patriotisme du pays avait assumé la charge, mais à titre expressément temporaire. Le budget de 1876 s'éleva en dépenses
de toutes natures, tant générales que locales, à 3.091 millions,
soit 83 fr. 75 par tête. Il présenta en clôture un excédent de re-

cettes de 98 millions. Le total de la dette flottante au 1er janvier 1877 était d'un milliard. Le chapitre des capitaux remboursables à divers titres atteignait 284 millions, sur lesquels 155 étaient affectés au remboursement du prêt fait par la Banque de France. Le mouvement du commerce extérieur se chiffra, en 1876, par 7,584 millions. Les exportations dépassèrent, comme avant 1870, de 100 millions les importations dans la période quinquennale 1872-1876 ; de 1871 à 1876, 6,307 kilomètres de chemins de fer avaient été livrés à l'exploitation. L'hectolitre de blé fut, en 1876, coté au prix moyen de 20 fr. 59 et le demi-kilogr. de pain à 0 fr. 10 c.

En 1876, le budget était en équilibre. Les recettes normales de l'Etat montaient à 2.775 millions. Jusqu'en 1882, elles ont continué à croître dans de notables proportions, et cependant 350 millions avaient été votés par la majorité en dégrèvements électoraux à l'époque du renouvellement parlementaire, d'où est sortie la Chambre actuelle.

Le pays a été assez laborieux, assez économe, assez énergique comme le constatait dernièrement M. Henri Germain (séance du 10 juillet 1885), ses ressources financières avaient été assez sagement ménagées par les gouvernements précédents, pour qu'au lendemain de la guerre, et après une augmentation de 700 millions d'impôts, il ait pu présenter le spectacle unique d'une seconde augmentation sans impôts nouveaux, de 100 millions par an pendant sept ans.

En présence d'un pareil et si louable effort, il avait assurément droit à de bonnes finances. Il ne les a pas eues. Fascinées par le mirage des millions, les Chambres républicaines se sont lancées à corps perdu dans des entreprises aussi coûteuses que stériles et criminelles. Le budget des dépenses a présenté en pleine paix, malgré la progression des recettes, un déficit annuel de 600 millions.

A ce train-là, c'est en dix ans un déficit de 6 milliards, et il y en a déjà quatre de consommés.

Si les électeurs ne se décident à y mettre ordre, le crédit et les finances de la France touchent à une prochaine et irréparable ruine.

BUDGETS D'AUJOURD'HUI

En 1876, le budget était en équilibre. Sans recourir sous aucune forme à l'emprunt, il pourvoyait plus que suffisamment à toutes les dépenses ordinaires et extraordinaires de l'État, et appliquait 155 millions à un amortissement effectif. L'invasion et la guerre civile avaient accru les charges annuelles de 508 millions ; mais les impôts nouveaux, créés pour y faire face, produisaient 700 millions. Il y eût, en fin d'exercice, un excédent de recettes de 98 millions.

L'exercice 1877 se solda dans les mêmes conditions favorables que celui de 1876.

A partir de 1878, l'équilibre a été brusquement rompu. La prise de possession du pouvoir par les républicains a ouvert l'ère des déficits.

En dix ans, les dépenses ont progressé de 1.100 millions. Depuis 1881, elles dépassent annuellement de 600 millions les recettes normales, bien que celles-ci aient donné, sur la période antérieure, une plus-value de 500 millions, qui eût dû suffire amplement à toutes les améliorations, à toutes les entreprises utiles.

De 1879 à 1885, en sept ans, l'excédent total des dépenses sur les recettes a été de 4.561 millions. Le Trésor a dû les demander à l'emprunt jusqu'à concurrence de 3.106 millions, et imputer le surplus sur les ressources de la dette flottante.

Le budget de 1886 présentera le même déficit de 600 millions que les précédents. Il apparaît réglé en équilibre sur le papier, mais ce n'est qu'à l'aide d'un artifice de comptabilité, qui rejette à la charge de l'emprunt un certain nombre de dépenses ordinaires, à l'aide d'atténuations fictives qui disparaîtront en cours d'exercice devant la nécessité de crédits supplémentaires.

Comment s'est produit l'excédent de 1,100 millions de dépenses, dont 800 millions au moins incombent au budget ordinaire ? Une rapide comparaison des budgets de 1876 et de 1880, tels que les ont fixés les lois de finances des 3 août 1875 et 8 août 1885, le fera connaître.

Il y a d'abord la *dette publique*, les *dotations et dépenses des pouvoirs législatifs*. Elles étaient prévues au budget de 1876 pour 1.182 ou plutôt 1.148 millions, si l'on tient compte, comme on le doit pour l'exactitude de la comparaison, des 34 millions d'économies, qu'a procurées la conversion de 1883 au détriment des porteurs de 5 p. 100. Elles sont prévues au budget de 1886 pour 1.357 millions, et les prévisions sont sciemment incomplètes. Ainsi, on ne demande que 32 millions pour les intérêts de la dette flottante, qui atteignait 1.430 millions au 31 mai dernier, qui sera de 2 milliards en 1886.

Les républicains font sonner bien haut qu'ils ont tenu fermé le Grand Livre de la dette publique. Ils omettent de parler des rentes amortissables, émises déjà pour un capital nominal de 4.070 millions, ainsi que de cette série de petits livres qu'ils ont ouverts au compte de caisses spéciales, sous le nom desquelles ils empruntent continuellement à 5 p. 100, tandis que directement l'État trouverait de l'argent à 3 1/2 et même 3 1/4 p. 100. Le Trésor était, au 1er janvier 1884, chargé, du fait de la gestion postérieure à 1879, de 8 milliards 313 millions, qui grèveront les générations futures jusqu'en 1954 de lourdes annuités. Ces annuités sont encore destinées à s'accroître et à brève échéance. Pour les seuls chemins de fer, elles ne sont actuellement que de 18 millions ; dans 6 à 7 ans, elles atteindront de 85 à 90 millions.

Les républicains prétendent qu'ils amortissent. Est-ce sérieusement amortir que de rembourser 150 millions d'une main, et d'en emprunter, la même année, 7 à 800 de l'autre, comme on l'a fait dans les derniers exercices, comme on le fera en 1886 ?

Il y a ensuite les *services généraux des ministères*.

Ils étaient, avec les frais de régie et de perception des impôts, prévus, en 1876, à 1.360.421.618 francs. Ils sont prévus pour 1886 à 2.170.448.589 francs.

Les services civils prélevaient, en 1876, 694.250.007 francs ; ils prélèveront 1.284.620.089 francs en 1886.

Les deux totaux de 2.170 millions et de 1.284 millions comprennent l'ensemble des travaux extraordinaires à exécuter en 1886 et notamment les 268 millions que les compagnies, agissant au compte et sous la garantie de l'État, conformément aux conventions, appliqueront pendant le dit exercice aux travaux du 3ᵉ réseau. Mal conçus, trop hâtivement exécutés dans des conditions de cherté qui ne répondent ni au but à atteindre, ni au revenu à espérer, — le réseau en cours ne desservira que 230 habitants par kilomètre, tandis que les anciens réseaux en desservent 790, — ces travaux ont en outre le tort grave d'avoir organisé sur l'ensemble du territoire de véritables ateliers nationaux, qui enlèvent les bras et les capitaux à l'agriculture comme au commerce et à l'industrie, sans que la moyenne annuelle des kilomètres livrés depuis 1879 à l'exploitation ait pu dépasser celle de 1852 à 1870. Le budget ordinaire, c'est-à-dire l'impôt, ne pourvoira à l'exécution des travaux extraordinaires, en 1886, que pour la somme minime de 14 millions, tandis qu'en 1870 138 millions de ce même budget se trouvaient affectés aux dits travaux.

Tous les autres services civils ont pris plus ou moins leur part de l'exorbitant accroissement constaté depuis 1870 dans les crédits du budget ordinaire. Il n'y a d'exception que pour les cultes, dont l'aveugle haine de nos gouvernants a systématiquement rogné la dotation, au grand détriment à la fois des déshérités de la fortune à l'intérieur, au dehors, de l'influence du nom français. Par contre, le budget ordinaire de l'instruction publique a passé de 38 millions et demi à 132, et la commission des finances n'hésite pas à indiquer, comme but à atteindre avant dix ans, l'élévation de ce total à 250 millions. Jusqu'à présent cependant, en ce qui concerne l'enseignement primaire, les résultats ont été loin de répondre aux sacrifices imposés aux contribuables. Les palais scolaires, édifiés à grands frais sur fonds d'emprunt, sont trop grands pour les maîtres, dont la situation matérielle n'a point été améliorée ; pour les élèves, dont le nombre ne s'est pas sensiblement accru depuis la mise en vigueur de la loi du 28 mars 1882.

En 1870, l'armée et la marine coûtaient 666 millions. En 1886, sans parler des deux milliards dépensés pour notre reconstitution militaire, soit le double des prévisions de M. Thiers, elles coûteront 885 millions, et ce total, supérieur à celui inscrit au budget des autres grandes puissances continentales sera nécessairement dépassé. Le Tonkin, pour lequel 250 millions de crédits ont été déjà votés en 1885, et qui malgré la paix, exige, au dire de M. Clémenceau, 35,000 hommes de troupes et en immobilise 100,000, ne figure, en effet, que pour *mémoire* au budget de 1886, et il en est de même de Madagascar, du Cambodge, d'Obock et du Congo. La politique coloniale pratiquée par les républicains revient déjà à 775 millions (soit une annuité de 38 millions) que l'on peut considérer comme placés à fonds perdus, et combien faudra-t-il encore de placements de ce genre pour nous assurer définitivement des possessions absolument inutiles au développement de notre commerce ?

Il convient, en outre, de ne pas oublier les charges budgétaires qu'entraînera fatalement la nouvelle loi sur le recrutement, que vient de voter la Chambre sans tenir compte du contre-projet de MM. Reille et Lanjuinais, lequel, conservant les deux portions du contingent et réduisant la présence sous les drapeaux à dix-huit mois, aurait donné des économies importantes, en même temps qu'allégé, pour nos populations agricoles et industrielles, le poids si lourd du service obligatoire.

Un déficit de 600 millions, se reproduisant annuellement depuis quatre ans, est un fait trop grave et trop anormal pour ne pas appeler une réforme. Il faudra dès l'an prochain un emprunt d'un milliard et demi pour liquider la situation ; il faudra, en 1887 au plus tard, 200 millions d'impôts nouveaux. La déclaration, faite à ce sujet au mois de novembre dernier par M. Jules Ferry à la commission du budget, et qu'il a vainement essayé de rétracter, trouve dans l'exposé des motifs du budget de 1886 sa confirmation.

Si aux 3,600 millions du budget de l'État, on ajoute le montant des budgets locaux ainsi que d'inévitables crédits supplémentaires, on arrive, pour 1886, à 4,200 millions, soit le double de la totalité du revenu foncier annuel de la France. C'est par tête, en comptant depuis l'enfant qui vient de naître jusqu'au vieillard qui va mourir, une charge de 115 francs.

Écrasé sous le poids d'un tel impôt, comment le producteur

français pourrait-il soutenir la concurrence du producteur mieux
traité des pays étrangers ? Toutes les branches de l'industrie
nationale languissent et périclitent. Depuis 1879, la fortune immobilière rurale a baissé de 25 à 30, 40 même %. La plupart
des usines chôment ou réduisent le salaire des ouvriers qu'elles n'ont pas encore congédiés. Le portefeuille de la Banque et
des établissements de crédit témoigne de la stagnation des
affaires. Dans la dernière période quinquennale, les importations ont excédé les exportations de 1,328 millions par an en
moyenne. D'août 1884 à août 1885, notre marché intérieur
a reçu 10,333,059 quintaux de céréales contre 85,713 qu'il a
exportés. Le prix de l'hectolitre de blé est descendu à 16 francs,
et celui du demi-kilog. de pain n'en reste pas moins à 0 fr. 15 c.

Les indications qui précèdent sont tirées de documents officiels, qui défient la contradiction. Le gouvernement a toutefois eu garde de les grouper ainsi que nous venons de le faire,
et d'exposer au pays la situation telle qu'elle est ; car celui-ci,
dûment éclairé, se fût depuis longtemps refusé à le suivre.
D'accord avec la majorité, il a institué un système de comptabilité fictive, grâce auquel, avec un déficit reconnu de 600 millions, il arrive néanmoins à aligner le budget et à le doter
même d'un amortissement *sérieusement établi sur le papier*.

Le procédé est simple du reste : il consiste à distraire du service ordinaire les dépenses qui gênent l'équilibre, pour les imputer au compte de caisses spéciales exclusivement alimentées
par l'emprunt. Ces caisses remplacent avantageusement le
budget extraordinaire, dont le nom et le caractère apparaissaient trop aux regards. Il y en a déjà actuellement six :
la caisse des chemins de fer français, la caisse des chemins
de fer algériens, ensemble 300 millions par an ; la caisse des
garanties d'intérêts de ces deux catégories de chemins qui
exigera, en 1886, 63 millions, sans compter les surprises que
réservent en clôture les moins-values de l'exercice ; la caisse
des chambres de commerce auxquelles on emprunte, en 1886,
22 millions et demi ; la caisse des chemins vicinaux, dont la
dotation atteignait 743 millions au 31 décembre 1884 ; la
caisse des écoles, collèges et lycées qui, à la même date,

avait déjà absorbé 545 millions, qui en réclame 600 de plus (1), en attendant la création d'une septième caisse, celle du Tonkin et de Madagascar.

Aujourd'hui, les rouages financiers se trouvent intentionnelment compliqués à ce point que M. Henri Germain a pu dire, le 10 juillet : « Lorsqu'on veut maintenant connaître le budget, il faut le chercher hors du budget. » Le même député appréciait « la comptabilité particulière au gouvernement » en ces termes sévères : « Je ne me permettrai pas de la recommander aux commerçants, parce que, s'ils l'appliquaient, il y a des tribunaux réactionnaires qui seraient dans le cas de leur appliquer la loi pénale. »

Systématiquement exclue pendant toute la durée de la présente législature de la commission du budget, la minorité conservatrice n'en a pas moins travaillé sans relâche à faire la lumière sur tous ces faits. L'an dernier, elle déposait, mais sans succès, une proposition, signée de 84 de ses membres, réclamant la réforme de la comptabilité publique et concluant à la possibilité de 317 millions d'économies immédiates.

Le 11 juin 1885, au nom des mêmes signataires, M. d'Aillières a demandé la nomination d'une commission parlementaire, chargée d'établir le déficit réel des derniers exercices, ainsi que le montant des dettes et engagements de toute nature contractés par l'État.

La majorité n'a trouvé d'autre réponse à faire à cette demande que la question préalable.

Elle n'a pas osé aborder une discussion, qui eût été la condamnation certaine de sa gestion financière.

---

(1) Une loi du 22 juillet 1885 vient de régler l'apurement des opérations de la caisse des chemins vicinaux et de la caisse des lycées et écoles au 31 décembre 1884. A cette date, les engagements pris par l'Etat s'élevaient à 1,288 millions, 871 millions sont déjà versés. Il restait à pourvoir à 416 millions, dont 96 millions sont gagés; le payement du surplus sera assuré par l'émission de 319 millions d'obligations à court terme. La loi du 22 juillet n'a réglé que le passé. Une autre loi du 22 juin 1885 pourvoit à l'avenir par l'établissement d'annuités, qui s'élèveront graduellement jusqu'à 16 millions, et serviront à couvrir les dépenses nouvelles, dès à présent prévues pour l'instruction publique à 600 millions.

I

Tableau comparatif des budgets des dépenses de 1876 et de 1886

D'APRÈS LES LOIS DE FINANCES DES 3 AOUT 1875 ET 8 AOUT 1885

	1876 fr.	1886 fr.
Dette publique, dotations et dépenses des pouvoirs législatifs	1.181.942.281	1.357.209.974 (1)
Services généraux des ministères (2) :		
Finances	186.984.135	203.976.473
Justice	33.939.190	38.102.800
Affaires étrangères	11.255.500	14.163.000
Intérieur, y compris la subvention aux chemins vicinaux	60.158.968	74.307.309
Algérie (gouvernement civil)	5.350.555	7.542.940
Postes et télégraphes	88.099.903	136.236.115
Instruction publique	38.415.415	131.993.455
Beaux-arts	14.741.874	13.815.053
Cultes	53.194.995	46.348.703
Commerce	7.644.329	20.753.582
Agriculture	27.356.851	39.820.673
Travaux publics : budgets ordinaire et extraordinaire	167.111.372	557.497.934 (3)

(1) Pour l'exactitude de la comparaison, il faut tenir compte des 34 millions d'économies annuelles réalisées depuis 1883 par la conversion du 5 p. 100. — Le total des engagements contractés par le Trésor depuis 1879 était, au 1er janvier 1884, de 8,313 millions, dont 4,070 millions d'amortissable ; il sera en 1886 de 9 milliards.— Pensions civiles, 1876 : 35 millions, 1886 : 60.850,000 fr. y compris les traitements de réforme des magistrats dépossédés en 1883. Pensions allouées par la loi du 30 juillet 1881 aux soi-disant victimes du 2 décembre : huit millions.

(2) L'ensemble des traitements civils s'élevait en 1876 à 286 millions ; il atteint 397 millions et demi pour 1886.

(3) Ce total se décompose ainsi : Budget ordinaire, 113 millions 893,867 francs ; budget extraordinaire, 90,138,400 francs ; Caisse des garanties d'intérêts aux chemins de fer français et algériens, 63 millions de francs ; avances des chambres de commerce pour les ports maritimes, 22.466,667 francs ; budget spécial des conventions de chemins de fer, 268 millions de francs. Les 457 millions de travaux extraordinaires, prévus pour 1886, seront, à 14 millions près, exclusivement acquittés par l'emprunt, tandis que les 132 millions de travaux extraordinaires de 1876 ont été soldés à l'aide des seules ressources ordinaires.

	fr.	fr.
Guerre, services ordinaire et extraordinaire...............	500.038.115	648.128.238 (1)
Marine	136.108.421	200.392.937
Colonies....................	39.019.015	37.294.325
Remboursements et restitutions, non-valeurs et primes	21.318.856	19.799.310

II

Huit années de finances républicaines d'après les comptes.

ANNÉES	DÉPENSES			RECETTES et REVENUS ordinaires.	EXCÉDENT	
	ordinaires et permanentes.	extra-ordinaires	TOTAUX		de recettes.	de dépenses.
	millions	millions	millions	millions	millions	millions
1878....	2.820	313	3.133	2.851	»	282
1879....	2.936	218	3.154	2.846	»	308
1880....	2.926	380	3.306	2.890	»	416
1881....	3.002	580	3.582	2.907	»	675
1882....	3.149	535	3.684	2.927	»	757
1883....	3.217	517	3.734	2.958	»	776
1884....	3.205	551	3.756	2.949	»	807
	21.255	3.094	24.349	20.328		4.021

De 1878 à 1884, les dépenses de l'État ont dépassé de 4,021 millions ses recettes normales, bien que celles-ci aient sensiblement progressé. L'accroissement moyen annuel des dépen-

(1) Le Tonkin, le Cambodge, Madagascar, Obock, le Congo ne figurent que *pour mémoire* au budget de 1886, de même que l'armée coloniale.

ses a été de 104 millions ; il n'avait atteint que 28 millions sous la monarchie de juillet ; il était de 31 millions sous le second Empire.

En 1884, de même que dans les trois exercices précédents, plus d'un demi-milliard a dû être demandé à l'emprunt sous toutes les formes.

Il en sera de même pour 1885. Arrêté par la loi du 21 mars 1885 à 3,022 millions, le budget ordinaire de cet exercice atteignait déjà au 12 mai dernier 3,292 millions tandis que les recettes normales prévues à 3,004 millions, présentent, pour les six premiers mois, une moins-value de 10 millions et demi. Il y a, en outre, les 194,718,218 francs du budget extraordinaire et les 253 millions du budget des conventions.

III

La progression des dépenses publiques de la France sous la troisième République.

Extrait des documents officiels, le résumé, que nous plaçons sous les yeux du lecteur, fait entrer à la fois en ligne de compte : les dépenses de l'Etat, tant ordinaires qu'extraordinaires, les dépenses des départements, et les dépenses des communes, celles-ci pour la part seulement qui figure annuellement dans la loi de finances, toutes trois constituant, en effet, au même titre, les charges du contribuable.

Malheureusement, nous n'avons pu étendre notre travail au delà de l'année 1883, dernier exercice dont les résultats soient arrêtés ; car les crédits supplémentaires, actuellement votés en cours d'exercice, parfois même avant l'ouverture de l'exercice, fait qui s'est notamment produit au mois de novembre dernier (1),

---

(1) Une loi du 17 novembre 1884 a ouvert, à valoir pour 1885, sur le chapitre 15 du budget ordinaire de la marine, un crédit de 43.422.000 francs pour les expéditions du Tonkin. Le budget n'a été définitivement voté que le 21 mars 1885, et cependant, contre tout principe financier, nonobstant les protestations de la minorité conservatrice, la Chambre en vue de ne pas détruire aux yeux du pays l'équilibre péniblement atteint sur le papier, a refusé d'y inscrire le crédit en question.

ont pour conséquences de tels écarts entre les dépenses réelles et les prévisions portées au budget primitif que celui-ci ne saurait plus former la base d'aucune comparaison sérieuse.

	Montant des dépenses effectuées.	Population habitants.	Charge par tête.
1869	2.225.943.184 fr.	38.007.094	58 fr.
1875	3.025.010.363	36.905.788	82
1883	4.151.489.215	37.672.048	111

De 1869, dernier budget du second Empire, à 1875, dernier budget de l'Assemblée Nationale, l'augmentation a été de 800 millions. C'est la liquidation des charges résultant de l'invasion et de la guerre civile, charges dont la responsabilité, suivant le témoignage de celui-là même que la reconnaissance de la majorité républicaine a proclamé le libérateur du territoire, incombe à la fois par égale portion à l'empire et au gouvernement de la défense nationale (1).

L'exercice 1875 a ouvert par 18.390.422 francs l'ère des excédents budgétaires de recettes, et aurait dû sinon, ouvrir en même temps celle des dégrèvements réels, conformément aux engagements formels pris par le législateur lors de la création des taxes de guerre, du moins marquer le maximum de sacrifices imposés au patriotisme des contribuables.

Au contraire, le budget n'a cessé depuis de grossir, et dans des proportions telles, qu'en huit exercices l'augmentation des dépenses s'est chiffrée par 1,126 millions, dépassant de plus de 300 millions celle de la période précédente, qui cependant avait eu à faire face à des charges écrasantes et tout exceptionnelles.

« Si l'on déduit du budget ordinaire de 1883, a dit le rappor-
» teur général de ce budget, M. Ribot, les sommes nécessaires
» au service de la Dette publique, on constate que les ser-
» vices des ministères exigent en 1883 une somme supérieure
» de près de 600 millions de francs à la dotation qui leur était

(1) « Quant à la part des fautes, la voici : Ceux qui ont fait la guerre
« nous ont condamnés à une dépense de quatre milliards; ceux qui
« l'ont prolongée trop ont doublé le désastre et la dépense; je le dis
« pour être juste ». (M. Thiers. Assemblée Nationale. Séance du 20 juin
1871.)

» allouée en 1869. C'est surtout dans les trois dernières années
» que l'accroissement a été considérable. En rapprochant les
» chiffres du budget de 1880 des chiffres proposés pour 1883,
» ou reconnaît que l'écart n'est pas inférieur à 291.883.690
» francs. » (Rapport du 1er juillet 1882.)

D'autre part, le programme de grands travaux, auquel
M. de Freycinet a attaché son nom, et dont l'exécution se poursuit depuis 1879, a déjà absorbé 3.302 millions de crédits et
demandera encore, pour être parachevé, au moins 5 milliards
doublant ainsi et au delà les prévisions primitives. Sa dotation,
exclusivement constituée à l'aide des emprunts directs émis
par l'Etat à jet continu, ou à l'aide des ressources de la Dette
flottante, a nécessité, de 1878 à 1884, l'inscription au Grand-
Livre de la Dette publique d'un capital nominal de 4.020 millions de rentes 3 0/0 amortissables.

De 1875 à 1883, l'augmentation moyenne annuelle des dépenses n'a pas été moindre de 140 millions, sans se justifier par
aucune nécessité de salut public comme dans la période précédente. Elle paraîtra plus exorbitante encore, si on la rapproche
de la situation financière des régimes antérieurs, telle que l'é-
tablit le résumé suivant :

	Montant des dépenses effectuées.	Population habitants.	Charge par tête.
1820	1.014.914.432 fr.	31.845.428	32 fr.
1847	1.629.671.089	35.400.486	40
1852	1.513.103.997	35.781.628	42
1869	2.226.943.184	38.067.094	58

Ainsi, de 1820, dernière année de la Restauration à 1847,
dernière année de la monarchie de Juillet, soit en dix-huit ans,
le budget n'a progressé que de 614.763.651 fr. Augmentation
moyenne annuelle : 34 millions, dont 23 millions pour le budget ordinaire.

De 1852, première année du second Empire, à 1869, dernière
année normale du même régime, soit en dix-huit ans, le budget n'a progressé que de 712.839.137 fr. Augmentation
moyenne annuelle : 40 millions, dont 25 pour le budget ordinaire.

Et de 1875 à 1883, soit en huit années seulement, la progression a été de 1.126 millions soit 140 millions par an.

Quant à la charge par tête, elle a augmenté :

De 1829 à 1847, soit en dix huit ans, de 14 fr. :
De 1852 à 1869, soit également en dix-huit ans, de 16 francs ;
De 1875 à 1883, soit en huit ans, de 29 francs.

En présence de pareils résultats, peut-on taxer d'exagération le verdict sévère, prononcé par un membre de la majorité
républicaine, M. Amagat, le 14 novembre dernier, à la tribune
de la Chambre des députés : « La dissipation opportuniste a
« été plus terrible encore pour ce pays que la guerre. »

LES FINANCES

DE LA 4ᴹᴱ LÉGISLATURE

1886-1889

LE BUDGET DE 1887 [1]

—

Aujourd'hui commence, devant la Chambre, la discussion générale du budget de 1887. C'est plus de sept mois après la présentation du projet de loi de finances par le gouvernement ; moins de deux mois avant l'ouverture de l'exercice.

L'examen préalable du projet s'est donc prolongé outre mesure. Seuls, des membres de la majorité républicaine avaient été appelés à y prendre part, — car, on le sait, la minorité conservatrice s'est vue systématiquement exclue de la commission, — et cependant l'accord n'a pu se faire entre celle-ci et le ministre. Les journaux ont relaté en leur temps les dissentiments qui se sont produits à ce sujet et qui ont failli aboutir à une dislocation du cabinet ; ils ont également relaté les divers systèmes mis en avant pour parvenir à combler un indéniable déficit. Il n'existe pas, toutefois, de ces faits, malgré leur importance, de version officielle.

Le rapport général de M. Wilson se borne à enregistrer les décisions prises par la commission, sans faire un jour nécessaire sur les délibérations qui les ont précédées. Contrairement à une tradition constante, il n'a même pas cru devoir énumérer les amendements, en assez grand nombre, dus à l'initiative parlementaire : il s'est borné à exprimer « le regret de n'avoir pu, *faute de temps*, indiquer les motifs pour lesquels la commission s'était vue dans l'obligation de repousser ces amendements. »

Si l'on ajoute que, déposé le 10 octobre seulement, le rapport

(1) L Français, 4 novembre 1886.

général n'a pu être distribué que quelques jours après, que la plupart des rapports sur les budgets particuliers sont encore à paraître, bien qu'ils apportent aux propositions ministérielles des modifications qui eussent voulu être préalablement étudiées, on conviendra que les débats qui vont s'ouvrir se présentent, pour le public désireux de les suivre, comme pour ceux des députés eux-mêmes qui ont été tenus à l'écart des travaux de la commission, dans des conditions peu favorables. C'est toujours, de la part de la majorité même parti pris de chercher à dissimuler ses prodigalités, à les soustraire, autant que faire se peut, en étranglant la discussion, au contrôle et au jugement du pays.

Nous avons dit qu'un désaccord existait entre le gouvernement et la commission. Une comparaison sommaire de l'exposé des motifs du 16 mars et du rapport du 16 octobre permettra d'en apprécier la nature, en même temps qu'elle pourra servir au lecteur d'utile introduction aux débats budgétaires.

M. Sadi Carnot avait pris, dans son projet du 16 mars, pour programme, la suppression du budget extraordinaire et le rattachement au budget ordinaire des dépenses de toute nature acquittées, depuis les huit dernières années, malgré leur caractère permanent, soit sur fonds d'emprunt, soit à l'aide des avances de la dette flottante. C'était une satisfaction donnée aux réclamations constantes des Droites, réclamations auxquelles l'évidence du péril financier avait fini par rallier les commissions du budget elles-mêmes. La satisfaction n'était pas toutefois complète ; le ministre avait maintenu le compte spécial des avances aux compagnies de chemins de fer pour garanties d'intérêts, chiffrées à 104 millions pour 1887. Il demandait, pour complément de la reconstitution militaire, dont la note dépasse aujourd'hui deux milliards, une somme de 105 millions à un prélèvement sur l'emprunt qu'il proposait en même temps d'émettre. Cet emprunt de liquidation du passé devait, suivant lui, être fixé à un milliard et demi, dont 466 millions applicables à la conversion en 3 0/0 perpétuel des obligations à court terme encore en circulation.

La commission et la Chambre ont limité, on le sait, par la loi du 1er mai, l'emprunt à 90.) millions, sur lesquels 400 millions ont été remis à la caisse des Dépôts et consignations pour réduire d'autant les comptes courants des caisses d'épargne, 153 affectés à la dotation du budget extraordinaire de 1886, 105 aux dépenses de la reconstitution du matériel militaire en 1887, et le surplus à l'atténuation des découverts du Trésor. La question de la conversion des obligations à court terme, comme celle de la suppression de l'amortissement, que le ministre proposait par voie de conséquence, ont été ajournées à la discussion de la loi de finances.

Le prélèvement de 105 millions sur l'emprunt, la conversion des obligations à court terme et la suppression de l'amortissement ne suffisaient pas pour équilibrer le budget ; il manquait 75 millions. Le projet ministériel les demandait à une surtaxe de l'alcool. Le droit, porté de 156 fr. 25 à 215 par hectolitre, devait produire davantage; mais le surplus était destiné à couvrir pour partie la perte qu'infligeait au Trésor la réforme de l'impôt des boissons, simultanément proposée.

Cette réforme comportait la suppression de l'exercice, la substitution au droit de circulation d'une taxe générale unique, fixée au taux actuel du second de ces droits, et perçue sur tous les consommateurs sans distinction de la quantité consommée, la réduction de la taxe à l'entrée des villes de 4,000 âmes et au-dessus. Ces divers remaniements étaient estimés devoir se traduire par une moins-value nette de 49 millions. La pénurie du Trésor ne permettant pas de faire à titre gratuit un pareil cadeau aux 226,261 débitants aujourd'hui exercés, les seuls réellement en cause dans la réforme projetée, M. Sadi Carnot comblait le déficit par le doublement des licences de ces mêmes débitants, la suppression du privilège des bouilleurs de cru, l'abaissement à 12° de la limite d'alcoolisation des vins, une taxe sur les vins de raisins secs, enfin le prélèvement, dont nous avons déjà parlé, sur le produit de la surtaxe de l'alcool.

Le projet de budget du gouvernement, en tenant compte de quelques rectifications formulées depuis sa présentation, se chiffre en dépenses à...................................Fr. 3.137.916.870

Dans ce total entrent :

	fr.
1° Intérêts des rentes à émettre pour conversion des obligations à court terme	17.481.000
2° Service des protectorats	30.000.000
3° Grands travaux publics	69.704.400
4° Reconstitution militaire	105.000.000

Les recettes normales de 1887 sont évaluées, par le même projet, à 2,957,015,242 francs.

En acceptant ces évaluations, dont quelques-unes, celles notamment relatives aux sucres, préparent d'inévitables et sérieux mécomptes, l'écart entre les recettes et les dépenses ne serait pas moindre de 180 millions. Le ministre proposait de le couvrir par le prélèvement de 105 millions sur l'emprunt, ainsi que par la surtaxe de l'alcool. Nous avons parlé de l'un et de l'autre.

La commission a fait subir au projet du gouvernement de profondes modifications. Elle a décidé le maintien du budget extraordinaire. « Vouloir supprimer ce budget, dit le rapport du 16 octobre, c'est se condamner à réduire d'abord, puis à suspendre prochainement tous les grands travaux, dont ne pourront ou ne voudront pas se charger les grandes compagnies de chemins de fer. C'est, d'une manière générale, s'interdire toute dépense qui ne pourrait rentrer dans le cadre du budget ordinaire. Ce programme paraît irréalisable à votre commission. »

Elle a repoussé la conversion des obligations sexennaires en rente perpétuelle, ainsi que la suppression de l'amortissement. Elle n'a pas, toutefois, cru devoir inscrire au chapitre 5 du ministère des finances pour 1887 la totalité des obligations à amortir, mais a réduit à 70 millions la dotation de ce chapitre par le spécieux motif que « ce qui importait en réalité, c'était de proportionner la réserve de l'amortissement au montant des emprunts à contracter dans l'année, c'est-à-dire au chiffre des obligations à émettre, plutôt qu'à l'importance de l'échéance. »

Par suite des modifications ci-dessus indiquées et de nouvelles économies réalisées sur divers départements ministériels, le budget arrêté par la commission s'établit ainsi qu'il suit pour 1887 :

Budget des dépenses ordinaires :

Projet du gouvernement......................Fr. 3.137.916.870

A déduire :

1° Intérêt des rentes à émettre pour conversion des obligations à court terme...................	17.481.000	
2° Nouvelles économies sur divers départements ministériels.......	17.439.913	209.625.313
3° Grands travaux publics reportés au budget extraordinaire.......	66.704.000	
4° Reconstitution du matériel militaire (Idem)...................	105.000.000	

Reste.................Fr. 2.928.291.557

A ajouter :

Intérêts et amortissement des obligations à court terme... 86.500.000

Total du budget ordinaire...................... 3.014.791.557

Budget extraordinaire :

Grands travaux publics......................Fr. 69.704.400
Reconstitution du matériel militaire............ 105.000.000

Total...................... 174.704.400

De ces 174 millions, 105 seraient acquittés par le prélèvement que la loi du 1er mai dernier a autorisé sur les fonds de l'emprunt émis à ladite date ; il serait pourvu au surplus par l'émission d'obligations à court terme.

Quant au budget ordinaire, le total de 3,014 millions pour les dépenses, rapproché de celui de 2,957 millions pour les recettes normales, fait ressortir un déficit de 56,876,315 francs, que la création de nouveaux impôts peut seule combler.

La commission repousse la surtaxe de l'alcool proposée par le gouvernement, comme *antidémocratique* et frappant exclusivement les populations ouvrières urbaines. A noter que, d'après l'exposé des motifs du 16 mars, la plus grande partie de l'alcool se consomme dans les débits et que les ventes, en y comprenant les ventes au petit verre sur place et les ventes à la bouteille à emporter, y atteignent plus des huit dixièmes de

11

la consommation totale. La surtaxe, se combinant avec le dégrèvement des boissons hygiéniques, semblerait donc devoir
être considérée comme un des meilleurs moyens de combattre
l'ivrognerie et la débauche. Mais la commission n'admet pas
cette manière de voir, et déclare doctrinalement, par l'organe
de son rapporteur, que « pour moraliser les consommateurs
d'alcool, elle compte plus sur la diffusion de l'instruction publique, sur la vulgarisation des notions d'épargne, et sur le
développement général du bien-être parmi les populations ouvrières, que sur la surtaxe ».

Par contre, elle n'hésite pas à accepter la suppression de
l'exercice, ainsi que du droit de détail, au plus grand et seul
avantage des débitants ; elle accepte également l'abaissement
à 12° de la limite d'alcoolisation des vins, et la taxe sur les vins
de raisins secs, sans réfléchir assez, peut-être, que ces vins
constituent la boisson de ménage du pauvre. Elle ne prononce
pas expressément, comme le faisait le projet du gouvernement,
la suppression du privilége des bouilleurs de cru ; mais elle
adopte la réglementation édictée par ce projet et qui soumet en
réalité les opérations des 514,731 viticulteurs distillant, dans
.80 départements, les produits de leur récolte, à ce même
exercice que l'on déclare intolérable pour les débitants.

Tout compte fait, et en quadruplant les droits de licence, la
commission pense que l'impôt des boissons donnera une plus-
value de 3,640,000 francs. Les 53 millions manquants seraient
fournis, jusqu'à concurrence de 40 millions, par une surtaxe
sur les libéralités testamentaires ; pour le surplus, par une
demi-année du produit d'un impôt général sur le revenu, que
l'article 2 du projet renvoie à une loi spéciale le soin d'orga-
niser, en se bornant à stipuler l'exemption en faveur des contribuables dont le revenu est inférieur à 3,000 francs.

C'est « l'œuvre du gouvernement », a dit le rapporteur en par-
lant du plan d'exécution à proposer pour ce nouvel impôt. On
sait que le gouvernement, le ministre des finances tout au
moins, en repousse énergiquement le principe. Un avenir prochain nous apprendra si la majorité de la Chambre sanctionnera
sa résistance, ou si, cédant aux injonctions des radicaux, elle
se lancera, et la France à sa suite, dans une voie qui ne peut

qu'aboutir à l'introduction et bientôt à la prédominance dans notre régime financier de l'élément révolutionnaire et socialiste.

Quoi qu'il en soit du reste, qu'elle adopte le projet du gouvernement ou celui de la commission, la Chambre n'en infligera pas moins le plus complet démenti à cette partie de la déclaration ministérielle du 16 janvier, qu'elle avait soulignée par ses plus chaleureux applaudissements, et qu'il n'est pas hors de saison de rappeler ici :

« Le pays a clairement manifesté, disait M. de Freycinet, qu'il « veut avoir des finances à l'abri de toute critique. Nous « croyons que le budget de 1887, qui vous sera bientôt présen- « té, répondra à son attente. Nous comptons réaliser l'équilibre « sans recourir à l'emprunt pour doter les services et pourvoir « aux dépenses coloniales, et sans créer de nouveaux impôts. »

LE BUDGET DE 1888

—

Le premier projet de Budget (1)

. Le projet primitif du Gouvernement a été déposé le 22 mars 1887.

Conformément à la demande formulée depuis plusieurs années par les Droites et aux propositions de M. Sadi-Carnot pour 1887, le Budget est *unique*, en ce sens qu'il comprend le service extraordinaire aussi bien que le service ordinaire ; toutefois, la satisfaction donnée aux justes réclamations de la minorité conservatrice n'est qu'*apparente*.

D'une part, les garanties d'intérêts continuent à être laissées en dehors du budget, de même que les travaux faits, à la charge de l'Etat, par les compagnies.

D'autre part, au lieu d'assurer l'équilibre à l'aide d'économies, on le demande à la création de nouveaux impôts ; — il n'est pourvu aux travaux extraordinaires que par fonds d'emprunts.

Le projet du 22 mars se comporte ainsi :

1° DÉPENSES

Service ordinaire.......................Fr.		3.021.257.338
Service extra-ordinaire. { 1° Guerre 139.000.000		
2° Marine 30.705.000		231.817.400
3° Chemins vicinaux 12.500.000		
4° Travaux publics. 49.612.400		
Service spécial des garanties d'intérêts..........		88.000.000
		3.311.104.738

(1) Rapport au Comité d'Etudes parlementaires des droites, avril 1887.

2° RECETTES

roduit des impôts actuels (d'après les recouvrements de 1886) (1)......................Fr.   2.932.183.822

Impôts nouveaux.	1° Contribution mobilière 28.856.716 2° Surtaxe de l'alcool... 70.995.000 3° Surtaxe des sucres... 22.361.000 4° Surtaxe douanière.... 14.054.700	138.387.416
Ressources exceptionnelles.	1° Annuités de remboursem. à l'échéance 1948 (art. 20)....... 182.205.009 2° Remboursement de l'Uruguay 806.945	183.011.945

Service des garanties d'intérêts, obligations à
échéance de 1891 (art. 12 et 13)................   88.000.000

Total....................   3.341.583.183

Ainsi, le budget semble en équilibre ; mais cet équilibre
n'est obtenu que par des impôts nouveaux et des emprunts.

Les 138 millions d'impôts nouveaux donnent lieu aux observations suivantes :

1° Remaniement de la contribution mobilière. D'impôt de répartition, on en fait un impôt de quotité frappant, suivant un
tarif arbitraire et à la discrétion des autorités locales, le loyer,
considéré comme base unique des facultés présumées et de
l'aisance des contribuables, quelles que soient d'ailleurs les différences de leur situation de famille et de profession. Le régime de la quotité, expérimenté en 1831, a été abandonné dès
1832 comme contraire aux traditions de 1789. Le projet actuel
y joint une violation flagrante des mêmes traditions, en exemp-
tant de l'impôt toute une catégorie de contribuables.

2° La surtaxe de l'alcool a déjà été repoussée en 1886 sur le
rapport de la Commission du Budget. Le projet de 1888 reprend
en même temps la tentative du rétablissement de l'exercice chez
les bouilleurs de cru (art. 4 et 5).

1. Majoration de 1.875.221 fr. sur les produits des Forêts en 1886.
Ressource extraordinaire : Aliénation de terrains à Lyon, 2.000.000 fr.

3° Quant à la surtaxe des céréales, si elle devait produire les 14 millions espérés, elle irait à l'encontre du but que se proposent les lois des 29 mars et 5 avril 1887.

— Aux 3.341 millions du projet de budget, il convient d'ajouter, pour avoir l'ensemble des charges que l'exercice 1888 doit faire porter sur le pays, les emprunts indirects s'élevant à 250.008.300 francs et se décomposant ainsi : Chemins de fer, travaux par l'Etat et par les compagnies (art. 35), 165.000.000 francs. — Chemins de fer, travaux complémentaires (art. 36), 65.000.000 francs. — Fonds de concours (art. 34), 20.008.300 francs.

C'est un total de 3.597.173.030 francs, auquel les impôts et produits actuels ne concourent que jusqu'à concurrence de 2.932.000.000 francs. La différence, soit 664.980.203 francs, ne pourra être fournie que par l'emprunt pour la plus grosse part (526.601.792 francs), et pour le surplus (138,387.416 francs), par une aggravation d'impôts.

Pour l'exercice en cours de 1887, l'emprunt devra fournir 653.808.000 francs au minimum et sans parler des crédits supplémentaires inévitables.

En effet, dans le budget de cet exercice fixé par les lois des 27 et 28 février dernier à 3.011.197.064 francs, les prévisions de recettes *normales* ne figurent que pour 2.957.388.064 francs, et ces recettes présentent déjà, au 30 avril, une moins-value de 12.714,500 francs.

Du reste, cette situation n'est pas nouvelle ; c'est celle de chaque exercice, depuis que le Gouvernement est aux mains de la majorité républicaine.

Le budget de 1876 s'était soldé par un excédent de recettes de plus de 98 millions. Si l'on additionne, d'une part, toutes les dépenses effectuées ou à effectuer de 1877 à 1887 (38.300 millions), — en retranchant les remboursements et amortissements — d'autre part, les recettes normales, — déduction faite de toute ressource extraordinaire — pour ces onze exercices (32,050 millions) — on arrive à constater que, sous la gestion républicaine, on a emprunté en pleine paix, 6 milliards 250 millions, c'est-à-dire plus que la rançon payée à l'Allemagne, et que le déficit annuel n'est pas moindre de 550 à 600 millions.

Déjà en 1884, dans une proposition signée de tous les membres des Droites, ceux-ci avaient péremptoirement établi les faits précédents, et présenté, avec l'état comparatif des dépenses des exercices de 1885 et 1870, des propositions d'économies se chiffrant par 317 millions, non compris les réductions dont étaient susceptibles les travaux à exécuter par les Compagnies.

Voici la même comparaison établie entre 1888, 1887 et 1870 :

I. — DETTE PUBLIQUE ET DOTATIONS.

	1888	1887	1870
1re Partie	(Projet du 22 mars)	(Loi du 27 févr.)	(Loi du 5 août 1875)
Dette consolidée..	740.091.798 fr.	740.093.038 fr.	747.998.868 fr. (a)
Dette remboursable à terme ou par annuités (1).	380.895.082 (b)	336.889.550	277.599.838
Dette viagère (2)..	216.288.791 (c)	209.389.726 (c)	124.776.346
	1.337.275.671	1.286.372.314	1.150.375.052
2e Partie.			
Dotations ; pouvoirs Publics (suppléments de subvention)....	13.257.360	13.228.860	31.567.231 (c)
	1.350.533.031	1.299.601.174	1.181.942.283

Les totaux afférents à 1870 sont empruntés à la proposition de loi, déposée le 26 juillet 1884 par 84 députés des droites sur les réformes à introduire dans le budget de l'Etat et dans la comptabilité publique.

(a) Y compris les 34 millions, dont la conversion (loi du 27 avril 1883) a procuré au Trésor la réduction annuelle.

(b) Y compris 8 millions pour reconstitution du capital (Proj. de budget, art. 20).

(c) En 1870, ce total comprenait 21.978.231 fr. de subventions à la Légion d'honneur et à la Caisse des invalides. — Les crédits afférents à ces deux services s'élevant à 35.705.706 francs sont reportés à la section de la dette viagère, depuis 1886.

1. L'augmentation de 50.703.357 fr. de 1888 sur 1887 a pour cause : suppléments de garanties d'intérêts aux chemins de fer (6.766.594 fr.) ; suppléments de crédits pour les pensions civiles et militaires (7.419.000 fr.) ; supplément pour intérêts de la dette flottante (1.000.000 fr.) ; supplément pour l'amor‑ tissement et les intérêts des obligations à court terme (19 millions 194.502 fr.) ; enfin, application du système nouveau prévu par l'article 20 du projet : annuités de reconstitution des capi‑ taux (20.66).746 fr.).

L'exposé des motifs constate que les engagements pris antérieurement à 1888, représentent une somme de.....Fr. 702.558.963
Et ceux à prendre pour 1888...................... 270.205.000

　　　　　Total............................. 072.763.963

Il propose de diviser ces engagements en trois groupes :
1° engagements représentant des comptes définitivement clos 311.201.348 fr., à couvrir par des obligations à court terme, remboursables en huit années ;
2° Engagements représentant des dépenses renouvelables par leur nature : Guerre, Marine, Chemins vicinaux, à couvrir par des annuités remboursables en 60 ans : 406,562.615 fr.
3° Garanties d'intérêts (1885-88), à couvrir par des obligations sexennaires : 255.000.000 fr.
L'amortissement est prévu pour 1888 à 54.256.502 fr. (ch. V) ; et figure au budget de 1887 pour 35.062.000 fr. — Le même chapitre était doté au budget de 1876, de 156.900.000 fr.

2. Pensions civiles et in-	1876 fr.	1887 fr.	1888 fr.
demnités de réforme...	43.846.000	63.121.000	64.996.000
Pensions militaires......	66.900.000	88.700.000	91.200.000
— de la marine...	10.000.000 (Subvention)	25.480.000	28.500.000

	1876	1884
Pensions civiles, nombre de concessions......................	3.469	4.133
Durée de service................	33 ans 9 mois	31 ans 3 mois
Age moyen....................	59 ans 9 mois	56 ans 7 mois
Taux moyen de la pension.........	808 fr.	1.096 fr.

En 1869, les pensions civiles imposaient à l'État, déduction faite des produits des retenues, une charge réelle de 15.473.537 fr. Cette charge sera pour 1888 de 39 millions, eu y comprenant les 1.300.000 fr. d'indemnités et traitements de réforme aux magistrats arbitrairement dépossédés en 1883.

Depuis 1881, la dette viagère est accrue d'un nouveau chapitre ; indemnités aux soi-disants victimes du 2 décembre ; 7.200.000 fr. sont prévus de ce chef au budget de 1888.

II. — SERVICES CIVILS

A. SERVICES GÉNÉRAUX DES MINISTÈRES

	1888 fr.	1887 fr.	1870 fr.
Justice................	37.369.901	37.304.001	33.939.190
Affaires étrangères......	13.678.600	13.678.600	11.255.500
Protectorats (1).........	30.626.300	30.561.300	»
Intérieur, service ordin.	71.533.259	57.916.403	69.715.824
Algérie................	7.509.375	7.495.815	5.350.555
Cultes.................	45.743.503	45.645.563	53.194.995
Finances..............	16.856.605	16.114.855	18.657.950
Postes et Télégraphes...	1.998.058	1.982.064	1.319.300
Instruction publique (2).	133.048.190	132.617.430	38.415.415
Beaux-Arts............	12.665.505	12.686.005	14.744.854
A reporter......	371.029.356	356.002.126	246.593.583

(1) Contrairement aux engagements pris en 1886, le crédit pour les protectorats est demandé en bloc et sans aucuns détails à l'appui. — Le gouvernement, dans ses négociations avec la commission du budget, a consenti une réduction éventuelle d'un million. Rien n'est moins admissible, si l'on considère que les opérations militaires réclament, d'après l'annuaire de 1887, la présence au Tonkin de 32 à 35.000 hommes.

(2) *Instruction primaire.* En 1869 les dépenses sur fonds de l'État s'élevaient à 26.107.421 fr., en progression de 9 millions et demi sur 1851 ; dans cette période, le nombre des écoles s'était augmenté de 10.000 et celui des élèves de 1.180.328 ; il était de 4.515.967. — En 1879, l'instruction primaire coûtait 83 millions, dont 20 fournis par la rétribution scolaire. Le nombre des élèves, de 1887 à 1882, s'est accru de 464.481. Depuis la loi du 24 mars 1882, l'accroissement n'a été que de 120.000. L'exposé des motifs, signé de M. Ferry, déclarait qu'« il restait actuellement environ 10 0/0 des nouvelles générations qui ne recevaient pas d'instruction ou ne recevaient qu'une instruction insuffisante ». (20 janvier 1880.) — Deux enquêtes administratives des 5 avril

	1888 fr.	1887 fr.	1876 fr.
Report...........	371.029.350	350.002.126	240.593.583
Commerce (1)..........	22.270.028	20.230.028	7.014.329
Agriculture............	23.473.470	23.448.470	14.155.177
Travaux publics, service ordinaire (2)..........	106.803.054	104.357.247	80.040.410
Travaux publics, travaux extraordinaires....... (Projet de loi, art. 12.)	69.178.550	71.503.412	87.070.962
Chemins de fer, garantie d'intérêts.......... (Projet de loi, art. 35-36.)	88.000.000	104.000.000	»
Chemins de fer, travaux (Projet de loi, art. 34.)	230.000.000	246.958.000	»
Fonds de Concours...	26.068.300	26.440.700	»
	936.822.758	952.939.983	435.504.461

La diminution de 1888 sur 1887 provient uniquement du ralentissement des travaux de chemins de fer et de la réduction

1884 et 10 février 1885 ont constaté que le nombre des présents n'était que de 90 0/0 des inscrits. C'est toujours le même taux de manquants, 10 0/0. — En 1886, l'instruction primaire a coûté 120 millions fournis exclusivement par l'impôt. Il faut une annuité de 50 millions pour intérêts et amortissement du milliard déjà enfoui dans les constructions scolaires. Les mêmes constructions, pour être achevées, réclament une nouvelle annuité de 35 millions. — Le rapport de M. Dubost, sur le budget de 1885, s'exprime ainsi : « Le chiffre actuel est loin d'être définitif. C'est en face d'un budget annuel de 240 à 250 millions que doivent se placer résolument les républicains soucieux de mener à bien l'œuvre entreprise. » L'enfant coûte 26 fr. 70 au lieu de 12 fr. 36, sans être mieux instruit. Les traitements des instituteurs n'ont pas été améliorés. Ils prennent à l'envi leur retraite. Aucune admission ne peut plus être prononcée avant le mois d'octobre par suite d'épuisement du crédit. (Circul. ministérielle, mai 1887).

(1) L'agriculture et le commerce ont, jusqu'au décret du 14 novembre 1881, formé un seul ministère. Avant 1869, les deux services étaient réunis aux travaux publics.

(2) Travaux publics. En 1876, 87 millions de travaux extraordinaires étaient prévus, 132 millions ont été exécutés sur les ressources ordinaires du budget, il n'en pourra être effectué que 10 millions dans ces conditions en 1887. Pour 1888, ils seront imputés en totalité sur le produit des nouveaux impôts. « Avec les 650 millions d'aujourd'hui, on ne construit pas plus de chemins de fer qu'avec les 200 millions de 1875. » H. Germain, La Situation financière.

espérée de la garantie d'intérêts (33 millions). Les crédits demandés pour les services généraux des ministères présentent au contraire pour 1888, sur 1887, une augmentation nette de 17.232.070 francs, savoir : *Intérieur* : 13.610.706 fr. dont la presque totalité, 12.500,000 fr., afférente à la dotation des chemins vicinaux, qui ne figurait pas au budget ordinaire de 1887 ; en 1870 le budget de l'intérieur n'avait affecté que 5.750.000 fr. aux chemins vicinaux, mais la dotation fut augmentée en cours d'exercice de 5.750.000 autres francs sur les ressources ordinaires. La liquidation des dépenses de la guerre avait nécessité l'inscription au même budget de 1870 d'un crédit de 6 millions porté au cours d'exercice à 7.060.000 fr. et qui heureusement n'a plus actuellement de contrepartie. — *Finances*, personnel et matériel de l'administration centrale : 741.750 francs ; — *Commerce* : 2.040.000 francs (Exposition de 1889). L'augmentation de 2.445.807 sur la 1ʳᵉ section des travaux publics est compensée par la réduction sur la 2ᵉ section, c'est-à-dire celle qui comprend précisément les dépenses productives.

Traitements civils. — En 1853, l'ensemble des traitements civils, déduction faite des 491 fonctionnaires maintenus, comme aujourd'hui, pour la retraite sous l'empire de la loi de 1790, était de 170.700.000 francs. Il s'était élevé en 1870 à 248 millions et demi, soit une progression annuelle de 3.800.000 francs et même moindre, si l'on tient compte de l'annexion de la Savoie et de Nice. En 1888, avec l'Alsace et la Lorraine de moins, les traitements civils atteignent 405.825.000 francs. C'est 157 millions de plus qu'en 1870, c'est 120 millions de plus depuis 1877, soit une progression de 10 millions au minimum par an.

ADMINISTRATIONS CENTRALES, CIVILES ET MILITAIRES

	1870	1887
Personnel..............	13.113.564	18.124.045
Matériel..............	6.090.705	7.337.120

	NOMBRE		MONTANT	
TRAITEMENTS :	1870	1887	1870	1887
Au-dessous de 5,000 fr.	1.490	1.967	4.194.100	5.538.200
Au-dessus de 5,000 fr..	474	531	3.778.300	4.238.455
	1.964	2.498		

B. FRAIS DE RÉGIE, DE PERCEPTION ET D'EXPLOITATION

	1888	1887	1876
	fr.	fr.	fr.
Finances.............	185.138.211	187.131.793	108.326.185
Affaires étrangères..	60.000	60.000	»
Postes et Télégraphes	131.324.323	132.933.104	86.780.603 (1)
Forêts (agriculture)..	16.080.203	16.080.203	13.208.871 (2)
	332.802.737	336.208.100	268.315.662
C. REMBOURSEMENTS,			
NON-VALEURS, etc..	20.555.340	20.039.340	21.348.856

III. — SERVICES MILITAIRES

	1888	1888	1876
	fr.	fr.	fr.
Guerre. Service ordinaire	555.934.530	555.934.529	500.038.115
— Trav. extraordin.	139.000.000	86.000.000	»
Marine. Serv. ordinaire	189.178.311	188.577.814	130.108.421
— Trav. extraord.	30.705.000	30.705.000	»
Colonies...............	41.841.331	41.121.049	30.019.015
Total.......	956.659.172	902.311.392	666.165.551

(1) En 1876, les recettes des Postes et Télégraphes se sont élevées à 133.045.359 fr., les dépenses à 90.583.667 fr., soit 68 0/0 ; en 1886, les recettes des Postes et Télégraphes se sont élevées à 172.207.100 fr., les dépenses à 141.532.124 fr., soit 82 0/0.

Les Postes et Télégraphes réalisent, du fait des conventions avec les Compagnies, une économie de 60.360.104 fr. (*Bulletin de statistique*, février 1886), savoir : Administration des Postes, 56.865.560 francs ; — Administration des Télégraphes, 3.495.544 francs, le tout pour 1884.) Sans cette économie, le monopole coûterait près de 30 millions de plus qu'il ne rapporte. Le Ministère des Postes et Télégraphes a été créé par décret du 15 février 1879.

(2) Le service des Forêts a été transféré des Finances à l'Agriculture, par décret du 15 décembre 1877, contrairement au vote émis par l'Assemblée nationale en 1873. Le produit net est descendu en 1886 à 8.628.013 francs, soit 8 fr. 60 cent. par hectare.

En 1876, les frais de régie représentaient 320/0 ; ils ont été en 1886, de 65 0/0.

Dans lo total de 1887 pour le ministère de la guerre, ne figurent pas les 105 millions alloués par la loi du 27 février dernier, pour complément de reconstitution du matériel militaire. Ces dépenses de reconstitution, prévues d'abord par M. Thiers à 1.100 millions, élevées en 1876, à 1.700 millions, se trouvent définitivement arrêtées par l'article 10 de la loi précitée à 2.283.833.282 fr. Cet arrêté de compte ne comporterait-il pas l'injonction à l'administration militaire de dresser un inventaire comparatif de la situation du matériel en 1872 et en 1887 ?

ALGÉRIE. Depuis le décret du 26 août 1881 sur le *rattachement*, les recettes et dépenses de l'Algérie sont confondues dans le budget général. Pourtant, un état joint au budget en a groupé les chiffres, et donné un relevé général depuis l'occupation en 1830, relevé auquel nous empruntons les résultats suivants :

	Dépenses militaires et civiles fr.	Recettes de toute nature fr.	Déficit fr.
1869	103.487.444	31.264.085	72.223.359
1870	94.424.961	37.906.510	56.518.451
1887	123.040.256	43.734.303	79.305.953

En 1887, les dépenses des services civils sont prévues à 68.991.288 francs, savoir :

Dépenses ordinaires	45.332.491 fr.
Garant. d'intérêts et annuités aux Compagnies	23.658.795

Les dépenses militaires sont prévues à 54.048.968 francs.

— En présence d'un pareil déficit, ne conviendrait-il pas do donner suite à un projet soumis, à plusieurs reprises depuis 1871, aux pouvoirs publics et qui tendrait, en établissant l'impôt foncier en Algérie, à donner à cette colonie le moyen de développer sa prospérité à l'aide de ses propres ressources en diminuant les sacrifices qu'elle a imposés jusqu'à ce jour à la métropole ? (Voir rapport de M. Balluc sur l'assiette de l'impôt, 26 novembre 1886.)

Le projet de budget de 1888 présente, travaux des Compagnies de chemins de fer et garanties d'intérêts compris, un total de 3.597 millions.

C'est, comparé au budget de 1876 (loi du 3 août 1875), une augmentation de dépenses de 1.027 millions.

Serait-il possible de réaliser les réductions nécessaires pour ramener l'équilibre entre les recettes et les dépenses, sans emprunt et sans impôts nouveaux ?

Les Droites le déclarent depuis plusieurs années et ont proposé dès 1884 des réductions s'élevant à 317 millions, savoir :

	fr.		fr.
Finances.........	30.000.000	Instruction publi-	
Justice..........	4.000.000	que.............	47.000.000
Affaires étrangères	1.200.000	Beaux-Arts......	2.000.000
Intérieur........	5.000.000	Commerce et Agri-	
Algérie..........	2.000.000	culture.........	12.000.000
Postes et Télégr...	28.000.000	Travaux publics..	85.000.000

Ensemble pour les services civils : 216.200.000 fr.

Guerre..........	85.000.000	Marine..........	10.000.000
Colonies........	6.000.000		

Ensemble, pour les services militaires : 101.000.000 fr.

Avec cette réduction le budget se trouvait encore notablement supérieur à celui voté par l'Assemblée nationale pour 1876.

— On a prétendu que ce budget de 1876 était insuffisant ? La comparaison de son total avec celui du budget de 1871, tel qu'il avait été arrêté en juillet 1870 par les Chambres, sur le rapport de M. Chesnelong, établit péremptoirement le contraire. En effet, *unique*, comme celui de 1876, le budget du 27 juillet 1870, comprenant, avec le service ordinaire (1.673 millions), le budget extraordinaire (128 millions 1/2) et le budget spécial de l'amortissement, service des garanties d'intérêts compris (81 millions 1/2), s'élevait en totalité à 1.884.281.835 francs.

— La Commission des Finances de la Législature de 1881 a évalué à 568 millions les charges qui pèsent annuellement sur le budget du fait de la guerre et de la commune. Si l'on ajoute ces 568 millions au montant du budget de 1871, soit 1.884

millions, on trouve que le budget de 1876 a été doté par l'Assemblée nationale, indépendamment des dits 568 millions, de 117 millions de plus que la somme reconnue nécessaire en 1870 pour assurer le fonctionnement régulier de tous les services, y compris ceux de l'Alsace-Lorraine (services civils 18 millions), ainsi que l'exécution des grands travaux publics, — et dès lors ce budget doit être considéré comme un budget parfaitement normal.

Les républicains font sonner bien haut les dégrèvements, qu'ils ont votés depuis qu'ils sont au pouvoir. En supprimant pour partie les surtaxes et impôts nouveaux établis depuis 1870 pour couvrir les charges résultant de nos désastres, ils n'ont fait que remplir l'engagement formel pris par l'Assemblée nationale vis-à-vis des contribuables, et cet engagement, ils ne l'ont même pas tenu, comme ils auraient pu et dû le tenir.

Si l'on compare, en effet, aux recettes de 1869 1.762.511.616 fr.
Celles prévues au budget de 1887............. 2.957.994.090

On trouve une différence........, 1.195.452.474 fr.

Sur ce chiffre, 417 millions résultent de l'amélioration des anciens impôts, suivant les calculs de l'administration elle-même, et le surplus des impôts nouveaux.

Or, les charges annuelles, imposées au budget du fait de la guerre et de la commune, ayant été chiffrées à 568 millions, on voit qu'il ne manque plus que 150 millions pour que la progression normale des anciens impôts ait rétabli l'équilibre, et que dès lors nos gouvernants se sont constitués, par leur mauvaise gestion, débiteurs vis-à-vis de l'ensemble des contribuables français, de tout ce qui dans le produit des impôts nouveaux, excède les 150 millions, soit de 400 à 500 millions.

LES QUATRE BUDGETS DE 1888 [1]

—

Hier, s'est ouverte enfin devant la Chambre la discussion du budget de 1888.

Il y a près d'un mois déjà que cet exercice est en cours : pour prévenir le brusque arrêt de toute la machine gouvernementale, pour assurer le fonctionnement nécessaire des services, il a fallu voter des douzièmes provisoires.

C'est la troisième fois depuis quatre ans, que la majorité républicaine se trouve contrainte de recourir à ce procédé empirique, que les maîtres de la science financière s'accordent à stigmatiser comme la négation de tous les principes modernes en matière de budget. Il est vrai qu'il présente en même temps l'inappréciable avantage de dispenser de toute recherche, de toute justification d'équilibre entre les dépenses et les recettes.

Un retard aussi anormal avait-il pour cause, aura-t-il du moins pour résultat le budget *de réforme, de dégrèvement*, dont depuis tant d'années on prodigue aux contribuables l'alléchante promesse ? Malheureusement non. Les transformations successives qu'a dû subir la loi de finances de 1888 et sur lesquelles le gouvernement et la commission du budget n'ont pu même arriver à se mettre d'accord, ont abouti cependant à une conclusion identique : la nécessité d'emprunts et d'impôts nouveaux.

C'est le 22 mars 1887 qu'a été présenté à la Chambre par M. Dauphin, ministre des finances, le premier projet de budget de 1888. Il se comportait ainsi :

(1) *L'Autorité*, 28 janvier 1888.

DÉPENSES

Service ordinaire.......................		3.021.257.338 fr.
Service extraordinaire :		
Guerre.....................	139.000.000	
Marine.....................	30.705.000	251.847.400
Chemins vicinaux...........	12.500.000	
Travaux publics.............	49.642.400	
Service spécial des garanties d'intérêt........		88.000.000
		3.341.104.738

Le produit des impôts tant directs qu'indirects n'étant évalué, d'après les recouvrements de 1886, qu'à 2.932.183.882 fr., il en résultait une insuffisance de 409.020.856, à laquelle le projet ministériel proposait de pourvoir jusqu'à concurrence de 138.387.416 par des impôts nouveaux (remaniement de la contribution mobilière, surtaxes de l'alcool et des sucres, et surtaxes douanières), pour le surplus par l'émission d'obligations.

Si aux 3,341 millions de dépenses on ajoute, comme on le doit, les 165 millions de travaux de chemins de fer à exécuter tant par les Compagnies que par l'Etat, les 65 millions de travaux complémentaires sur les mêmes chemins, enfin les 20 millions de fonds de concours, soit 250 millions d'emprunts indirects, on trouve entre le budget de 1876 et celui de 1888 un écart de plus d'un milliard.

Pendant la même période, la dette n'a pas été augmentée de moins de 16 milliards, savoir: emprunts directs ou indirects (8.457 millions), engagements du Trésor (6.547 millions), accroissement de la dette départementale et communale (1 milliard). Ces chiffres nous sont fournis par la récente et remarquable étude que M. le Trésor de la Rocque vient de publier dans le *Correspondant*, sous le titre, hélas! trop véridique: *Des Etapes d'une Banqueroute.*

Le second budget de 1888 date du 5 juillet 1887 et porte la signature de M. Rouvier. Dans sa déclaration du 31 mai précédent, le cabinet dont ce ministre était le chef avait pris l'engagement de ramener tout au moins au niveau de 1887 les dépenses de 1888, que le ministère précédent avait majorées de plus de 57 millions pour les seuls services ordinaires.

12

Le projet du 5 juillet tenait l'engagement pris.

Il réduisait de 3.070 millions à 3.001 million les dépenses imputées sur ressources ordinaires et les répartissait ainsi :

Dette publique et pouvoirs publics........	1.321.973.783 fr.
Services généraux des ministères.........	1.329.338.018 »
Frais de régie, de perception et d'exploitation des impôts et revenus publics, remboursements et restitutions...........	350.446.297

En même temps, il ramenait de 138 à 43 millions le contingent à fournir par les nouveaux impôts et l'obtenait à l'aide de divers remaniements, parmi lesquels la prorogation de la surtaxe de 10 francs sur les sucres tenait le premier rang.

Quant au budget extraordinaire, M. Rouvier n'attribuait que 91 millions et demi à la guerre, 30.705.000 francs à la marine et proposait de prélever ces 122 millions sur le bénéfice à attendre de la conversion des rentes 4 1/2 et 4 0/0. On sait que la conversion a été acceptée par les Chambres, qu'elle a eu lieu au mois de novembre dernier et que son résultat le plus clair a été d'accroître de 410 millions le capital nominal de la dette, sans économie aucune pour le budget ; les arrérages demeurés libres par suite de l'opération ont été réservés en effet pour gager un emprunt nouveau, que la situation financière n'a pas encore permis au Trésor d'émettre.

Ni le projet Dauphin, ni le projet Rouvier n'ont eu les honneurs d'une discussion publique. La commission du budget, dont la minorité conservatrice a continué à être impitoyablement exclue, les a passés au crible, et c'est le 28 novembre seulement, sans tenir compte des injonctions expresses de la résolution votée le 2 avril, sur la proposition de M. Mézières, qu'elle a formulé ses conclusions par l'organe de M. Yves Guyot, rapporteur général.

Le budget de la commission, le troisième pour 1888, affirme une fois de plus la nécessité des économies, cherche à les réaliser par une série de réductions de détail, dont certaines, comme les 15 millions rayés d'un trait de plume aux Cultes, entraîneront la désorganisation forcée de services essentiels, mais n'ose s'attaquer aux grandes causes de la progression des dé-

penses et du déficit qu'elles entraînent. En même temps, mé-
connaissant ce principe que l'on ne doit songer aux dégrèvements que lorsque le budget est non seulement en équilibre
mais présente des excédents réels, la commission s'est lancée
dans la voie d'une réforme complète de l'impôt des boissons,
laquelle se résume ainsi : Suppression de tous les droits perçus
sur les vins, les cidres et les bières; substitution pour l'alcool
de l'impôt à la fabrication, à l'impôt à la consommation et élévation simultanée du droit au taux de 180 francs par hectolitre. Les débitants seront désormais affranchis de l'exercice;
mais ils acquitteront une licence progressive doublée d'une
taxe directe du dixième de la valeur locative des locaux consacrés à leur industrie. L'exercice ne disparaît pas toutefois de la
législation fiscale, la catégorie seule des assujettis changerait,
et dorénavant celle très nombreuse et très intéressante des propriétaires récoltants ou bouilleurs de cru devrait en subir les
formalités ; c'est ce que le projet appelle « supprimer la prime
à la fraude ».

La refonte de l'impôt des boissons se traduirait par une moins-
value de recettes de 32 millions. A cette première moins-value
s'en ajouterait une seconde d'à peu près égale somme pour les
sucres, sur les évaluations portées au budget Rouvier. La
commission a demandé les ressources pour y faire face à une
aggravation des droits de succession, et n'a pas hésité à donner
au nouveau tarif qu'elle propose le caractère progressif. Ce
serait un pas de plus et considérable dans le sens du socialis-
me d'Etat.

Le deuxième projet de loi rectifié du Gouvernement signé de
M. Tirard (12 janvier 1883), le quatrième budget pour 1888,
n'admet pas tous les remaniements, toutes le propositions de la
commission de la Chambre. En ce qui concerne les économies,
il les déclare irréalisables au delà de 0.735,000 fr. et maintient entière la dotation des cultes. En ce qui concerne les impôts nouveaux il repousse l'aggravation des droits de succession, et l'établissement d'un tarif progressif, mais il accepte dans une certaine
mesure la réforme de l'impôt des boissons et propose de la réaliser ainsi : pour les vins et les cidres, conversion des droits de
circulation et de détail en un droit unique de consommation, et

abaissement notable du droit d'entrée ; droit général de consommation de 160 fr. par hectolitre d'alcool, augmenté d'un
droit local de 10 et de 20 fr., suivant l'importance des aggloméra-
rations urbaines ; majoration des licences acquittées par les débitants en échange de leur affranchissement de l'exercice ; suppression du privilège des bouilleurs de cru. C'est au remaniement de la législation des sucres que le ministre demande l'é-
quilibre entre les recettes et les dépenses.

De même que le budget Dauphin, que le budget Rouvier,
que le budget de la Commission, le budget Tirard pourvoit, par
des emprunts directs ou indirects, aux travaux publics extraordinaires, aux dépenses de la reconstitution militaire, au service
des garanties d'intérêts, au renouvellement des obligations venant à échéance.

La fameuse formule « ni emprunts, ni impôts nouveaux, » est
depuis longtemps lettre-morte pour la majorité, qui ne diffère
avec le gouvernement que sur le procédé à employer pour plu-
mer le contribuable sans trop le faire crier.

A DIX ANS DE DISTANCE

Quelques chiffres à propos des élections sénatoriales de 1888 (1).

En 1876, lorsque les conservateurs ont remis le pouvoir aux mains de ceux qui nous gouvernent aujourd'hui, la liquidation des désastres de la guerre civile et étrangère était terminée; le Budget en équilibre, faisant face avec le seul produit des impôts à toutes les dépenses ordinaires et extraordinaires, s'élevait à 2,570 millions, dont 200 affectés au remboursement de la Dette. On dépensa 132 millions en travaux publics, sur les ressources ordinaires, et néanmoins il y eut en clôture d'exercice un excédent de recettes de 98 millions. Cet excédent et ceux, que faisait justement prévoir pour les exercices suivants le retour de l'ordre et de la prospérité, permettaient de compter sur le prochain allègement des charges, que le patriotisme des contribuables n'avait pas hésité à assumer en 1871, mais avec le caractère temporaire et nettement déterminé que leur avait attribué l'Assemblée nationale elle-même.

Où nous a menés, en dix ans, la gestion de la République par les républicains ?

Sans parler de l'exercice 1888, dont les Chambres n'ont pas même pu aborder le budget, et pour lequel elles viennent de voter au pied levé trois douzièmes provisoires, les dépenses de 1877 à 1887 se sont élevées de près de 1,100 millions. Pendant la même période, le budget de la Prusse n'a augmenté que de 200 millions, celui de l'Italie de 250, ceux de l'Autriche et de l'Angleterre de 350 millions (2).

---

(1) *Moniteur universel*, janvier 1888.

(2) « Je veux expliquer comment en pleine paix, les dépenses de la France se sont augmentées d'une somme presque égale au chiffre du budget entier de deux grandes puissances de l'Europe : la Prusse et l'Italie. Tandis que les dépenses de la France ont grandi de 1,200 millions,

De 1877 à 1887, les dépenses ont dépassé de six milliards et demi les ressources provenant des impôts. Chaque exercice a présenté en moyenne un déficit de 650 à 700 millions, qui n'a pu être couvert que grâce au procédé empirique et ruineux des *emprunts à jet continu*, inventé par M. de Freycinet. Non seulement on n'a plus amorti, mais, comme un débiteur aux abois, le Trésor a dû, chaque année, solliciter de ses créanciers la prorogation de ses engagements venant à échéance.

Les élections d'octobre 1885 s'étaient faites au cri de : « Ni emprunt, ni impôts nouveaux ». Les candidats républicains avaient dû, sur ce point, se rallier au programme que les Droites avaient formulé dès le mois de juillet 1884, et qu'ils n'avaient pas hésité alors à repousser dédaigneusement par la question préalable.

Cependant, le budget des dépenses de 1887 n'a été bouclé, deux mois après l'exercice déjà commencé, qu'avec 653 millions de fonds d'emprunt, et nul ne peut douter qu'il n'en soit de même pour le budget de 1888, lorsqu'on se décidera à le discuter avec, en plus, l'aggravation d'impôts, que dès l'année dernière le Président actuel de la République, alors ministre des finances, déclarait déjà indispensable à tout équilibre budgétaire sérieux.

Qu'est-ce donc, d'ailleurs, autre chose qu'un emprunt, cette conversion du 4 1/2 % qui vient d'avoir lieu et qui a accru le capital de notre dette de 416 millions, au grand détriment des rentiers et précisément des plus petits, puisque d'après les documents officiels, la moyenne des coupures n'est que de 183 francs, et sans que les contribuables en doivent retirer un sou d'économie ?

C'est inévitable, du reste, et nous sommes fatalement condamnés aux impôts nouveaux et aux emprunts tant que pèseront sur le budget :

les budgets des cinq autres grandes puissances se sont accrus, dans le même laps de temps, dans une proportion bien différente. Elles se sont élevées de 350 millions en Angleterre, de 250 millions en Prusse, de 520 millions en Russie, de 350 millions en Autriche-Hongrie, de 250 millions en Italie. » Henri Germain, *La situation financière de la France en 1886*. Lettres au Directeur du *Temps*.

Les dépenses d'une reconstitution militaire sans cesse remaniée ;

Les dépenses du grand programme des travaux publics, auquel M. de Freycinet a attaché son nom ;

Les dépenses du nouveau programme de l'instruction primaire.

Reconstitution militaire.

Le 7 décembre 1871, M. Thiers, dans son message à l'Assemblée nationale, évaluait à 400 millions les dépenses nécessaires « pour réparer les désastres de la guerre ». Telle fut l'o-
rigine du Compte de liquidation auquel cette Assemblée avait
ouvert 914 millions de crédit lorsqu'elle se retira. On estimait
alors, d'après les calculs des hommes les plus compétents, à
1,300 millions au maximum ce que coûteraient dans leur ensemble la réorganisation de l'armée ainsi que la reconstitution
du matériel militaire. « Vous nous mènerez aux abîmes financiers, » s'était écrié M. Thiers en présence de ces prévisions.
La loi du 28 février 1887 vient d'arrêter à 2,283 millions les
dépenses effectuées et, quelque excessif que soit ce chiffre qui,
au dire de M. Ribot, (21 novembre 1884), eût pu se trouver sensiblement réduit si l'administration de la guerre l'avait bien
voulu, bien que les budgets ordinaires de la guerre et de la marine se soient accrus de plus de 120 millions depuis 1876, le
compte, que l'on avait déclaré solennellement clos, vient d'être
rouvert. Le ministre de la guerre a annoncé qu'il lui faudrait
300 millions de 1887 à 1889 ; son collègue de la marine a, de
son côté, demandé 200 millions.

Quelle est la cause de cet effroyable et continuel mécompte ?

C'est que le contrôle spécial institué en 1875 a été supprimé,
et d'une commission technique qui avait soigneusement établi
les distinctions indispensables entre le matériel de réserve et
le matériel courant, est passé à partir de 1878 à la commission
du budget. Cette commission ne peut ni ne veut rien contrôler,
et cependant la majorité continue à tout concentrer entre ses
mains, comme elle l'a fait encore le 13 janvier 1887, malgré les

objurgations de M. de Soubeyran pour le nouveau compte extraordinaire à ouvrir.

C'est que le ministère s'est affranchi de l'obligation qui lui avait été justement imposée de rendre compte de l'emploi des crédits dans les trois mois suivant la clôture de chaque exercice.

C'est que, pendant dix ans, les ministres, pour acquitter des dépenses dont ils avaient officiellement consenti ou dont on leur avait imposé la réduction, et la majorité aveugle ou complice ont laissé vivre à côté du budget ordinaire et en dehors de toutes les règles, de toutes les lois de la comptabilité publique (1), ce budget extraordinaire, qu'il y a trois semaines encore la commission des finances du Sénat, par l'organe de M. Gouin, son rapporteur, proclamait « l'un des plus grands dangers pour nos finances ». (17 novembre.)

En même temps qu'il gaspillait ainsi l'argent des contribuables, le parti qui nous gouverne n'a pas hésité à porter une main téméraire sur notre organisation militaire.

Assurément la loi de 1872 comporte des modifications, des améliorations. En combinant avec le service personnel obligatoire le système des engagements et rengagements, on peut et on doit assurer sur de meilleures bases la constitution de nos cadres, et alléger pour les populations, dans la mesure que permettent le bien de l'armée et la défense du pays, une charge que M. de Soubeyran chiffrait, à la tribune de la Chambre le 8 mai dernier, par an à au moins un milliard.

Mais, en présence d'éventualités qui se renouvellent chaque jour, vouloir procéder à une refonte complète de notre régime militaire ; substituer des dispenses facultatives aux dispenses de droit qui jusqu'à présent ont maintenu en temps de paix comme soutiens au foyer de la famille le fils aîné de veuve, le frère aîné d'orphelins, celui dont le frère est déjà sous les drapeaux ou y est mort pour la patrie, ceux enfin dont l'engagement vis-à-vis de l'État assure le fonctionnement régulier des deux grands et essentiels services de l'Église et de l'École ; prétendre

_____

(1) Voir rapport de M. Dreyfus à la Chambre du 29 mai 1886 sur le premier compte de liquidation et notamment p. 32-33 la déclaration de la Cour des comptes.

faire passer trois contingents en totalité dans les cadres, c'est
commettre un acte de lèse-patrie et de lèse-raison, introduire
l'arbitraire et la politique dans une législation dont ils avaient
toujours été exclus, écraser d'une charge supplémentaire de 60
à 70 millions le budget qui, depuis 1876, a déjà, du chef de la
guerre et de la marine, augmenté de 120 millions ; établir — un
ancien ministre républicain, M. Martin Feuillée, le déclarait à
la tribune le 5 juillet dernier — un privilège *au profit de
l'habitant des villes et au préjudice comme toujours de
l'agriculture et des paysans.*

Cette organisation nouvelle, que le vaillant député du Calva-
dos, M. Delafosse, stigmatisait avec raison comme « grosse
d'erreurs à la fois et de catastrophes », a été adoptée le 9 juillet
dernier par la Chambre, mais elle doit subir encore l'épreuve
de la discussion devant le Sénat.

Le programme Freycinet

En 1877, lorsque les républicains reçurent le pouvoir des
mains des conservateurs, ils trouvèrent, avec le budget en équilibre et l'amortissement fonctionnant jusqu'à concurrence de
200 millions par an, 420 millions votés pour travaux de construction de chemins de fer et amélioration de canaux et rivières.
Mais de plus hautes pensées hantaient leur esprit et, oublieux
des critiques qu'ils n'avaient cessé de formuler contre les grandes entreprises d'utilité publique du second Empire, ils ambitionnaient de les reprendre et d'effacer par un nouveau et plus
vaste programme le souvenir qu'avait pu laisser aux populations
leur fructueuse exécution.

Ce programme, au moment où il fut voté par la Chambre et
le Sénat, en novembre 1878, comportait une dépense de 4 mil-
lards et demi au maximum. Le 11 décembre 1882, M. Tirard,
aujourd'hui président du conseil, alors ministre des finances,
avouait qu'il dépasserait 9 milliards, dont près de 7 demeuraient
encore à dépenser et à payer au 1er janvier 1883. Les conventions avec les Compagnies, conclues dans le cours de 1883, ont
eu pour objet de modérer la charge écrasante pour le budget
de l'Etat de l'exécution du troisième réseau, en faisant suppor-

ter le tiers des frais de construction par lesdites Compagnies. Les trois quarts de ce réseau sont encore à exécuter ; les Compagnies ont fourni la majeure partie du contingent qui leur était assigné ; le Trésor doit encore plus des quatre cinquièmes du sien.

Les dépassements de devis font dès à présent reconnaître que l'annuité à inscrire au budget pour intérêt et amortissement de la construction du troisième réseau s'élèvera à 85 millions au lieu de 65 primitivement prévus (1), et cela sans parler de l'application du système ruineux de l'imputation au compte de premier établissement des déficits de l'exploitation jusqu'à complet achèvement des travaux.

« Le jour où la première locomotive courra sur les derniers rails posés en vertu des conventions de 1883, a fait observer M. Camille Pelletan (10 février 1887), toute cette accumulation de déficits, de dettes entassées, croulera d'un seul bloc sur la garantie d'intérêts, sur la fortune de la France. »

Les travaux ont-ils du moins été bien conduits et les résultats fructueux ?

Dès 1884, les Droites constataient qu'on avait installé, sur 5,593 kilomètres, des chantiers pour lesquels on n'avait pas craint de faire appel au concours des ouvriers comme des fournisseurs étrangers, qu'on avait commencé 144 lignes sans en achever aucune, si bien qu'on n'avait exécuté que la moitié du travail qu'un ministre avisé aurait obtenu avec la somme dépensée. Le 3 février 1887, à la tribune de la Chambre, M. Martin-Nadaud tenait le même langage : « Nous avons un grand défaut, disait-il, et nous ne nous en corrigeons pas. Nous commençons des travaux partout, et nous ne finissons nulle part. »

Le troisième réseau, vicinal et rural, devait, assure-t-on, coûter très bon marché. Le chemin de fer de Perpignan à Prades revient pour les 16 kilomètres destinés à relier ce chef-d'arrondissement des Pyrénées-Orientales à la bourgade d'Olet, à 660,000 fr. par kilomètre, soit 70,000 fr. de plus que pour le passage du mont Cenis.

---

(1) Chambre des Députés. Rapport de M. Prevet, 21 janvier 1887.

N'est-ce pas ici le lieu de rappeler le fameux chemin de fer du Sénégal, qui est déjà revenu à 26 millions pour son tronçou inutile et inachevé de 70 kilomètres, ainsi que le réseau des chemins de fer de l'Etat, dont les dépenses do premier établissement ont atteint 931 millions ? L'annuité seule pour intérêts et amortissement du capital engagé, sans aucun bénéfice, exigerait 41 millions. On n'en a pas touché 3 en 1886.

Le nouveau programme d'instruction primaire.

En 1879, l'instruction coûtait 83 millions, dont 20 fournis par la rétribution scolaire, c'est-à-dire par ceux qui se trouvaient notoirement en état de payer l'éducation de leurs enfants ; aujourd'hui elle coûte 120 millions, entièrement fournis par les contribuables pauvres aussi bien que riches. Et ce chiffre de 120 millions ne s'applique qu'au service ordinaire ; il faut eu outre faire entrer en ligne de compte l'annuité de 80 à 90 millions, qui grèvera pendant trente ans au moins le budget de l'Etat et ceux des communes pour intérêts et amortissement des 2 milliards déjà enfouis ou à enfouir dans les fastueuses constructions scolaires.

La dépense ordinaire et le prix d'entretien de chaque élève revenaient en 1837 à 4 fr. 43, en 1863 à 9 fr. 50, en 1872 à 14 fr. 65 ; le coût est aujourd'hui de 22 fr. 76. Les enfants sont-ils mieux instruits ? Le programme surchargé de 1882, dont l'intolérance de la majorité républicaine des deux Chambres a rayé les *devoirs envers Dieu et envers la patrie* pour les remplacer par l'instruction civique et l'économie politique, a-t-il élevé le niveau des études primaires ? Ne l'aurait-il pas plutôt abaissé ? En tout cas, l'obligation et son cortège de peines draconiennes, attentatoires à la liberté sacrée du père de famille, n'ont pas eu jusqu'à présent pour résultat de réduire le nombre des illettrés ; il reste le même qu'en 1879 : 10 p. 0/0 de la population d'âge scolaire, d'après le témoignage de deux enquêtes officielles. Le nombre des élèves fréquentant les écoles publiques a même baissé en 1885-86. Il est vrai que, par contre, ce nombre a augmenté dans les écoles libres, c'est-à-dire dans celles où le programme laïque et athée n'est pas imposé aux enfants contre la volonté des parents.

Les deux milliards enfouis dans les palais scolaires n'ont en rien profité aux maîtres, dont les promoteurs de la réforme de l'enseignement prenaient en main si bruyamment la cause. Au lieu de s'améliorer, leur situation pécuniaire s'est amoindrie : de 1,106 francs en 1879 le traitement moyen est tombé à 1,010 fr. en 1885, soit une perte de 10 p. 100. Le calcul est officiel ; il a été inséré par la Commission du budget dans son avis du 27 octobre 1887 sur le *projet de loi concernant les dépenses ordinaires de l'instruction primaire*.

Ce projet, adopté d'urgence par la Chambre le 14 novembre dernier, a été pompeusement annoncé comme ayant pour but de remédier à un aussi fâcheux état de choses. En effet, il décide en principe l'amélioration du traitement des instituteurs. Toutefois il n'ouvre pour ledit objet aucun crédit, et subordonne expressément, au contraire, toute amélioration de cette nature aux possibilités financières, à des décisions législatives, successives et ultérieures ; on sait ce que cela veut dire, et ce que vaut cette traite tirée à une date indéterminée sur les assemblées futures. Si la loi ne prend aucun engagement ferme au nom du Trésor, elle impose comme dépenses obligatoires aux budgets, tant des départements que des cultes, des charges immédiates et considérables, en même temps qu'elle leur enlève, pour en faire des centimes généraux, les 8 centimes spéciaux des lois de 1850 et 1881.

Quelles seront pour l'avenir, lorsqu'elle recevra son entière application, les conséquences financières de la loi ?

L'avis déjà mentionné de la commission du budget nous l'apprend : 60 à 70 millions de dépenses nouvelles. Le morceau eût été trop gros pour pouvoir être avalé d'une seule bouchée. Aussi, suivant la spirituelle observation de M. Le Provost de Launay, a-t-on eu soin de disperser les dépenses par petits paquets pour les dissimuler, de même qu'on a fait pour l'envoi des troupes dans l'expédition du Tonkin, de néfaste mémoire.

Et ce sont, qu'on le remarque bien, des dépenses, dont pour une bonne partie ni les Chambres, ni les conseils municipaux ne connaîtront, mais qui seront réglées arbitrairement par les

bureaux des ministères ; et les instituteurs, devenus fonctionnaires d'État, hiérarchiquement encadrés, sans attache ni avec
le département ni avec la commune, seront plus que jamais à la
merci, à la discrétion du préfet, au lieu de rentrer, comme
ils l'avaient si justement demandé, sous la main de leur supérieur naturel, le recteur, qui a seul qualité pour apprécier
leur capacité, la valeur de leur enseignement.

La législation nouvelle sur l'instruction primaire a tellement
empiété sur les droits de tous, que M. Barodet lui-même a cru
devoir protester. « Partisan de l'autonomie communale, a-t-il
dit le 14 novembre, je déplore la centralisation excessive à
laquelle on a soumis l'enseignement. »

La loi sur les dépenses ordinaires de l'instruction primaire
sera l'une des premières, sur lesquelles le Sénat renouvelé aura
à se prononcer dans la session ordinaire de 1888.

Gaspillages financiers

Les administrations centrales et les logements dans les
ministères. Les Caisses spéciales.

Les trois vers rongeurs de la reconstitution militaire, du programme Freycinet et de la nouvelle législation scolaire ne sont
pas les seuls à s'attaquer au budget républicain. Il en est d'autres encore, et parmi eux le plus pernicieux sans contredit est
l'effrayante progression du personnel.

Les traitements civils atteignent aujourd'hui 405.825.000 fr.,
c'est 120.000.000 de fr. de plus qu'en 1876. En même temps, les
mises à la retraite prématurées ont élevé les crédits pour les
pensions de 43.846.000 fr. à 64 096.000 fr., y compris les pensions aux soi-disant victimes du 2 Décembre, et ces pensions
prodiguées à titre exceptionnel comme celle de 12.000 fr. que
la majorité des deux chambres a voté d'urgence à la veuve de
M. Paul Bert qui n'en n'avait pas besoin, tandis qu'elle repous-
sait dédaigneusement les secours alimentaires réclamés pour
les familles des soldats et officiers morts pour la patrie sur les
champs de bataille du Tonkin et de l'Annam.

C'est surtout dans les administrations centrales que la progression des traitements s'est fait sentir (19.200.000 fr. en 1876, 25.461.000 fr. en 1887). Pour opposer une digue à cette véritable marée montante, une loi du 30 décembre 1882 avait prescrit pour le 1er janvier 1884 la réorganisation générale et désormais invariable des cadres des bureaux des ministères. Les règlements n'ont pas été publiés à la date fixée, et certains d'entre eux, quoique signés, n'ont pas vu le jour d'accord entre le président de la république et le ministre désireux de garder ses coudées franches (1).

De même, une loi de 1871 interdisant toute concession de logements dans les bâtiments des ministères, sauf pour les agents du matériel, n'a jamais pu recevoir d'exécution. C'est en vain que le ministre des finances a pris l'initiative d'une réforme, et qu'une commission parlementaire de la précédente législature, sans oser trancher dans le vif, a conclu à une économie facile d'un million par la seule répression des abus les plus criants. Le rapport de la commission n'a même pas eu les honneurs de la discussion, et le *Journal officiel* du 1er avril dernier publiait un rapport du ministre de l'Instruction publique et des Beaux-Arts, dans lequel, à propos des palais nationaux, on trouvait la stupéfiante révélation que voici : « Outre l'avantage du logement, les personnes logées dans les palais ont à leur disposition un mobilier qui est fourni et entretenu par le service du mobilier national. Pour arriver à tenir en bon état de conservation le mobilier mis ainsi à la disposition des occupants, le service du mobilier national détache, à poste fixe, dans chaque palais, des ouvriers tapissiers, ébénistes et lustriers, payés à l'année, logés eux-mêmes dans les mêmes conditions que les autres agents du palais. »

Le Président, qui vient de quitter le pouvoir dans les conditions que l'on sait, ne se contentait pas des 3.333 francs qu'il touchait par jour, non plus que de la somptueuse résidence de l'Elysée. Le rapport ministériel du 1er avril nous apprend encore que « le palais de Rambouillet avait d'abord été mis en location, mais qu'à l'expiration du bail l'administration supérieu-

(1) Voir Chambre des députés, 14 juin 1889, le discours de M. Granet, au sujet du ministère des Postes et Télégraphes.

ro avait pensé qu'il était convenable de réserver ce palais pour l'habitation d'été du président de la république. »

De si rudes et multiples atteintes portées à la fortune publique, eussent pu être conjurées dans une large mesure si la Chambre n'avait pas systématiquement, depuis que la majorité y appartient aux républicains, empiété sur les attributions du Sénat, et si le Sénat, au lieu de résister comme il en avait le devoir, n'avait pas trop souvent courbé la tête devant les injonctions qui lui étaient adressées.

On sait comment en matière budgétaire la majorité de la Chambre a procédé pour soustraire ses dilapidations comme ses retranchements arbitraires au contrôle de la haute Assemblée. Intentionnellement retenue au sein de la commission du budget dont la minorité conservatrice a été continuellement exclue et dont une véritable muraille de Chine dérobe les délibérations à tous les yeux, votée au pas de course en séance publique, la loi de finances n'est plus arrivée que dans les derniers jours de l'année au Sénat ainsi acculé à la responsabilité d'entraver la marche normale de tous les services. Les lenteurs ont été portées à ce point, pour les dernières années, que le temps matériel même a manqué, et qu'il a fallu recourir au procédé empirique qu'un maître en science financière, M. Leroy-Beaulieu a signalé avec raison comme ayant pour conséquence «l'effondrement de toute notre législation budgétaire ». Le gouvernement s'est fait allouer en bloc des crédits, en 1885, pour le premier trimestre, en 1887 pour les premiers mois de l'exercice et la crise présidentielle, qui vient de se dénouer, nous a condamnés au même régime en 1888.

Il faut remonter au commencement du siècle pour trouver un pareil forfait entre le pouvoir législatif et le pouvoir exécutif pour l'exploitation de la France, et le Sénat, en y consentant, a eu la faiblesse de consentir en même temps, malgré les observations de ses membres les plus compétents, de M. Léon Say entre autres, une grave atteinte à ses propres droits : il a souffert que le ministère prît pour base de répartition non le projet gouvernemental mais celui élaboré arbitrairement par la commission des finances de la Chambre.

Le Sénat, ou plutôt sa majorité, a témoigné la même faiblesse en ce qui concerne le nouveau système volontairement adopté depuis quelques années dans le but de dissimuler aux yeux du pays la situation des finances et de pallier un déficit annuel de 6 à 700 millions.

Ce système a consisté, on le sait, à distraire du service ordinaire toutes les dépenses de nature à gêner l'équilibre fictif officiellement annoncé pour les imputer au compte de caisses spéciales exclusivement alimentées par l'emprunt. « Il ne suffit plus à cette heure, remarque M. Henri Germain (1), de réunir le budget ordinaire au budget extraordinaire pour connaître le montant des dépenses ; il faut encore additionner une série de chiffres classés sous les dénominations les plus diverses, telles que : grands réseaux, chemins de fer algériens, chemins de fer de l'Etat, garanties d'intérêt, caisse des lycées et des écoles, caisses des chemins vicinaux, avances des chambres de commerce. » — « Lorsqu'on veut maintenant connaître le budget, avait dit ce même député, dont on connaît les sentiments ré publicains, le 10 juillet 1885 à la tribune de la Chambre, il faut chercher hors du budget » et il ajoutait : « Je ne me permettrais pas de recommander aux commerçants la comptabilité particulière au gouvernement parce que, s'ils l'appliquaient, il y a des tribunaux réactionnaires qui seraient dans le cas de leur appliquer la loi pénale. »

Parmi ces Caisses, il en est dont l'action dommageable semble pleine de menaces pour l'avenir ; elle n'est pas restreinte au seul budget de l'Etat, mais s'étend malheureusement aussi aux budgets locaux. Telle apparaît au premier chef la trop fameuse *Caisse des Lycées et Ecoles*. Prévue à 200 millions en 1881 pour toutes les communes de France, l'installation du service scolaire avait coûté déjà 689 millions et demi lorsque l'Etat reconnaissant un peu tard que la Dette flottante ployait sous la charge des avances qu'elle avait été seule appelée à fournir, et se trouvait incapable de supporter les 600 millions encore nécessaires, s'avisa d'un système nouveau. Dorénavant, aux termes de la loi du 20 juin 1885, les départements et les communes sont tenus de souscrire la totalité des emprunts pour travaux de construction et d'amélioration des Ecoles, le Trésor borne

(1) *La situation financière de la France* en 1886, page 8.

son concours à l'allocation d'annuités représentatives de la moitié au maximum des intérêts et amortissement des capitaux empruntés.

Ainsi, contrairement aux promesses faites, aux engagements solennellement pris, la dette se trouve maintenant transportée au compte des départements et communes. Ce sont eux qui, alors même que la situation financière ne permettrait plus à l'État de faire honneur à sa signature, sont engagés pour la totalité vis-à-vis des créanciers, et même en écartant pareille et trop regrettable perspective, il s'agit pour leurs budgets d'une charge réelle et effective de 669 millions à échéance de 40 ans.

Ces budgets eux aussi ont grossi, depuis 1876, dans d'inquiétantes proportions. Les centimes départementaux de 143 millions et demi sont passés à 175 ; les centimes communaux de 147 à 178 millions. La moyenne de ces derniers centimes, qui en 1870 était de 48, se trouve aujourd'hui de 54, et combien de communes sont imposées bien au-dessus de la moyenne.

De combien la nouvelle loi sur le service de l'instruction primaire, si elle venait à être sanctionnée par le Sénat, grèvera-t-elle encore les budgets départementaux et communaux, en les dépouillant en même temps, les uns comme les autres, des ressources provenant des 4 centimes spéciaux transformés en centimes d'État.

L'agriculture et l'industrie.

Le drapeau politique et économique, si fièrement déployé par nos gouvernants, l'immense programme de travaux, qu'ils ont simultanément entrepris sur tous les points du territoire, ont-ils eu pour le travail national les conséquences qui pouvaient seules en être la justification ? L'agriculture et l'industrie ont-elles prospéré sur notre marché intérieur ? Les échanges internationaux se sont-ils développés à notre profit ?

De 1872 à 1876 les exportations dépassaient les importations de 100 millions. Aujourd'hui, et depuis 1877, les importations présentent sur les exportations un excédent moyen d'un milliard. C'est un milliard d'or, que le commerce étranger vient drainer chaque année chez nous.

En 1870, le blé valait 26 fr. le quintal, il est aujourd'hui à 22 fr. L'agriculture française a perdu, depuis 1883, 1200 millions sur la culture seule du blé, et cela sans que le consommateur y ait rien gagné, car le kilogramme de pain n'a pas varié de prix (1). Il en est de même pour le bétail.

Aussi les souffrances de l'agriculture, si longtemps niées par nos gouvernants, sont-elles aujourd'hui officiellement admises. « La détresse agricole, disait le 5 mars 1887, M. Develle, ministre, à la tribune de la Chambre des députés, l'avilissement des cours, la baisse des prix, ce sont là des faits sur lesquels la contradiction s'est à peine élevée, et sur lesquels d'ailleurs je jugerais inutile de la suivre. » Le sol arable, qui, pour les trois quarts, on l'oublie trop souvent, appartient au petit cultivateur qui l'exploite, se trouve à ce point déprécié que dans bien des contrées il ne trouve plus d'acquéreurs, et demeure en friche. Les calculs les plus modérés accusent une baisse de 25 à 30 0/0 sur la valeur vénale, soit pour notre fortune publique immobilière une perte de 25 à 30 milliards.

Et la situation de l'industrie n'est guère plus favorable. Tandis que, par une gradation non interrompue, le nombre annuel des saisies immobilières s'est élevé de 6.539 (chiffre de 1870) à 9.575 (chiffre de 1885), les faillites ont pendant la même période progressé de 5.103 à 8.024 (2), nouvel et irrécusable témoignage de l'étroite solidarité qui unit toutes les branches de la production nationale.

Quelles sont les causes de cette crise, qu'on a justement, hélas ! proclamée dès 1884 en plein Sénat comme « l'une des plus terribles que la France ait jamais vues ? »

Il y en a deux : la charge écrasante des impôts ; — la protection à rebours accordée par notre législation douanière aux produits venant de l'étranger.

— En joignant aux dépenses de l'Etat celle des départements

---

(1) Dans la première quinzaine de novembre 1886, le droit sur le blé étant à 3 fr., le pain de 2 k. était taxé à Paris 72 c. — Dans la 2ᵉ quinzaine de novembre 1887, le droit étant à 5 fr. la taxe n'est plus qu'à 68 c. *Gazette agricole* 4 décembre 1887.

(2) *Journal officiel*, 4 juillet 1887. Compte rendu de la justice civile et commerciale.

et des communes, la charge annuelle des contribuables atteint en France 111 fr. par tête, et, dans ce calcul entrent, chacun pour 111 fr., qu'on le remarque bien, tous les membres de la famille, enfants, femmes et vieillards aussi bien que travailleurs valides. C'est le double et plus de ce que payent par tête les autres peuples du continent ; pour l'Anglais, la charge est de 57 fr. seulement ; pour le Belge, de 46 fr. ; pour l'Allemand de 44 fr. ; pour l'Autrichien, de 40 fr.; pour le Russe de 30 fr. L'habitant des États-Unis n'acquitte que 50 fr. et combien des producteurs de ce blé qui nous écrase échappent en totalité à l'impôt. C'est 29 fr. de plus qu'en 1875 ; de 1860 à 1875, malgré la liquidation des charges résultant de la guerre civile, la progression n'avait été que de 24 fr.

— Le régime douanier, confirmé et aggravé par le tarif général du 7 mai 1881, a reçu des traités de commerce négociés dans le courant de la même année et promulgués l'année suivante, malgré les protestations les plus énergiques des défenseurs de l'agriculture, un caractère plus dommageable encore pour la production nationale.

Ces traités, qui nous lient jusqu'en 1892, ont compris dans leurs tarifs tous les produits agricoles à l'exception des céréales, des sucres bruts et des animaux vivants. Les viandes fraîches et salées figurent au contraire dans les traités avec la Belgique et l'Italie, ce qui n'est pas pour permettre à la revision de tarif opérée en 1885 et 1887 de produire son complet et bienfaisant effet. Cette revision, qui n'a pu être obtenue, il importe de ne pas l'oublier, que grâce à l'appoint des 175 voix de la minorité conservatrice, s'est trouvée déjà menacée d'abrogation et l'un des premiers soins des électeurs du scrutin du 5 janvier doit être de n'envoyer siéger au Sénat que des mandataires, résolus au maintien de la loi actuelle et même à son amendement, en réparant les oublis qui y ont été commis, en ce qui concerne par exemple les seigles et les maïs.

Pour en revenir aux traités, celui avec l'Italie est le seul qui pouvait prendre fin au 31 décembre 1887 s'il était dénoncé par l'une des deux parties contractantes. Le gouvernement français s'y est refusé malgré les instances de tout le monde agricole. L'Italie en a pris l'initiative, se fondant sur le détriment qu'elle

éprouvait du fait du tarif en vigueur. Or, quels avaient été les
résultats de la convention commerciale de 1881 ? La France,
qui bon an mal an absorbe le tiers de l'exportation italienne, a
vu ses propres exportations progressivement décroître, et au
profit de qui ? du commerce allemand, lequel, grâce au tunnel
du Saint-Gothard et aussi à une tarification plus intelligente
des transports par chemin de fer, a doublé pendant la même
période la valeur de ses ventes à l'Italie. La France a perdu
ainsi 800 millions depuis 1881 ; cependant, lorsque le gouvernement a demandé au pouvoir législatif, sans réciprocité assurée
de la part du cabinet de Rome, la prorogation facultative pendant
six mois du traité expirant, il s'est trouvé au Sénat comme à
la Chambre une majorité, qui n'a pas hésité à l'investir du droit
arbitraire d'arrêter ou de redoubler l'avalanche de produits
étrangers sous lesquels succombe le travail français.

Les traités, qui nous lient avec la Belgique, la Suisse, l'Es-
pagne, le Portugal, la Suède et la Norwège, viennent à échéance dans le cours de l'année 1892. Ce seront donc les Sénateurs, élus le 5 janvier prochain, qui seront appelés à examiner
s'il conviendra de les renouveler, ou si les variations incessantes de la situation économique comme les stipulations de l'article
8 du traité de Francfort assurant à l'Allemagne le traitement
de la nation la plus favorisée, ne commanderaient pas au contraire de lui substituer le régime des tarifs autonomes.

Il y va de l'avenir même de la fortune de la France.

LA SITUATION FINANCIÈRE

ET LES QUATRE BUDGETS DE LA LÉGISLATURE[1]

Au moment où la législature de 1885-1889 touche au terme de son mandat, il a paru intéressant de chercher à dégager sa gestion financière et de grouper dans des tableaux synoptiques les principaux chiffres des quatre budgets qui résument cette gestion, en les mettant en regard de ceux du budget de 1876, le dernier voté par l'Assemblée nationale.

Les élections générales d'octobre 1885 s'étaient faites sur le programme des économies, de l'allégement des charges qui écrasent les contribuables, et qui, depuis 1870, en pleine paix, se sont accrues, non compris les budgets locaux, de 27 fr. par tête, c'est-à-dire d'une somme supérieure à ce qu'avait coûté la liquidation des désastres de l'invasion étrangère et de la Commune, « la dissipation opportuniste ayant été plus terrible encore pour ce pays que la guerre », ainsi que le constatait à la tribune de la Chambre, dès le 14 novembre 1884, un député républicain, M. Amagat.

« Pas d'emprunt, pas d'impôts nouveaux », tel était l'engagement que chaque député avait pris vis-à-vis de ses électeurs longtemps avant que la Chambre lui eût donné une consécration solennelle par le vote du 18 novembre 1886. En même temps, le gouvernement annonçait officiellement l'intention de présenter un *Budget de Réformes*.

Chacun des ministères qui se sont succédé au pouvoir, a inscrit cette intention dans son programme.

Les quatre budgets de la législature 1885-1889 n'auront été cependant que des *Budgets d'attente*, calqués sur le même modèle, aggravant encore hors de toute proportion le déficit, et léguant à la législature nouvelle le soin d'aviser aux réformes nécessaires, en matière de recettes comme de dépenses.

(1) Rapport au Comité d'Etudes parlementaires, avril 1889

Les retards voulus de la Commission du budget, fermée jusqu'en janvier 1889 à tout membre de la minorité, n'ont permis la discussion approfondie en temps utile d'aucune loi de finances. Deux fois, en quatre ans, pour les deux exercices 1887 et 1888, force a été, afin de ne pas arrêter la marche normale des services, de recourir au procédé empirique des douzièmes provisoires. En mars 1888, une seconde allocation de douzièmes provisoires n'a pu même être évitée que par le vote d'urgence d'un nouveau projet, improvisé séance tenante par la Commission, sans aucune des impressions ni des distributions prévues par le règlement, malgré la juste protestation des Droites, dont l'intolérance de la majorité républicaine a écarté systématiquement toutes les observations.

Rapprochés du budget des dépenses de 1876, tel qu'il a été fixé par la loi du 3 août 1875 (2.569.702.755 fr.), les budgets des dépenses de la 4° législature présentent une augmentation moyenne D'UN MILLIARD, dont moitié applicable aux services ordinaires.

L'augmentation est même en réalité notablement supérieure. Le budget de 1876 affectait en effet 157 millions au remboursement de l'emprunt fait en 1871 à la Banque de France, tandis que, dans la période 1885-1889, les 100 millions d'obligations à court terme, venant annuellement à échéance, ont dû pour la presque totalité, sauf en 1886, faire l'objet de renouvellements, dans l'impuissance où a été la majorité de leur assurer au budget une dotation suffisante.

Pour 1886, la précédente législature avait, en arrêtant le budget de cet exercice (Loi du 8 août 1885), inscrit pour le remboursement des obligations venant à échéance la provision nécessaire. Si l'on en tient compte, comme on le doit, on trouve un écart de près de 100 millions entre le dit exercice et celui de 1890. C'est ainsi que la majorité a entendu et pratiqué l'économie.

Elle n'a pas mieux tenu les engagements pris en ce qui concerne les emprunts. Bon an mal an, elle a dû se procurer à ce titre de 5 à 600 millions, sous diverses formes, les recettes normales et permanentes ayant oscillé entre 2.957 millions et 3.048 millions, prévisions pour 1890 de la Commission.

Le Projet du gouvernement évaluait les recettes de 1890 à 3.036.906.720 fr. en prenant pour base les résultats de la pénultième année, c'est-à-dire de 1888, sauf en ce qui concerne les sucres, dont le régime a été modifié par les lois des 24 juillet et 20 décembre 1888.

La Commission a élevé le total à 3.048.472.620 fr. Cette augmentation de 11.505.000 fr. se décompose ainsi : doublement de la taxe sur les vinaigres : 2.000.000 fr. ; remaniement du timbre perçu sur les bordereaux des opérations de Bourse : 1.600.000 fr. ; retenue de 2 p. 100 pour les pensions sur les augmentations de solde des officiers de terre : 380.000 fr. ; régularisation de la comptabilité de la Dette flottante par l'inscription, comme le réclamait depuis de longues années la minorité conservatrice, des recettes en atténuation de dépenses, laissées jusqu'à présent à l'arbitraire seul du ministre.

Le mode d'évaluation adopté est trop conforme à la doctrine et aux revendications des Droites pour qu'il puisse fournir ici matière à critique. Je ferai toutefois observer que, pour 1890, il serait susceptible de donner lieu à quelques mécomptes. Les recouvrements des douanes se sont trouvés accidentellement grossis en 1888 du fait d'une insuffisance de récolte, qui, il faut l'espérer, ne viendra pas aggraver de nouveau en 1890 la situation déjà si précaire de notre agriculture. Cette situation aura son contre-coup, plus que ne l'admet le projet, sur les produits de l'Enregistrement (1). Enfin, il paraît impossible de faire fond sur l'augmentation de 3.208.000 fr. prévue pour l'impôt de 3 p. % sur le revenu, à la suite des pertes que viennent

---

(1) Les recouvrements de l'Enregistrement ont été inférieurs, en 1888, de 8.763.500 francs aux évaluations budgétaires. En 1887, les transmissions entre vifs d'immeubles à titre onéreux avaient présenté déjà, sur 1886, une moins-value de 4.852.000 francs affectant la presque totalité des départements. « C'est à la persistance de la crise immobilière et agricole, disait le rapport de la Direction générale (*Bulletin de statistique*, octobre 1888), que cette diminution doit être principalement attribuée... Il faut ajouter que la baisse du produit des transmissions immobilières à titre onéreux serait encore plus sensible, si elle n'avait été partiellement atténuée par l'augmentation du nombre des ventes en justice... La situation peu florissante de l'agriculture a provoqué, en 1887, de même qu'en 1886, une baisse générale des baux qui ont été renouvelés. »

d'éprouver les valeurs de Bourse et qu'un économiste d'une compétence reconnue de tous, M. Leroy-Beaulieu, estime à 1.700 ou 1.800 millions en capital et de 110 à 120 millions en revenu pour les actionnaires de l'Assurance financière, du Comptoir d'Escompte, du Comptoir des Métaux, ainsi que les petits porteurs si dignes d'intérêt de la Société de Panama.

Emprunts directs et indirects de la 4ᵉ législature. Renouvellements.

1° Emprunts directs, 1.645.190,172 fr., savoir : Emprunt du 1ᵉʳ mai 1886 : 904 millions ; conversion du 7 novembre 1887, produit net : 173.130.931 fr. ; budget extraordinaire de 1887 (L. 26 février) obligations à court terme : 171.409.400 fr. ; Service des garanties d'intérêts : 327 millions ; Courtiers de marchandises et Emprunt Grec, mise à la charge de la dette flottante des reliquats de compte et réunion aux produits divers du budget des recettes spéciales affectées à ces deux services : 58.055.841 fr. (L. 19 juillet 1886 et 26 février 1887) ; Reboisement des montagnes, avance de la Caisse des dépôts et consignations : 11.500.000 fr. (L. 2 octobre 1888) ; — 2° Emprunts indirects : Budget des conventions et fonds de concours, 1.029.592.667 fr. ; — 3° Exécution des lois des 22 juin et 8 août 1885 (Caisse des Lycées et Écoles, Caisse des chemins vicinaux), obligations à long terme émises pendant la 4ᵉ législature : 185 millions ; — 4° Renouvellement des obligations sexennaires venant à échéance et sans provision, y compris les échéances de 1890 : 300 millions (chiffres provisoires) ; — 5° Prorogation au 31 décembre 1890 du prêt de 80 millions fait par la Banque en 1878 et venant à échéance en 1883 (L. 30 mars 1888). Ensemble, **3.240 millions.**

Il y aura en circulation au 31 décembre 1889, 559 millions d'obligations sexennaires. — La Dette flottante au 1ᵉʳ janvier 1889 était de 900.238.000 fr., non compris les dépôts immédiatement exigibles des Caisses d'épargne qui, au 30 décembre 1888, s'élevaient à 2.700 millions.

Voici maintenant la comparaison avec 1876 des *Budgets* des quatre exercices de la législature.

I. — DETTE PUBLIQUE & DOTATIONS

	Proj. de la Commiss. (Rapp. du 23 Mars)	(Loi du 29 Déc. 1888)	(Loi du 30 Mars 1888)	(Loi du 27 Fév. 1887)	(Loi du 5 Août 1875)
	Francs.	Francs.	Francs.	Francs.	Francs.
Dette consolidée (1)	739.050.919	739.545.965	740.877.316	740.093.036	747.968.666
Dette remboursable à terme ou par annuités (2)	359.460.863	333.220.014	388.867.834	336.889.550	277.599.838
Dette viagère (3)	220.496.626	219.553.496	211.090.266	209.389.726	124.776.346
	1.319.017.408	1.292.319.475	1.290.835.416	1.286.372.314	1.150.375.050
DEUXIÈME PARTIE					
Dotations; pouvoirs publics (suppléments de subventions)	13.069.940	13.080.179	13.345.083	13.229.860	31.567.231 (4)
Totaux	1.332.087.348	1.315.409.654	1.304.180.499	1.299.601.174	1.181.942.281

(1) Les intérêts de la Dette consolidée ont été atténués, par rapport à 1876, de 33.933.299 francs à la suite de la conversion du 7 avril 1883. La loi du 7 novembre 1887 n'a pas réduit le montant des arrérages de la Dette, l'économie réalisée par la conversion du 4 1/2 (ancien fonds) et du 4 o/o en 3 o/o ayant été employée à gager un emprunt de 173 millions. Cette conversion a, par contre, accru de 416 millions le capital nominal de la Dette publique. — La loi du 1er mai 1886, autorisant l'émission d'un emprunt de 900 millions, a augmenté de 33.984.961 fr. les arrérages de la Dette consolidée. Ces arrérages ne figuraient que pour 706.115.779 francs au budget de 1886.

(2) En 1876, le Budget affectait 156.900.000 fr. à l'amortissement de l'emprunt fait à la Banque de France. Sur les obligations sexennaires venant à échéance, le Trésor a dû renouveler 80 millions, en 1887 ; plus de 50 millions en 1888 ; les prévisions de renouvellements portent pour 1889 sur 92 millions, et pour 1890 sur 88.500.000 francs.

(3) Pour la Dette viagère, voir le 1er § de la page 204.

(4) Les crédits de 1876 comprenaient 21.978.231 francs de subvention à la Légion d'Honneur et à la Caisse des Invalides de la marine, qui depuis 1886 sont reportés à la section de la Dette viagère. Avec cette déduction, le total de la deuxième partie n'est plus que de 9.589.000 francs.

II. — SERVICES CIVILS

A. — Services généraux des ministères.

	Francs.	Francs.	Francs.	Francs.	Francs.
ustice	37.462.650	37.507.050	37.507.050	37.304.001	33.939.190
ultes	45.085.503	45.337.145	45.369.545	45.045.563	53.194.935
Affaires étrangères et protectorats	14.168.560	14.204.200	14.104.700	14.239.900 (1)	11.255.500
ntérieur	62.266.742	62.333.210	65.832.819	57.916.493	(2) 69.715.824
Algérie	7.282.635	7.227.415	7.061.875	7.495.815	5.350.555
Finances	24.046.770	21.043.870	16.421.295	16.114.855	18.057.950
nstruction publique	139.990.438	135.273.485	133.207.905	132.617.430	38.415.415
Beaux-Arts	12.063.905	12.760.605	12.456.905	12.686.005	11.744.854
Commerce et Industrie	20.539.483	22.326.118	20.952.103	20.230.028	7.644.329
Postes et Télégraphes	1.906.000	1.879.965	1.896.965	1.982.064	1.319.300
Agriculture	20.602.830	21.207.585	21.174.585	23.448.470	11.155.177
Travaux publics. Services ordinaires	112.993.384	108.637.814	101.569.014	101.157.247	80.040.410
Travaux publics. Services extraordinaires	57.592.934	56.915.769	65.545.550	71.503.412	87.070.982
	553.001.774	546.654.231 (3)	546.190.311	545.541.283	435.504.461

(1) Non compris les 1.500.000 francs du budget des Chancelleries consulaires, rattaché à partir de 1877 au Budget.

(2) Le budget de l'intérieur comprenait en 1876 : 6.671.400 francs de crédits relatifs à la liquidation de la guerre. Le budget de 1877 n'allouait pas de subvention pour chemins vicinaux.

(3) Ce total comprend 6.274.677 fr. de crédits pour l'Exposition universelle, sans parler des crédits supplémentaires à voter en cours d'exercice; dans la seule séance du 10 avril, il vient d'en être voté pour 4 millions et demi.

Sur fonds d'emprunt.

	1890	1889	1888	1887	1876
	Francs.	Francs.	Francs.	Francs.	Francs.
Garanties d'intérêts (art. 32. Pr. de loi).	58.000.000	75.000.000	85.000.000	104.000.000	»
Budget des conventions (art. 51-52)	215.000.000	207.000.000	205.000.000	246.958.000	»
Fonds de concours	24.040.000	24.660.000	26.068.300	26.440.700	»
	297.040.000	306.660.000	316.068.300	377.398.700	»

B. — Frais de régie, de perception et d'exploitation.

	1890	1889	1888	1887	1876
Finances	178.802.846	178.650.067	178.836.271	187.134.793	168.326.185
Affaires étrangères	60.000	60.000	60.000	60.000	»
Postes et Télégraphes	135.314.340	132.488.649	131.039.733	132.933.104	86.780.603
Forêts	15.441.930	15.452.543	15.362.513	16.080.203	13.208.874
	329.619.116	326.651.859	325.298.547	336.208.100	268.315.662

C. — Remboursements, non-valeurs.

	1890	1889	1888	1887	1876
	22.066.500	21.832.700	20.350.340	20.039.340	21.348.856

Dette viagère.

Pensions civiles et militaires. — Le montant brut était, en 1870, de 113 millions ; il atteint, en 1889, 192 millions. Depuis 13 ans, il y a une augmentation de charge de ce chef pour les contribuables de 75 millions, et pendant 20 à 22 ans, par l'effet des lois votées, la charge s'accroîtra annuellement de 4 à 5 millions. En 1870, les pensions civiles imposaient au Trésor une charge nette, produit des retenues déduit, de 16.497.000 fr. ; la charge est actuellement de 37.200.000 fr. L'augmentation a été, en moyenne, dans la dernière période, de 1,600.000 fr. par an (Chambre, 24 novembre 1883. Rapport de M. J. Roche). — C'est dans le chapitre de la Dette viagère que figurent les indemnités aux soi-disant victimes du Deux-Décembre pour 6.500.000 (L. 30 juillet 1881), et celles aux survivants des blessés de Février 1848 pour 198.000 francs (L. 18 avril 1889).

Traitements civils.

L'ensemble des traitements s'élève pour 1890 à 424.187.100 f. ; il était pour 1885 de 406.949.00 fr. ; pour 1870 de 306 millions.

Instruction publique.

Service ordinaire. Il s'est accru depuis dix-huit ans de 92 millions, dont 60 afférents à l'instruction primaire. Les traitements obligatoires coûtaient en 1877 : 71.705.000 fr. ; ils ont coûté en 1887 : 120.118.000 fr. — *Constructions scolaires.* La réalisation du programme inauguré en 1878, lequel vise la seule organisation matérielle des Établissements scolaires, coûtera tant à l'État qu'aux départements et aux communes plus de deux milliards, et la population scolaire des écoles *publiques* est en décroissance. L'application de la loi, actuellement soumise aux délibérations du Sénat, entraînera, d'ici à quelques années, une charge nouvelle obligatoire pour les communes de plus de 18 millions, pour l'État de 71 millions ou, en tenant compte de toutes atténuations possibles, de 65.850.000 fr. —

Voir Sénat, 22 novembre 1888, rapport Combes, et 8 avril 1889, rapport Léon Say. Ce dernier rapport déclare le Budget de l'État incapable, sans la création de ressources nouvelles, de supporter la dépense supplémentaire annuelle de 60 millions.

Travaux publics.

En 1878, à l'époque où il fut voté par les Chambres, le programme Freycinet comportait une dépense de 4 milliards et demi au maximum et devait être exécuté en dix ans. Le délai est expiré ; on a dépensé 2.278 millions, y compris les chemins vicinaux. Il reste plus de 4 milliards à dépenser. Les seuls chemins de fer exigeront encore 1.900 millions et l'amortissement de la dépense, afférente à la construction des chemins du troisième réseau, grèvera, jusqu'en 1950, le budget d'une annuité de 85 millions. — Depuis 1888, les crédits pour travaux extraordinaires sont rentrés au budget ordinaire. Le dernier crédit pour lequel ces travaux figuraient au budget extraordinaire, s'élevait à 54.704.400 fr. Les 54 millions ont été réunis dans le tableau ci dessus, aux services extraordinaires du budget ordinaire de 1887. A noter que ces travaux, les seuls réellement productifs, ont subi en 1888 et 1889, comme dans le projet de 1890, une réduction sensible.

	1890	1889	1888	1887	1876
	Francs.	Francs.	Francs.	Francs.	Francs.
Guerre : service ordinaire.	554.333.450	550.652.404	536.899.930	555.931.529	500.038.115
— Travaux extraordinaires......	180.938.000	138.554.300	77.250.000	86.000.000	(1) »
Marine................	203.148.225	204.959.101 (2)	198.901.704 (2)	219.282.814 (2)	130.108.421
Colonies(3).........	52.070.216	55.814.473	60.093.549	71.124.049	30.019.015
	992.489.891	949.980.341	873.145.183	932.341.392	666.165.551

(1) En 1876, le compte de liquidation venait d'être arrêté dans la première de ses parties, et la seconde venait à peine d'être ouverte. Créé en 1871, au lendemain de la guerre, avec une dotation spéciale, ce compte, ainsi que son nom même l'indique, avait une destination déterminée et toute temporaire : réparer les dommages causés par les désastres de l'invasion et de la guerre civile, pourvoir aux dépenses de l'occupation, remplir nos arsenaux vides et reconstituer notre matériel militaire. Il ne se réglait pas par exercice.

Il ne présentait donc aucun des caractères qui ont paru aux commissions du budget elles-mêmes imposer aujourd'hui le rattachement au budget ordinaire des travaux extraordinaires permanents de la guerre, et c'est pourquoi on n'a fait figurer aucun chiffre dans cette colonne au titre de 1876.

(2) Les dépenses extraordinaires de la Marine sont rentrées à partir de 1889 au budget ordinaire. Elles figurent pour 30 millions dans le total de 219 millions de 1887, et pour 16 millions dans celui de 198.901.704 fr., de 1888.

(3) Un décret du 14 mars 1889 vient de rattacher les Colonies au ministère du commerce et de l'Industrie. En 1887, les dépenses de l'Annam et du Tonkin étaient inscrites au budget des Affaires Étrangères pour 30 millions ; à partir de 1888 elles ont été transportées au budget des Colonies ; c'est pourquoi nous avons fait figurer au tableau ci-dessus les 30 millions dans le total de 71.124.049 de 1887. De 19.800.000 fr. en 1888, les crédits du service sont descendus à 15 millions pour 1889 ; on ne demande que 12 millions pour 1890 ; mais il faut noter qu'aux termes du décret du 11 mai 1888, le contingent de la Cochinchine, versé précédemment au Trésor, est affecté aux dépenses militaires de l'Annam et du Tonkin, et que ce contingent est évalué à 11 millions pour 1890.

La nouvelle organisation militaire, actuellement soumise pour la seconde fois aux délibérations de la Chambre, après avoir été adoptée par le Sénat, n'a pas encore naturellement produit son effet sur le Budget. Elle est considérée comme devant entraîner un surcroît de dépenses, que certains orateurs ont chiffré à 60 et même 70 millions. En même temps qu'elle désorganisera, sans aucun avantage pour la défense de la Patrie, les deux services essentiels de l'Eglise et de l'Ecole, elle introduira l'arbitraire et la politique dans une législation dont ils avaient toujours été exclus, et aboutira à établir — c'est l'ancien ministre républicain M. Martin-Feuillée qui l'a déclaré le 5 juillet 1887 à la tribune — un « privilège au profit de l'habitant des villes et au préjudice, comme toujours, de l'Agriculture et des paysans ».

Budget extraordinaire de la Guerre.

Le Budget actuel est le troisième ouvert depuis 1870.

Le premier a été arrêté en décembre 1875 ; le second clos par la loi du 26 février 1887, laquelle avait définitivement réglé à 2.283.833.283 francs l'ensemble des prévisions budgétaires des dépenses relatives à la reconstitution du matériel militaire.

« Il est facile de constater, disait à propos de ce second Budget M. Cavaignac, qu'à aucune époque le Parlement n'a eu la connaissance exacte du programme des dépenses auquel correspondaient les crédits ouverts et qu'il a connu seulement à une date très tardive le montant total des dépenses engagées.... Les Chambres se sont trouvées en présence de demandes de crédits fractionnées, successives, ne correspondant à aucun programme et dans ces conditions le Parlement n'a pu qu'accepter tout ce qui lui était proposé, qu'accorder tout ce qui lui était demandé, et ouvrir en réalité aux ministres autant de blancs-seings qu'il recevait de demandes de crédits.... On pouvait en 1885 entrevoir la fin du budget extraordinaire de la guerre. En 1886 la dépense a repris une marche ascendante et les crédits qui étaient restés pendant une ou plusieurs années inemployés et qui, par suite, ne paraissaient pas correspondre à des besoins urgents, ont été pour la plus grande part consommés. C'est le commencement du mouvement qui a abouti à la création du nouveau budget extraordinaire. » (Rapport du 15 décembre 1887, *passim*.)

La loi du 27 février 1887 ne réglait pas seulement, en effet, la situation de l'ancien budget extraordinaire. Elle ouvrait des crédits pour engager les dépenses du nouveau programme. « L'ensemble des dépenses nouvelles qui se trouvaient ainsi engagées n'était pas connu. Aucun rapport spécial ne fut déposé et le rapport général se borna à une mention aussi peu explicite que celle de l'exposé des motifs... Un nouveau programme de dépenses, qui se chiffre par centaines de millions, se trouva ainsi engagé sans que le Parlement eût pu connaître, nous ne disons pas seulement la nature, mais même le montant total des sacrifices énormes dont se trouvaient grevées les finances de la France. » (*Ibidem*.)

M. Cavaignac concluait au nom de la Commission à la nécessité d'une prochaine suppression du budget extraordinaire de la Guerre. C'est la réforme, que les Droites ne cessent de réclamer depuis plusieurs années et qu'avaient tenté de réaliser M. Sadi Carnot, alors ministre des finances, dans le projet de Budget du 16 mars 1886, et son successeur M. Dauphin dans celui du 22 mars 1887.

La loi du 26 juin 1888 avait fixé à 370 millions l'ensemble des prévisions budgétaires pour la transformation des armes et engins de guerre et le complément de notre système défensif. Une seconde loi du 30 décembre 1888 a élevé le total à 770.731.006 fr., non compris 210 millions de dépenses réservées par le Ministre. Aucun membre de la Commission de la Chambre n'avait consenti à se charger du rapport de cette loi pour les motifs ci-après indiqués par le Rapporteur général M. J. Roche, lequel avait dû, pour « mettre la Chambre en mesure de délibérer », assumer la tâche déclinée par ses collègues : « Un programme de dépenses implique et exige un programme de ressources... Le gouvernement avait le temps et le devoir d'apporter un moyen sérieux de dotation du nouveau programme. Il n'est pas de réforme plus essentielle, plus pressante, plus utile que d'assurer l'équilibre du Budget. Cependant, non seulement le Ministre des finances n'a point formulé de programme de ressources,... mais pour

1880 il propose de continuer le système des obligations sexennaires... Et que fera-t-on pour les 403 millions restant à accorder après 1889 ? Continuera-t-on de recourir uniquement d'une façon permanente à des emprunts sans gage ? Chargerat-on ainsi notre Budget d'une dette d'un milliard qui roule d'échéance en échéance, de renouvellement en renouvellement ? » (Rapport du 6 décembre 1888).

Toutes les fois que les Droites ont voulu protester contre cette manière d'agir, on leur a fermé la bouche. (Voir, entre autres, séance du 10 mars 1888. Déclaration de MM. le comte Lanjuinais et le comte de Martimprey.)

IV. — BUDGET DES DÉPENSES SUR RESSOURCES SPÉCIALES.

1890	1889	1888	1887	1876
Francs.	Francs.	Francs.	Francs.	Francs.
475.672.100 (1)	464.163.047	473.298.150	467.123.452	375.057.842

Le projet de loi du 9 février proposait de porter de 1 à 2 1/2 le nombre des centimes additionnels à la contribution foncière pour la formation du fonds de non-valeurs, relèvement qui se traduisait en une aggravation de charge pour les contribuables de 5.692.193 fr. La Commission a réduit le relèvement à 1 centime, tout en le reconnaissant insuffisant. Jusqu'à ces dernières années, le fonds de non-valeurs suffisait et au delà à sa destination ; l'accroissement des dégrèvements prononcés en faveur, tant de contribuables victimes de sinistres ou de fléaux et particulièrement du phylloxera, que de propriétaires de maisons vacantes ou d'usines en chômage, — ce qui, soit dit en passant, n'est guère un indice de prospérité (2), — le mettrait

(1) Ce total se décompose ainsi : Budgets départementaux, 259.090.360 fr. dont 178.528.880 fr. de centimes et le surplus de produits éventuels ordinaires et extraordinaires ; —Budgets communaux, 187.183.305 fr. de centimes ; — Fonds de non-valeurs, de secours, de réimpositions, de confection de rôles, etc., 24.579.362 fr.; — services d'Algérie, 4.819.079 fr. Les 187 millions, afférents aux budgets communaux, ne représentent qu'un peu moins du cinquième du total de ces budgets, qui dépasse actuellement un milliard. L'ensemble des charges, que lesdits budgets imposent, centimes compris, aux contribuables (octrois, prestations, taxes locales diverses) n'est pas inférieur à 600 millions.

(2) De même, les frais de poursuites en matière de contributions di-

14

depuis 1888 en déficit. Le déficit n'aurait-il pas aussi pour cause
l'imputation faite sur ce fonds en 1883, pour décharger d'autant le budget, des frais de confection des rôles des contributions directes, imputation que les Droites ont vainement com-
battue comme une véritable spoliation au préjudice de l'agriculture ? — A noter que les centimes spéciaux de l'instruction
primaire seraient enlevés par la loi nouvelle aux départements
et aux communes pour être attribués à l'Etat. Les vices de répartition de l'impôt foncier s'en trouveraient encore ainsi ag-
gravés et les communes, pour subvenir aux charges nouvelles
que cette loi leur impose, se verraient bientôt dans la nécessité
d'établir de nouveaux centimes spéciaux.

— L'écart entre le total de 1890 et celui de 1870, qui n'est
pas moindre de 100 millions, représente une aggravation d'impôts de près de 3 fr. par tête. Cette aggravation n'est pas uniforme, à raison de sa nature même. Elle varie non seulement de
département à département, mais encore de commune à commune, et précisément à ce sujet, M. Daynaud, dans la discussion générale du dernier Budget, a fait la curieuse constatation
qui suit : « J'ai voulu savoir ce que dans les dépenses communales les départements conservateurs payaient, et ce que les
départements dits républicains payaient... J'ai divisé la France
en trois catégories. J'ai placé dans la première les départements
qui au Sénat n'étaient représentés que par des sénateurs conservateurs..., dans la seconde tous les départements où les
sénateurs et les députés étaient partagés, et enfin dans la troisième, les départements où tous les députés et sénateurs sont
républicains... Les 14 départements conservateurs payent sur
leurs revenus 4 fr. 3 cent. par tête ; les 20 départements mixtes payent 7 fr. 50; et les départements républicains payent
12 fr. 47 cent... Continuant mon travail, j'ai vu que les centimes extraordinaires dans toute la France s'élèvent à 440.558.000
fr. Les conservateurs payent en moyenne 9 cent. et les républicains 15 cent. ; et enfin faisant le total des centimes tant addi-

rectes, qui n'étaient que de 1 fr. 78 pour 1.000 fr. de recouvrements en
1876, se sont progressivement élevés de 1 fr. 87 en 1885, à 2 fr. en
1888.

tionnels qu'extraordinaires, je vois que les départements conservateurs payent 36 cent. les départements mixtes 41 cent., les départements républicains 60 cent. » (Chambre, séance du 22 octobre 1888).

Depuis plusieurs années déjà, les Droites réclamaient sans pouvoir l'obtenir, le bilan exact de la situation financière des communes. Le document officiel, que le Ministère vient de publier enfin pour déférer à leur demande, témoigne combien elle était fondée.

En 1877, au moment où les Conservateurs quittaient le pouvoir, le budget ordinaire des communes se balançait ainsi : Recettes, 624.855.018 fr. Dépenses, 553.480,216 fr. Excédent de recettes à appliquer aux besoins extraordinaires : 70.874.832 fr. En 1885, les recettes se sont élevées à 733.538.853 fr., mais les dépenses ont atteint 746.220.570 fr. ; il y a donc un déficit annuel et permanent de 12.681.853 fr. On sait les causes de ce lamentable écart de 83 millions en dix ans. Le ruineux programme de l'instruction primaire en est la cause primordiale, sinon la seule.

La gestion républicaine n'a pas été moins dommageable pour les finances communales que pour les finances générales, et le document officiel, qu'on le remarque, s'arrête à 1885, c'est-à-dire au moment où a commencé l'application de la législation nouvelle sur les constructions scolaires.

Au 31 décembre 1886, les emprunts et dettes s'élevaient, Paris compris, à 3.020.450.528 fr. L'augmentation pour les villes et communes autres que Paris, atteint 485.058.159 fr., ou 70 % (1.242.535.042 fr. en 1886, contre 757.477.783 fr, en 1877).

Si l'on ajoute les 3 milliards de dettes communales et les 630 millions des départements aux 32 milliards de dettes et engagements du Trésor (1), on arrive à un total qui laisse malheureusement bien loin derrière lui tous les autres peuples du globe.

Chaque Français se trouve en naissant chargé, du chef de

_____

(1) Sur les engagements du Trésor, voir les discours de MM. Blavie et Hugot (Sénat, 25 mars 1888). D'après M. Blavier, le montant de ces engagements s'élevait, au 1ᵉʳ janvier 1888, à 32.534 millions, en augmen-

l'État, des départements et des communes, de près de 1.000 fr. de dettes.

Telle est, dans son ensemble, autant du moins que permettent de l'apprécier les communications officielles, la situation financière.

Elle constitue pour la fortune publique et privée, — la majorité républicaine ne se refuse plus à le reconnaître — un péril redoutable et imminent.

Elle ne saurait toutefois être considérée comme désespérée, mais à la condition que, renonçant à marcher plus avant dans la voie des procédés empiriques, des dilapidations et des gaspillages, où on l'a témérairement engagé à partir do 1877, le pays accepte résolument les programmes des économies.

C'est ce que les Droites ne cessent de réclamer depuis nombre d'années. En juin 1885, à la veille des élections, elles demandaient l'établissement d'un Bilan, que la majorité s'est empressée d'écarter par la question préalable. En décembre 1885, 175 députés des Droites renouvelèrent cette demande sans plus de succès. Ils l'ont renouvelée encore le 23 janvier 1888 et, répondant par avance aux reproches immérités, qu'à bout d'autres arguments les républicains lancent parfois contre la minorité conservatrice de n'appuyer que des augmentations de dépenses, ils ont accompagné leur troisième proposition de tout un plan financier indiquant ce qu'à leur sens il conviendrait de faire pour assurer l'équilibre budgétaire (1). D'ores et déjà, sans parler d'améliorations ultérieures, le programme des économies s'établirait ainsi, se chiffrant à plus de 282 millions :

tation de 4.582 millions sur 1870. M. Hugot chiffre les engagements de l'État à 31.865.000.000 fr., savoir :

Dette consolidée 4 1/2 0/0 capital	6.789.000.000 fr.
— 3 0/0 —	14.260.000.000
Dette remboursable y compris le 3 0/0 amortiss.	7.115.000.000
Obligations sexennaires et p'garanties d'intérêts	783.000.000
Dette flottante au 1ᵉʳ janvier 1888..............	1.000.000.000
Dette viagère au denier 12......................	1.700.000.000
Capitaux de cautionnement......................	218.000.000

Ce total s'est nécessairement accru depuis.

(1) Ce programme avait déjà été présenté par les Droites au cours de la précédente législature (26 juillet 1881).

FINANCES. — Réformes dans la perception de l'impôt, soit par la suppression des trésoriers-payeurs généraux, soit par la réorganisation de nos grands services financiers.......Fr. 15.000.000

Meilleure perception de l'impôt, répression de la fraude, remplacement des transactions par des amendes proportionnelles.......... 60.000.000

Pensions du Deux-Décembre............... 7.150.000

Suppression des logements dans les bâtiments de l'État................................ 2.000.000

Portion des nouvelles rentes 3 %, que la suppression du Budget extraordinaire empêchera d'émettre, leurs intérêts............. 3.700.000

Postes et télégraphes...................... 10.000.000

Service des pensions...................... 4.000.000

AFFAIRES ÉTRANGÈRES............................ 1.500.000

INTÉRIEUR. — Réformes diverses................. 4.500.000

ALGÉRIE.— Diminution des charges de la métropole résultant soit de la diminution réelle des dépenses, soit de l'augmentation de la part contributive de l'Algérie par le rapprochement du taux des impôts algériens de celui des contributions payées en France....... 10.000.000

COLONIES proprement dites..................... 8.000.000

Protectorats................................ 10.000.000

Tunisie, dépenses militaires................ 9.000.000

INSTRUCTION PUBLIQUE............................ 50.000.000

Beaux-Arts................................. 500.000

TRAVAUX PUBLICS. — Proposition de loi confiant aux chambres de commerce l'entretien et la construction de nos ports maritimes....... 21.000.000

Suppression des employés du service extraordinaire des travaux publics, exécution par l'industrie privée des travaux neufs de chemins de fer, etc., etc.................. 25.000.000

Suppression de la subvention pour l'entretien des chaussées de Paris.................. 3.500.000

Concession des chemins de fer de l'État..... 20.000.000

FONCTIONNAIRES. — Économies résultant de la réunion du ministère du Commerce à celui des Travaux publics, de la réduction du personnel créé depuis 1877 et de la revision des augmentations de traitement accordées depuis la même époque.................. 17.500.000

Total................. 282.350.000

Soumise à la commission d'initiative, la proposition de Bilan a été, dès le 3 avril, l'objet d'un rapport sommaire favorable, mais depuis lors, elle demeure toujours inscrite à l'ordre du jour, sans jamais venir en rang utile pour la discussion ; et il n'en saurait être autrement, car, si la Chambre consent à rogner sur le Budget ordinaire quelques millions, elle tient par contre à laisser toute grande ouverte la porte du Budget extraordinaire, à travers laquelle les millions s'échappent par centaines, non seulement pour la reconstitution militaire, mais aussi et surtout pour les travaux stériles et les folies scolaires.

L'équilibre budgétaire ne peut, dans ces dispositions de la majorité, être obtenu que par l'établissement de nouveaux impôts. M. Ferry l'avait annoncé, sous la précédente législature, dès novembre 1884. Le rapporteur au Sénat du troisième budget extraordinaire de la Guerre l'a répété le 26 décembre dernier, en engageant le pays à envisager virilement la nécessité de nouveaux sacrifices. Entre temps, les ministres des Finances qui se sont succédé, ont tenu semblable langage et chacun d'eux a formulé son plan de réforme (1). Les commissions du Budget ont également eu le leur ; mais aucun n'a encore abouti (2), et même sort est certainement réservé aux projets

(1) Voici la nomenclature des divers projets d'impôt formulés au cours de la législature 1885-1889, tant par le gouvernement que par les commissions du Budget, et non adoptés : 16 mars 1886. Projet de Budget pour 1887. Surtaxe de l'alcool ; remaniement de l'impôt des boissons ; — 16 octobre 1886. Commission du Budget ; accroissement de taxe sur les libéralités testamentaires; impôt sur le revenu ; — 22 mars 1887. Projet de budget pour 1888. Surtaxe de l'alcool et réforme de la contribution personnelle mobilière (Projet spécial déposé le 26 février) ; — 28 novembre 1887. Commission du Budget, réforme de l'impôt des boissons, suppression du privilège des bouilleurs de cru ; tarif progressif des droits de succession.

(2) Quelques impôts nouveaux ont cependant été votés au cours de la législature ; — 19 juillet 1886. Réunion aux recettes du Budget général des produits spéciaux affectés aux rachats des charges de courtiers (1.401.500 fr.) ; — 28 février 1887. Rétablissement des droits d'inscription dans les facultés de l'Etat, supprimés, en 1880 (797.000 fr.) Droits d'examen du Brevet d'enseignement primaire (600.000 fr.) ; — 30 mars 1888. Quittances des rentes viagères (50.000 fr.) ; surtaxe des huiles lourdes et goudrons de pétrole (1.289.800 fr.) Les surtaxes sur les céréales et le bétail, établies par les lois des 29 mars et 5 avril 1887, ont été évaluées en 1888 devoir produire avec le droit de visite du béta'

dont le ministère qui vient de tomber avait pris l'initiative. On ne les rejettera pas ; mais on remettra à la législature prochaine la solution du problème social qu'ils présentent. Ce problème constitue pour la France qui travaille une sérieuse menace ; il convient d'en indiquer ici tout au moins les termes.

Les projets déposés en octobre dernier par le Gouvernement (1), et actuellement soumis à l'examen des commissions spéciales de la Chambre, concernent *l'impôt des boissons, l'impôt sur le revenu, l'impôt sur les successions.*

— Le dégrèvement total ou partiel des boissons hygiéniques est assurément chose souhaitable, mais à condition de pouvoir le réaliser à l'aide d'excédents réels, quand il en existe, des recettes du Budget, et non, comme le propose le projet du 30 octobre, à condition de consister uniquement à surtaxer l'alcool, à frapper les débitants de boissons de licences surélevées qui ont tous les inconvénients des taxes directes, à ne délivrer ces mêmes débitants des entraves de l'exercice que pour les imposer dans toute leur rigueur à la classe si nombreuse et si intéressante des cultivateurs, distillant les produits de leur récolte, bouilleurs de cru et autres.

— Les revenus sont depuis longtemps taxés en France sous toutes les formes. Le projet du 30 octobre superpose aux im-

étranger (Décret 27 novembre 1887) un accroissement de 17.421.700 fr. sur les recettes des douanes. Le chiffre de 17 millions sera dépassé en 1889. En bonne justice, et s'il avait été tenu compte des propositions des Droites, la plus-value aurait dû être affectée à des dégrèvements en faveur de l'Agriculture. Le régime des sucres a été, au cours de la législature, l'objet de nombreuses modifications. (L. 27 mai 1887, 4 juillet 1887, 26 juillet 1888) qui ont eu pour résultat de relever le produit de l'impôt de 138 millions recouvrements de 1886, à 178.700.000 fr. prévision pour 1890.

(1) Un quatrième projet est annoncé par l'exposé des motifs du 9 février 1889 ; il concerne la contribution foncière des propriétés bâties. Une nouvelle évaluation de ces propriétés s'exécute actuellement, en vertu d'un crédit de 3 millions ouvert par les Chambres. L'opération, dont les Droites ont plusieurs fois critiqué les procédés arbitraires et irréguliers, n'avait en principe pour objet qu'une plus égale répartition des charges. Dès le 3 novembre 1887, M. Rouvier la signalait comme devant aboutir à une augmentation de 40 millions.

pôts déjà existants, dont il ne corrige pas mais aggrave ainsi les vices de répartition, une taxe générale qui atteindrait tous revenus, bénéfices, produits, traitements et salaires au-dessus de 2.000 francs; il confie aux agents de l'administration pour l'établissement des rôles un pouvoir inquisitorial et discrétionnaire sur la fortune de tous ; il substitue à la présomption des facultés des contribuables, telle que la pratique la France moderne, la taxation administrative de l'Allemagne (1).

— Le troisième projet, en date du 15 octobre, porterait à la constitution de la famille et par suite à celle de la société même, surtout au sein des populations rurales, une grave atteinte. Il enlèverait tout droit successif aux parents au-dessous du degré de cousin issu de germain, et les rejetterait au rang des personnes étrangères, déférant au fisc les successions *ab intestat*, auxquelles ils viennent actuellement en ordre utile. C'est la main morte des anciens âges, dont Louis XVI s'était illustré en supprimant les derniers vestiges, et que la troisième République propose de rétablir pour l'anniversaire de 1889.

(1) Voir pour l'impôt sur le revenu la NOTE du comité d'études parlementaires (novembre 1888). On en rappellera ici la conclusion : « Ainsi, l'inquisition et l'exercice, si difficiles déjà à supporter chez les marchands de vins, seront appliqués à tous les citoyens français. — On se demande comment les petits agriculteurs, consommant eux-mêmes une partie de leurs produits, arriveront à justifier du chiffre de leur revenu, et ce que sera pour eux une nouvelle taxe arbitraire superposée à tous les anciens impôts dont ils supportent déjà le poids. »

LA

SITUATION FINANCIÈRE

DES COMMUNES

D APRÈS LES STATISTIQUES OFFICIELLES

1806-1877

PUBLIÉ EN 1882

LA SITUATION FINANCIÈRE DES COMMUNES

D'APRÈS LES STATISTIQUES OFFICIELLES

1806-1877

L'article 8 de la loi de finances du 30 mars 1878 imposait au Gouvernement l'obligation de dresser et de publier un état de la situation financière de toutes les communes de France au 1ᵉʳ janvier 1878.

Le ministère de l'Intérieur s'est exactement acquitté de l'obligation qui lui incombait de ce chef, et le volumineux document qu'il vient de faire imprimer à l'imprimerie nationale (1) mérite de fixer l'attention. Il abonde, en effet, en renseignements précieux sur une branche des finances et de la fortune publique qui demeure trop souvent dans l'ombre pour les hommes d'État et les publicistes, aussi bien que pour les contribuables. La statistique, dont nous nous proposons de placer les principaux résultats sous les yeux du lecteur, n'est pas la première de ce genre qui ait paru en France. Il en existe d'autres analogues se rapportant à des époques plus ou moins éloignées. Bien que moins complètes, elles fournissent cependant d'utiles points de comparaison, et permettent de constater quelle a été depuis le commencement du siècle la progression des ressources et des dépenses communales.

---

(1) Rapport adressé au Ministre de l'Intérieur et des Cultes sur la situation financière et matérielle des communes en 1877. Paris, imprimerie nationale MDCCCLXXXI, in-4° de LIV-191 pages.

I

C'est la loi du 28 pluviôse an VIII qui, résumant celles rendues dans la période antérieure, a définitivement constitué notre organisation administrative sur les bases où elle repose encore aujourd'hui. Toutefois, en 1837 d'abord, puis en 1867, cette organisation a subi, au point de vue de l'autonomie municipale, de très profondes modifications. Aussi peut-on considérer les budgets communaux comme ayant passé de 1800 à 1877 sous trois régimes distincts.

1. La première période s'étend du Consulat à la Monarchie de juillet ; elle est caractérisée par une subordination complète des autorités municipales au pouvoir central. Nommées par lui, elles sont tenues de soumettre à son approbation préalable toutes leurs délibérations, sans distinction de la nature ou de l'importance des affaires. Les budgets sont définitivement arrêtés, en tous leurs articles, soit par arrêté préfectoral, soit par décret, suivant le chiffre plus ou moins élevé des revenus de la commune. Le maximum des centimes additionnels est fixé à cinq. Il ne peut être établi d'imposition extraordinaire pour pourvoir aux dépenses ordinaires. Les améliorations, réparations et embellissements ne peuvent avoir lieu que sur les excédents de recettes. Dans les villes ayant 20,000 fr. de revenus et au-dessus, et une population inférieure à cent mille habitants, les frais d'administration ne doivent pas excéder 0 fr. 50 c. par tête d'habitant.

Un rapport du Ministre de l'Intérieur à l'Empereur, en date du 15 mars 1806, sur la *Comptabilité des communes*, permet d'établir le bilan du régime à ses débuts. Ce rapport était déposé aux archives du Conseil d'Etat, et il a péri dans l'irréparable destruction de ces archives en 1871 ; nous le croyons inédit et c'est pourquoi nous reproduisons les extraits que nous avons eu la bonne fortune d'en conserver.

« Les villes ayant plus de 20.000 fr. de revenus sont au nombre de 248. Le revenu total de ces 248 villes compose une masse de 49,354,060 fr., ce qui donne pour terme moyen de chacune près de 200,000 fr. Leur population totale est de 4,632,970 habitants. Si l'on divise la masse du revenu par celle de la population, on voit que chaque individu participe aux revenus communaux pour un peu plus de 10 fr.

« Ces revenus se divisent en biens propres, en centimes additionnels et en octrois. Les premiers sont peu considérables, parce qu'en général les grandes villes ont peu de biens communaux. Les centimes additionnels sont aussi proportionnellement modiques, ils ne représentent que le vingtième de l'imposition foncière assise sur les maisons, et de la contribution personnelle ; celle-ci cependant doit produire dans les villes beaucoup plus que dans les campagnes. Ce sont donc les octrois qui composent la grande masse des revenus des villes, c'est cette ressource qui pourvoit à leurs nombreux besoins.

« Les dépenses de toutes ces villes sont ici indiquées comme inférieures à leurs revenus, parce que les préfets, conformément aux intentions de V. M., ne proposent que celles qu'il est possible de faire.

« La partie la plus considérable de ces dépenses est portée sur le tableau comme embrassant des objets trop divers. Mais, si l'on distrait du montant de la colonne intitulée *Dépenses municipales*, une somme égale à 0 fr. 50 c. par chaque habitant que V. M. alloue pour les dépenses d'administration proprement dites, on pourra considérer les 20,486,815 fr. restants comme représentant les sommes demandées pour constructions, réparations, embellissements, etc.

« Les secours publics forment une partie notable des dépenses municipales, ils en absorbent en masse presque le quart ; dans beaucoup de villes ils en prennent la moitié.

« Les dettes arriérées des grandes villes sont encore considérables... surtout en Belgique.

« Le deuxième tableau ne présente que les recettes des communes qui ont moins de 20,000 fr. de revenu. Je n'ai pu avoir sur leurs dépenses que des détails très incomplets. Le nombre de ces communes est de 40,878, et leur population de 30,255,042 habitants. Leur revenu total s'élève à 26,642,900 fr., soit en moyenne par commune 568 fr. 34 (1). Ce revenu partagé entre

(1) Beaucoup de communes se trouvaient au-dessous de cette moyenne. Dans l'Aveyron, le Mont-Blanc, les Pyrénées-Orientales, la Moselle, les

tous les habitants no donnerait pour chacun qu'une somme inférieure à 1 fr.

« V. M. remarquera que les centimes additionnels des petites communes forment une masse beaucoup plus considérable que ceux des grandes, ce qui doit être, puisqu'ils représentent en général 5 % de presque toutes les contributions foncières, et d'une partie de la somptuaire et mobilière.

« Il résulte de ces deux tableaux que la situation des communes qui ont plus de 20,000 fr. de revenus est généralement satisfaisante ; — que celles des petites, et surtout des communes rurales est généralement malheureuse. »

Les totaux du rapport de 1806 s'appliquent à l'ensemble de la France de cette époque. Si l'on en défalque les chiffres afférents aux territoires détachés par les traités de 1815, Nice et la Savoie exceptées, défalcation nécessaire pour les comparaisons ultérieures, — on trouve qu'il y avait alors 194 villes ayant plus de 20,000 fr. de revenus ; que ces villes comptaient 3,612,955 habitants, et que leurs budgets se soldaient en 1806 par 40,810,437 fr. de dépenses, et par 41,154,329 fr. de recettes sur lesquels, 34,434,715 fr. venant de taxes d'octroi.

Dans les chiffres ci-dessus, la ville de Paris figurait pour une population de 547,556 habitants ; 18,392,274 fr. de recettes ordinaires, et 17,421,579 de dépenses de même nature. La dette était évaluée à 1,500,000 fr.

Quant aux autres communes, elles étaient au nombre de 39,208, avec une population de 24,967,244 âmes, et 20,026,086 fr. de recettes fournies jusqu'à concurrence de 8 millions et demi par les centimes, et pour le surplus presque en totalité par leurs revenus patrimoniaux.

2. Trente ans plus tard, à la veille de la loi du 18 juillet 1837, la situation des recettes et dépenses communales s'établissait ainsi qu'il suit :

Toutes les communes, Paris excepté, au nombre de 37,232,

Basses-Pyrénées, la Charente-Inférieure, les Landes, la Haute-Loire, certains budgets municipaux avaient moins de 10 fr. de recettes. 41 départements comptaient des communes possédant un revenu de 10 à 30 fr.

avaient 100,848,990 fr. de recettes ordinaires (1), et 83,830,926 fr. de dépenses de même nature.

Les dépenses extraordinaires s'élevaient pour l'année 1836 à 33,062,204 fr. et le produit des centimes extraordinaires imposés pour les couvrir à 4,690,558 fr. Le surplus était fourni soit par des coupes extraordinaires, ventes d'immeubles et emprunts, soit par l'excédent des recettes ordinaires.

778 communes seulement comptaient plus de 10,000 fr. de recettes ordinaires, 184 plus de 30,000, et 95 plus de 100,000. A l'autre bout de l'échelle, le budget annuel de 11,364 communes ne dépassait pas 500 fr., et pour 860 d'entre elles, se trouvait inférieur à 100 fr.

Le budget de la ville de Paris, dont la population atteignait à peine 900,000 âmes (890,313), se balançait par 42,058,503 fr. Ce total était, pour les recettes, fourni en entier, à 184,000 fr. près, par les revenus ordinaires, dans lesquels l'octroi figurait pour 27,705,807, soit 65 %. Les dépenses ordinaires étaient de 31,857,021 fr.

3. La loi du 18 juillet 1837, consacrant une division qui se trouvait en germe dans la législation antérieure, rangea les attributions des conseils municipaux en trois classes.

Ces conseils furent autorisés à régler définitivement par leurs votes, sauf le droit d'annulation réservé à l'administration dans le délai de trente jours, pour violation de la loi ou des règlements, ou sur la réclamation des tiers intéressés, les questions de jouissance des biens communaux, et qui n'étaient pas de nature à compromettre l'avenir.

Ils ne purent que délibérer, — leurs délibérations, pour devenir exécutoires, étant soumises à la nécessité de l'approbation de l'autorité supérieure, — sur les affaires de nature à

_____

(1) Ou 61 millions en retranchant 39,853,055 fr. provenant des taxes d'octroi perçues dans 1,500 communes. Les 61 millions se décomposaient ainsi : Revenu immobilier annuel, 19,624,083 ; rentes, 3,501,144 ; taxes diverses, 17,013,086 ; centimes, 19,773,165. Il convient de faire remarquer que dans le produit des centimes ne se trouvaient compris en 1836, ni les 5 centimes que la loi du 21 mai de la dite année venait d'établir pour le service de la vicinalité, ni même les 3 centimes de la loi du 28 juin 1833 sur l'instruction primaire. Ces 8 centimes représentaient alors une somme totale d'environ 11 millions.

engager les ressources futures de la commune, ou à altérer son patrimoine. Dans cette catégorie d'actes prirent place les budgets, qui durent être réglés par les préfets pour les communes ayant un revenu inférieur à 100,000 fr., et par ordonnances pour les autres. L'autorité supérieure était investie du droit de réduire ou de rejeter les dépenses proposées ; mais elle ne pouvait ni les augmenter, ni en ajouter de nouvelles, à moins qu'il ne s'agît de celles que le législateur qualifiait d'*obligatoires*, à la différence des autres, distinguées à leur tour en dépenses *facultatives*, et dépenses *spéciales* (instruction primaire, vicinalité).

Enfin les conseils municipaux furent appelés à donner leur avis sur les questions et les mesures d'ordre plus général, dont l'initiative et la décision appartenaient à d'autres autorités, et au sujet desquelles le gouvernement jugeait opportun de les consulter.

La réforme de 1837 marquait un progrès considérable dans le sens de l'autonomie municipale, et d'autant qu'elle se trouvait complétée par la loi qui, dès le 21 mars 1831, avait rétabli l'élection pour les conseils municipaux. Cette élection eut lieu jusqu'en 1848 par le suffrage restreint. Un décret du 3 juillet de ladite année lui substitua le suffrage universel, et la constitution du 24 novembre, comme celle du 14 janvier 1852, confirmèrent la substitution.

4. La loi du 24 juillet 1867 est venue, sinon remplacer, du moins modifier en plusieurs de ses parties la législation de 1837. Elle avait été précédée des deux célèbres décrets des 25 mars 1852 et 13 avril 1861, qui, malgré leur titre, ne changèrent rien aux pouvoirs des conseils municipaux, et se bornèrent, dans l'intérêt de la plus prompte expédition des affaires, à rapprocher le contrôle en le transportant de l'autorité centrale au préfet, lequel reçut, entre autres droits considérables, celui d'approuver les budgets et comptes de toutes les communes, quel que fût le montant de leurs revenus annuels. C'est la loi de 1867 qui, aujourd'hui encore, régit la matière.

Au moment de son élaboration, le ministère de l'intérieur avait jugé à propos de procéder à une enquête statistique analogue à celle effectuée en 1836, et qui n'avait pas été renouve-

lée depuis (1). Les résultats de cette enquête se trouvent consignés dans un rapport à l'Empereur du 20 mars 1865 ; ils
sont relatifs à l'année 1862, et constatent une progression
énorme, que le rédacteur du rapport a cru devoir imputer,
d'une part à l'accroissement de la population, de l'autre et surtout au développement de la richesse publique.

Les recettes ordinaires des 37,505 communes de l'Empire,
Paris excepté, s'étaient élevées en 1862 à 291,899,431 fr. ; les
recettes extraordinaires à 149,517,159 fr. (2) ; c'est-à-dire que,
par rapport à 1836, les premières avaient presque triplé, et
les secondes plus que quintuplé. Les dépenses ordinaires
avaient été, pour le même exercice 1862, de 256,054,948 fr.,
et les dépenses extraordinaires de 193,283,419 fr. Le nombre
des communes ayant moins de 100 fr. de revenus était descendu à 45, et celui des communes ayant de 100 à 500 fr. de
revenus à 537. Par contre, le total annuel de 2,815 budgets variait entre 10,000 et 30,000 fr. ; celui de 453 autres entre
30,000 fr. et 100,000 fr., et celui de 201 dépassait 100,000 fr.
Sur ces 201 communes, 193, comptant une population de 4
millions 1/2, avaient environ 95 millions de recettes ordinaires,
dont près de 68 fournis par les taxes principales d'octroi (3).

(1) La question de la situation financière des communes avait cependant été soulevée en 1850 et 1851 devant les pouvoirs publics, et le rapport de la commission extra-parlementaire, instituée par décret du 30
mars 1850, sous la présidence de M. Vivien, pour l'examiner, avait
donné pour l'exercice 1846 les totaux suivants, mais sans détails, pour
l'ensemble des 36,819 communes, Paris compris : recettes ordinaires, 230,638,909 fr. ; recettes extraordinaires, y compris les emprunts, 108,095,821 fr. ; total, 338,729,730 fr. Dépenses ordinaires :
186,083,029 fr. ; idem extraordinaires, 94,051,476 fr. ; total, 280.134,505 fr.
A cette même date de 1846, et d'après le même document, il restait à
rembourser 76,764,600 fr., sur les 122,686,971 fr. d'emprunts communaux
successivement contractés. Dans ce chiffre figure le passif de la ville de
Paris. La capitale redevait, au 1er janvier 1846, 30,555,929 fr., sur les 64
millions qu'elle avait demandés au crédit public. La révolution de 1848
devait aggraver sensiblement ses charges. Au 1er janvier 1851, sa dette
montait à 96,989,285 fr.

(2) Dans ces deux totaux, les taxes d'octroi, perçues au profit de
1,434 communes, figuraient pour 78,668,803 fr., savoir : taxes principales
72,656,153 fr. ; taxes additionnelles, 6,012,650 fr.

(3) Ministère de l'intérieur, situation financière des communes de
l'Empire ayant au moins 100.000 fr. de revenus ordinaires. Comptes de
1864.

Enfin 4,486 communes se trouvaient grevées d'emprunts, sur lesquels 259 millions restaient à rembourser au 31 décembre 1862. A la même date, les dettes communales autres que les emprunts s'élevaient à 82,032,000 fr.

Quant à la ville de Paris, la loi de 1859, en lui annexant les communes suburbaines, avait porté sa population à 1,667,841 âmes, son budget ordinaire à 117 millions en recettes, et 64 millions en dépenses. Ses dépenses extraordinaires s'étaient élevées pour 1862 à 98 millions et demi, couverts moitié environ par l'excédent du budget ordinaire, et l'autre moitié par des ressources extraordinaires. La dette de la capitale atteignait, au 31 décembre 1862, 342 millions et demi, dont 246,874,000 fr. à rembourser sur emprunts.

5. Ainsi que nous l'avons indiqué, la loi du 24 juillet 1867 est encore actuellement en vigueur. Cette loi a, d'une manière bien plus effective que sa devancière de 1837, relâché les liens de la tutelle administrative, et il ne serait pas impossible que, lorsque les pouvoirs publics trouveront le loisir d'aborder le problème toujours à l'ordre du jour de la réforme municipale, ils ne soient amenés à reconnaître que le régime qu'elle a inauguré n'est susceptible que de peu de modifications importantes. A aucun point de vue, il ne saurait donc paraître hors de propos de rappeler brièvement l'esprit dans lequel elle a été conçue, en même temps que ses dispositions principales.

Tout en confiant aux conseils municipaux, dans la plupart des cas, un droit exclusif d'initiative, le législateur de 1837 n'avait pas cru cependant pouvoir leur abandonner la direction de leurs affaires ; il avait presque toujours maintenu au préfet ou au gouvernement central le droit de décision. Celui de 1867, plus libéral, a confié aux représentants de la commune une autorité propre, réservant seulement à l'administration supérieure l'approbation des mesures qui, par leur importance exceptionnelle, pouvaient atteindre les intérêts généraux du pays, ou étaient de nature à engager gravement la gestion et l'avenir du patrimoine communal.

Cette réforme considérable a pu se réaliser sans porter at-

teinte à la classification fondamentale et tripartite de la loi de
1837. Il a suffi d'élargir dans de fortes proportions le cadre des
actes de la première catégorie, qui jusque-là n'avait compris
que ceux relatifs au mode d'administration et de jouissance
actuelles des biens communaux. Aujourd'hui, indépendamment de ces questions, le conseil municipal règle par ses délibérations les acquisitions d'immeubles, lorsque la dépense totale, avec celle des autres acquisitions déjà votées dans le
même exercice, ne dépasse pas le dixième des revenus ordinaires de la commune ; les projets et devis des grosses réparations et d'entretien, lorsque la dépense totale afférente à
tous les projets de même nature votés dans le même exercice
ne dépasse pas le cinquième des revenus ordinaires ; les tarifs
de droits de place à percevoir dans les halles, foires et marchés, des permis de stationnement et de location dans les rues
et sur les places ; les tarifs des concessions dans les cimetières ;
les assurances des bâtiments communaux ; l'acceptation ou le
refus des dons ou legs faits à la commune sans charges, conditions ni affectations immobilières, lorsque ces libéralités ne
donnent pas lieu à réclamation. Il dispose sans contrôle de
l'excédent des recettes ordinaires du budget sur les dépenses
obligatoires. Il peut voter trois centimes extraordinaires exclusivement affectés aux chemins vicinaux, et, dans la limite du
maximum fixé par le Conseil général, cinq autres centimes de
même nature pour une période de cinq ans. Il vote et règle
par ses délibérations les emprunts remboursables sur les centimes extraordinaires ainsi votés, ou sur les ressources ordinaires, quand l'amortissement dans ce dernier cas ne dépasse
pas douze années. Enfin, en ce qui concerne les octrois, si l'é-
tablissement des taxes de cette nature et les règlements relatifs
à leur perception restent soumis à l'approbation du gouvernement, les délibérations ayant pour objet soit la diminution ou
la suppression des taxes, soit leur prorogation ou leur augmentation jusqu'à concurrence d'un décime pour une période de
cinq ans, sont devenues exécutoires sous la seule réserve de
ne pas dépasser le maximum déterminé par le tarif général
promulgué le 12 février 1870.

Pour tous les actes de la vie communale autres que ceux que

nous venons d'énumérer (1), une autorisation demeure nécessaire, mais cette autorisation a été enlevée dans la plupart des
cas à l'autorité centrale, pour être attribuée, soit au préfet,
soit au Conseil général, depuis la loi du 10 août 1871. Seules,
les villes ayant trois millions de revenus sont encore aujour-
d'hui placées sous le régime du décret pour l'approbation de
leurs budgets, ainsi que de tous traités à passer tant pour l'exécution par entreprise des travaux déclarés d'utilité publique,
que pour l'exploitation dans les mêmes conditions de leurs
grands services municipaux. Ces villes étaient en 1867, outre
Paris, au nombre de 4 : Marseille, Lyon, Bordeaux et Rouen.
On en compte 6 maintenant, Lille et Saint-Etienne étant venues
grossir la liste primitive (2).

Quant au pouvoir législatif, son intervention, supprimée
pour toutes les contributions extraordinaires, quelle qu'en soit
l'importance, se trouve limitée, en matière d'emprunts, à ceux
dont le montant dépasse 1 million ; elle s'exerce, en matière
d'octrois, dans un seul cas, pour l'établissement de taxes sur
les boissons supérieures au double du droit d'entrée.

Rapporteur devant le Sénat de la loi du 24 juillet, le président Bonjean ne méconnaissait pas le caractère profondément
et sagement décentralisateur de cette loi, mais il croyait devoir
exprimer la crainte qu'avec les facilités si grandes qu'elle offrait à l'initiative des conseils locaux, les taxes et les dettes
communales qui, nonobstant le contrôle de l'autorité supérieure, avaient reçu de 1836 à 1862 l'extrême accroissement que
nous avons dit, ne prissent à l'avenir un essor plus rapide encore, et ne fussent de nature à créer, pour des éventualités in-
connues, mais qu'il était du devoir du législateur de prévoir, une

---

(1) Il convient de rappeler que, comme garantie contre les entraînements auxquels les conseils municipaux pourraient céder dans la
sphère de leurs nouvelles attributions, le législateur de 1867 a maintenu d'une part le droit d'annulation par le préfet, dans les conditions
prévues par la loi de 1837, de l'autre le concours nécessaire des plus
imposés pour les impositions extraordinaires et les emprunts.

(2) Voici cette liste pour 1877 : Marseille, 11,765,705 fr. de recettes ordinaires; Lyon, 11,760,494 ; Bordeaux, 7,761,029; Lille, 4,910,107 ; Rouen,
4,481,230 ; Saint-Etienne, 3,380,240.

concurrence regrettable au crédit de l'Etat, de sérieux embarras pour la situation financière du pays.

6. La statistique ministérielle du 15 janvier 1880 fournit, à
quinze ans de distance, la réponse au point d'interrogation posé par l'honorable rapporteur, et permet en même temps d'apprécier dans quelle mesure ses appréhensions pouvaient être
fondées.

En 1877, les 36,055 communes entre lesquelles, non compris
la ville de Paris, se fractionnaient les 52,849,508 hectares du
territoire français (1), comptaient 34,916,082 habitants (2). Le
montant total des recettes communales propres à cet exercice a
été, toujours non compris la capitale, de 695,730,258 fr., savoir : recettes ordinaires, 407,349,912 ; recettes extraordinaires, 288,330,346, soit une augmentation sur les totaux de
1862, de 40 et de 48 %, et même en fait plus considérable encore (3). Les dépenses de toute nature se sont élevées à
676,782,000 fr., dont 354,270,224 pour les dépenses ordinai-

(1) D'après les deux chiffres ci-dessus, la superficie moyenne des
communes serait de 1,467 hectares, mais cette moyenne générale est
absolument fictive, et l'on en peut dire presque autant des moyennes
départementales, bien que se rapprochant un peu plus de la réalité des
faits. C'est dans les Bouches-du-Rhône que la moyenne est la plus
élevée (4,227 hectares par commune) ; dans 26 départements elle dépasse 2,000 hectares ; dans 46 autres elle varie entre 1,000 et 2,000 ; enfin elle est inférieure à 1,000 hectares dans 14. La plus grande commune de France est Arles, dont la superficie est de 103.005 hectares,
comprenant la Crau et la Camargue ; la plus petite est Vaud'herland,
dans le département de Seine-et-Oise, dont la superficie ne dépasse
pas 8 hectares.

(2) Soit une moyenne de 968 habitants par commune, sous le bénéfice
de l'observation contenue dans la note précédente. 48 départements
restaient au-dessous de cette moyenne ; 653 communes comptaient, en
1877, moins de 100 habitants ; 16,483 moins de 500 ; 27,350 moins de
1,000 ; 43 avaient plus de 30,000 âmes, 25 plus de 50.000, 9 plus de
100,000, 4 plus de 200,000. La population de Marseille était de 318,808
habitants, celle de Lyon de 342,815.

(3) On ne doit pas oublier, en effet, que les budgets des 1,689 communes d'une superficie de 1,447,466 hectares et d'une population de
1,597,223 habitants, que le désastreux traité de 1871 nous a enlevées,
formaient 6 % environ de l'ensemble des budgets communaux de la
France (recettes ordinaires, 20 millions ; dépenses id., 19 millions) et
que, pour établir une comparaison exacte entre les résultats de 1862
et ceux de 1877, il y aurait lieu de faire subir aux premiers une réduction correspondante.

res. 70 communes seulement avaient moins de 200 fr. de revenus ; 116 touchaient de 201 à 500 fr., et 341 de 501 à 1,000 fr. On comptait 29,541 budgets variant entre 1,001 et 10,000 fr., et 5,119 entre 10,001 et 30,000 fr. Le nombre des communes ayant plus de 30.000 fr. et moins de 100,000 fr. de revenus ordinaires, a été de 608, et celui des communes ayant plus de 100,000 fr., de 260.

Ces 260 communes, qui constituent les véritables agglomérations urbaines, et en 1877 comptaient 6,307,157 habitants, ont été dans la statistique ministérielle l'objet de tableaux distincts, d'après lesquels leur situation budgétaire pour ledit exercice peut s'établir ainsi : recettes ordinaires, 152,003,345 fr., dont 97,207,983 fournis par l'octroi (1), et 14,713,209 par les centimes de toute nature ; recettes extraordinaires, 194,862,181 fr., sur lesquels les trois quarts environ (146 millions 1/2), produit d'emprunts. Dépenses ordinaires : 110,588,070 fr. ; dépenses extraordinaires : 236,318,023 fr. ; ensemble : 346,906,093 fr., contre 349,725,810 de recettes tant ordinaires qu'extraordinaires.

Parmi les 260 agglomérations urbaines, il en est 30 qui peuvent être considérées comme formant, sous le nom de grandes villes, une classe distincte, celles dont les recettes ordinaires sont supérieures à un million, et la population atteint 40.000 âmes (2). Elles figurent dans les totaux du paragraphe précédent pour 221,265,312 fr. en dépenses et 223,393,210 en recettes, dont 85,111,872 de recettes ordinaires. Le produit des taxes d'octroi concourt à ce dernier chiffre pour 56,865,571 fr., ou 66 % ; les centimes pour 8,069,790 fr., ou environ 10 %. Les emprunts et engagements de ces 30 villes s'élevaient, au 31 mars 1878, à 365,455,744 fr., et ceux des 230 ou plutôt des 224 autres (six d'entre elles n'ayant pas de passif en 1877), à 198,910,738 fr. Les deux chiffres réunis, 565 millions, font 74 % environ de toute la dette communale de France, qui atteignait en 1877 le chiffre de 757,477,783, Paris étant toujours

(1) Le produit total des taxes d'octroi, pour les 1,543 communes qui percevaient ces taxes en 1877, a été de 124,572.269 fr.

(2) Ensemble 2,824,679 âmes pour les 30 villes.

excepté. Cette dette se trouve ainsi avoir plus que doublé en
quinze ans, puisque la statistique de 1862 l'évaluait à 342 millions seulement. Le surplus des 757 millions, soit 192,588,258
fr., représente le passif de 17,725 communes.

La situation financière de la capitale, dont la population
touche à deux millions, n'a pas moins progressé, ou pour tenir
un langage plus exact, ne s'est pas moins aggravée que
celles des autres villes. De 162,036,633 fr. en 1862, le total de
son budget s'est élevé en 1868 à 197,693,378 fr., pour atteindre
303,301,067 en 1877, dont 217,505,130 fr. pour les seules recettes ordinaires. L'octroi contribue à ce chiffre jusqu'à concurrence de 128,553,908 fr., soit près de 60 0/0. Les dépenses
ordinaires, qui ne prélevaient que 64,115,518 fr. en 1862, ont
exigé 113,167,096 fr. en 1868, et 199,209,992 fr. en 1877. Enfin.
le passif de la ville de Paris était de 1,988,276,523 fr. au 31
mars 1878, en accroissement de 611 millions et demi sur le
chiffre de l'exercice 1869, et de 1,645 millions et demi sur
celui de 1862.

Il nous a paru intéressant de résumer dans le tableau ci-
après la situation financière des grandes villes et de Paris aux
trois époques de 1806, 1864 et 1877.

VILLES AYANT AU MOINS UN MILLION

	POPULATION		
	1806	1864	1877
Amiens.................	40.000	56.745	60.896
Angers................	33.900	48.935	56.846
Besançon..............	28.886	41.794	54.404
Bordeaux..............	90.992	181.424	215.110
Boulogne-sur-Mer.......	10.685	38.492	40.075
Brest.................	22.000	60.546	68.828
Caen	34.805	36.977	41.181
Dijon.................	20.700	36.797	47.939
Grenoble	20.019	35.224	45.426
Le Havre..............	20 620	71.570	92.068
Lille	59.000	146.013	162.775
Limoges...............	20.255	48.932	59.011
Lyon.................	120.000	300.761	342.815
Marseille	95.000	286.281	318.868
Montpellier...........	33.000	49.320	55.258
Nancy................	30.653	46.176	66.303
Nantes	77.162	107.587	122.247
Nice.................	18.471	48.156	53.397
Nimes................	40.000	55.723	63.001
Orléans...............	45.630	47.078	52.157
Reims................	33.000	58.905	81.328
Rennes...............	29.948	40.864	57.177
Roubaix..............	8.151	64.706	83.661
Rouen................	85.000	93.019	104.902
Saint-Étienne.........	16.259	93.047	126.019
Toulon	21.500	54.013	70.509
Toulouse	52.612	104.085	131.642
Tourcoing............	10.830	38.040	48.634
Tours	21.177	38.500	48.325
Versailles............	28.000	35.054	49.847
TOTAUX...........	1.171.815	2.365.694	2.824.079
Paris................	547.556	1.779.436	1.988.806
TOTAUX GÉNÉRAUX...	1.719.371	4.145.130	4.813.485

Les chiffres de ce tableau ont été empruntés, pour 1806, au
Communes ; pour 1864, à un État des communes ayant cent
1867 du Ministère de l'Intérieur ; pour 1877, à la Statistique

DE REVENUS ORDINAIRES.

RECETTES ORDINAIRES.			DETTES.	
1806	1804	1877	1806	1877
253.603	1.219.611	1.961.660	»	5.217.300
188.075	1.009.236	1.575.933	»	3.467.875
190.168	824.188	1.283.623	»	2.693.000
1.807.427	5.066.222	7.761.029	720.101	29.424.585
125.832	961.783	1.371.720	41.626	2.223.743
191.720	950.920	1 060.887	»	2.329.672
231.411	895.533	1.307.513	46.483	2.871.352
128.057	682.772	1.108.681	»	2.187.062
»	755.300	1.578.499	»	3.330.810
138.800	2.215.583	2.914.771	»	6.725.751
439.934	2.910.422	4.910.107	231.236	36.257.307
109.300	900.363	1.513.374	72.000	6.044.877
2.363.300	9.174.877	11.760.494	175.054	70.608.692
1.538.470	11.218.938	11.705.705	318.377	107.743.267
211.733	1.071.171	1.408.927	»	3.643.883
231.612	854.991	2.078.594	8.151	8.850.994
615.917	2.495.203	2.967.512	121.762	3.540.594
103.606	997.690	1.699.979	586.000	5.182.670
223.881	1.213.783	1.532.200	162.169	9.506.750
305.508	898.800	1.350.610	72.000	5.739.200
219.464	1.036.340	2.003.229	130.000	3.058.737
176.845	771.486	1.355.927	»	614.700
19.730	1.380.607	2.415.925	»	3.334.535
1.122.020	3.645.068	4.481.230	50.000	20.524.993
134.365	1.729.492	3.380.240	»	9.583.229
250.481	1.775.906	1.496.927	44.538	4.072.213
529.514	2.225.830	2.929.926	»	6.872.057
27.315	686.460	1.200.538	»	2.491.300
151.760	879.747	1.506.281	107.775	2.831.451
283.903	1.086.361	1.420.851	»	1.452.500
12.272.714	61.537.746	85.111.872	2.893.275	365.455.744
18.392.274	134.393.800	217.505.536	1.500.000	1.988.276.523
30.664.988	195.931 546	302.617.408	4.393.275	2.353.732.267

Rapport du 15 mars de ladite année sur la *Comptabilité des mille francs de revenus ordinaires*, publié dans le Bulletin de ministérielle du 15 janvier 1880.

II

De l'aperçu général que nous venons de tracer dans le paragraphe précédent, il résulte que la progression des budgets communaux pendant le cours du siècle, a pour le moins égalé celle du budget de l'État, et que, fait digne de remarque, cette progression a été corrélative à l'extension des pouvoirs des conseils locaux. Nous devons maintenant rechercher dans quelle mesure, d'une part, l'aggravation notable de charges qui incombe de ce chef aux contribuables se trouve justifiée par des dépenses réellement productives et d'intérét public; d'autre part, à l'aide de quelles ressources les communes ont été mises à même de pourvoir à ces dépenses. Nous aurons en même temps à nous demander si quelques-unes de ces dernières ne seraient pas d'ordre général, et n'auraient pas leur place marquée au budget de l'État plutôt qu'à celui des communes.

En examinant sommairement les diverses branches do revenus, ainsi que les principaux services qui sont inscrits aux budgets municipaux, nous ferons en sorte de dégager la situation respective des communes ayant moins de 100.000 fr. de recettes, et des villes dont le revenu ordinaire dépasse ce chiffre, mais nous ne pourrons le faire qu'en ce qui concerne 1877, les statistiques antérieures ne fournissant pas à ce sujet d'éléments de comparaison. Nous continuerons dans chaque paragraphe à donner pour la ville de Paris des chiffres distincts.

RECETTES. 1° *Centimes sur les contributions directes*. Ces centimes se divisent, on le sait, en ordinaires et extraordinaires. Les premiers, qui sont distingués à leur tour en centimes affectés aux dépenses générales, et en centimes spéciaux de l'instruction primaire et des chemins vicinaux, ont produit, en 1877, 77,780,907 fr., soit une augmentation de plus d'un tiers sur 1862, alors que la France possédait encore les 1,689 communes enlevées par le traité de 1871. Voici la comparaison, par nature de recettes, des produits des deux exercices :

	1862	1877
	Fr.	Fr.
Cinq centimes ordinaires aux contributions foncière et personnelle mobilière.	9.659.330	10.090.348
Impositions pour insuffisance de revenus et gardes-champêtres (sur les quatre contributions......	19.423.825	35.376.040
Impositions pour frais de perception (3 centimes)......	2.105.058	3.543.767
Instruction primaire (3 centimes en 1862, 4 en 1877)......	7.043.377	10.404.831
Instruction primaire 4 centimes de gratuité (loi de 1867)......	»	2.017.168
Chemins vicinaux, 5 centimes ordinaires et 3 centimes extraordinaires de la loi de 1867......	12.602.438	15.688.747
	50.933.028	77.780.907

La progression est plus considérable encore pour les centimes extraordinaires, dont le montant s'est élevé de 19,486,136 fr. en 1862, à 38,301,900 fr. en 1877.

Ces divers totaux s'appliquent à l'ensemble des communes de France, Paris excepté. Si l'on veut profiter des éléments nouveaux, que contient la statistique de 1877, pour établir le compte spécial des 260 villes ayant au moins 100,000 fr. de revenus annuels, on trouve que les centimes ordinaires de toute nature ont produit à ces villes, dans ledit exercice, la somme de 12,084,754 fr. et les centimes extraordinaires celle de 16,077,468 fr. Les 30 villes, toujours Paris non compris, dont les revenus ordinaires ont dépassé 1 million en 1877, figurent dans ces deux chiffres pour 8,069,790 fr. et 8,197,498 fr.

Le nombre des communes supportant des centimes extraordinaires était de 13,403 en 1862 ; il s'est élevé en 1877 à 19,986. Celui des communes s'imposant pour insuffisance de revenus a subi une légère réduction, ou plutôt est resté stationnaire. On en comptait 23,939 en 1877, contre 24,080 en 1862, mais avec l'Alsace et la Lorraine, 3,117 communes étaient grevées de plus de 100 centimes tant ordinaires qu'extraordinaires ; 9,238 de 51 à 100 centimes ; 9,363 de 31 à 50 centimes ; 8,801 de 15 à 30 centimes ; 5,537 communes seulement n'avaient pas au delà des 14 centimes ordinaires autorisés par la loi de finances (1). Quant au produit essentiellement variable de centimes, il se trouvait inférieur à 100 fr. pour 31,102 communes (2), sur 36,056. Dix villes seulement avaient un centime supérieur à 15,000 fr. Pour Bordeaux, il s'élevait à 45,238 fr., pour Marseille, à 55,660, pour Lyon à 61,261, enfin pour Paris à 491,905 fr.

Les centimes de toute nature ont figuré en 1877 au budget de la capitale pour un chiffre de 22,172,271 fr., tandis que ce chiffre n'était que de 1,632,200 fr. en 1860. Sur ces 22 millions 17 étaient le produit d'impositions extraordinaires, et 3 millions et demi celui des centimes spéciaux établis par les lois de 1850 et de 1867 pour l'instruction primaire. Jusqu'en 1870, les contribuables parisiens n'acquittaient que les 5 centimes communaux ordinaires.

2° *Attributions sur certains impôts.* Les attributions étant faites par la loi de finances à charge de versement de leur montant par l'Etat, les communes ne peuvent exercer aucune influence sur leur quotité.

	1862	1877
Produit de 8 centimes sur les patentes.	3.477.535	4.750.887
— du vingtième de la taxe sur les chevaux et les voitures (3)...............	»	524.933
Permis de chasse (10 fr. sur 25 par permis) (4).................................	»	3.411.358
		8.687.178

Sur ces 8 millions et demi, les 260 villes ont prélevé 8,292,913 fr., dont 2,628,455 pour les patentes.

Les trois articles de recettes ci-dessus sont inscrits au budget de la ville de Paris pour 1,841,685 fr. Les 8 centimes sur

(1) Ministère de l'Intérieur. La situation financière des communes en 1878. Paris, Berger-Levrault, 1 vol. in-4°.

(2) Dans 1710 de ces communes, le centime ne dépassait pas 10 fr.

(3) L'impôt des chevaux et voitures n'a été établi qu'à partir de 1863.

(4) Ce produit est confondu dans la statistique de 1862 avec les recettes diverses.

les patentes ont concouru à ce total pour près de 95 0/0, soit 1,748,217 fr.

3° *Taxes et perceptions municipales.* Ce paragraphe comprend les taxes de consommation, ainsi que les perceptions opérées en échange de services rendus.

En tête figurent les *Octrois*, qui ont produit, en 1877, aux 1,542 communes, Paris excepté, dans lesquelles ils étaient établis, 110,336,777 fr. de taxes principales, et 14,135,492 de taxes additionnelles, ensemble 124,572,269 fr. Le total s'est accru de près de 46 millions depuis 1862, où les taxes principales et additionnelles réunies ne donnaient que 78,668,804 fr. pour 1,434 communes, Haut-Rhin, Bas-Rhin et Moselle compris. Sur les 123 millions et demi, il y a lieu de porter 110,716.175 (taxes principales 97,207,983 fr., taxes additionnelles, 3,508,592) à l'actif des communes ayant au moins 100,000 fr. de revenus, et 59 0/0 de ces 110 millions à celui des villes dont les recettes ordinaires dépassent un million.

Quant à la ville de Paris, le produit de son octroi, qui, de 27,715,800 fr. en 1830, s'était élevé en 1860, après l'annexion, à 74,385,147 fr., n'a pas cessé de progresser depuis, et figure au budget de 1877 pour un contingent de 128,553,908 fr., supérieur de 4 millions à celui de tous les autres octrois de France.

Les taxes et les produits divers, comprenant d'une part les droits de location aux halles, foires, marchés, abattoirs et entrepôts, de pesage, mesurage et jaugeage, de stationnement, de voirie, de concessions dans les cimetières, d'autre part les amendes, ainsi que certaines recettes éventuelles et non classées, ont fourni à la capitale 24,882,575 fr., et 34,040,341 fr. ; aux villes ayant au moins 100,000 francs de revenus, 15,304,921 fr. et 12,695,707 fr. ; enfin, aux 35,795 autres communes, 8,273,538 fr. et 7,371,796 (1).

La proportion est inverse en ce qui concerne les *prestations pour les chemins vicinaux.* Les habitants de Paris échappent complètement à cet impôt ; les villes les plus importantes assurent également, au moyen des ressources générales de leurs

(1) En 1862, les mêmes droits et produits s'élevaient, permis de chasse compris, à 40,721,893 fr. pour toutes les communes, la capitale exceptée, et pour celle-ci à 22,553,797 francs.

budgets, l'entretien de leurs voies de communication. Sur les 260 d'entre elles dont les revenus sont au moins de 100,000 fr. on en compte seulement 88 qui établissent des rôles de prestations, et le montant de ces rôles atteint à peine 900,000 fr. Les 54,870,106 fr. que la prestation a produits en 1877 tant en argent qu'en nature (1), doivent donc être considérés comme intégralement supportés par les agglomérations rurales. Le produit a presque doublé depuis 1837 ; il est supérieur de 6 millions à celui de 1862, nonobstant les pertes territoriales de 1871. La différence entre 1862 et 1877 reconnaît pour cause la création par la loi de 1868 d'une quatrième journée facultative, et surtout l'élévation par les conseils généraux du prix de la journée.

La rétribution scolaire a été supprimée à partir du 1er juillet 1881 par la loi sur la gratuité de l'instruction primaire. Elle avait produit en 1877 440,243 fr. à la ville de Paris, 205,991 fr. aux 62 villes qui en avaient maintenu la perception, et 18,277.839 fr. aux 35,795 autres communes (2).

Taxe sur les chiens : Paris, 510,000 fr. ; autres communes, 6,265,464, dont 1,026,614 pour les 260 villes ; au total : 6,775,464 fr. Le chiffre général pour 1862 était de 5,407,933 francs.

4° *Revenus et produits des biens communaux.* — Le montant total des recettes de cette catégorie, qui, à la différence des précédentes, ne constituent pas une charge pour le contribuable, mais concourent au contraire à diminuer d'autant la part qu'il est appelé à supporter dans les dépenses de la vie communale, s'est élevé en 1877, Paris non compris, à 66,643,400 francs, sur lesquels 14,940,707 de recettes extraordinaires (3).

(1) La moyenne générale pour toute la France, entre les prestations rachetées en argent et le montant total des rôles, a été en 1877 de 41 0/0.

(2) En 1862, la ville de Paris ne percevait pas de rétribution scolaire ; les autres communes en tiraient, 16,793,580 francs.

(3) Autrefois les revenus patrimoniaux formaient en France la principale, pour ne pas dire l'unique ressource des communes ; aujourd'hui ils ne suffisent à couvrir intégralement les dépenses annuelles que de 73 d'entre elles.

Le patrimoine immobilier des communes se compose de bois et de propriétés non boisées.

Les bois ont produit, en coupes ordinaires, taxes affouagères et recettes accessoires, 20,118.718 fr. ; en coupes extraordinaires, 11.284,089 ; ensemble et sans tenir compte des affouages d'une valeur approximative de 12 millions délivrés en nature aux habitants : 31,403,407 fr., dont 842,823 seulement afférents aux villes ayant au moins 100,000 fr. de revenus annuels. La superficie des bois communaux est de 2,058,707 hectares, soit 22 0/0 de notre sol forestier (9,185,310 hectares). Elle se trouve très inégalement répartie entre les diverses régions de la France.

Les propriétés non boisées des communes se distinguent en biens susceptibles de revenus, et biens affectés à un service public.

Ces derniers comprenaient en 1877, 37,702 mairies, 39,314 églises, 31,905 presbytères, 38,041 cimetières, 31,704 écoles de garçons, 16,482 écoles de filles, 409 collèges, 2,997 halles et marchés couverts, et 802 abattoirs.

Quant aux biens susceptibles de revenus, d'une superficie totale de 2.257.507 hectares mais d'une superficie productive de 1,060,503 hectares seulement, leurs loyers et fermages ont atteint 19,022,656 fr., sur lesquels un peu moins d'un sixième (3,057,761 fr.) au bénéfice des 260 villes. Les ventes de matériaux, d'arbres épars, etc., ont ajouté à ce total une recette extraordinaire de 3,656,018 fr.

En 1862, les 3,440,375 hectares de propriétés productives de toute nature (1), avaient rapporté aux caisses municipales une somme de 44,412,540 fr., dont 13,503,497 provenant de coupes extraordinaires de bois. Dans le même exercice, le revenu mobilier des communes s'éleva à 5,530,895 fr. Il a été en 1877 de 6,052,858 fr., pour un capital de 144 millions, dont 122 environ en rentes sur l'Etat (2).

_____

(1) Les communes possédaient en outre 935,965 hectares de terres vaines et vagues, dont les lois des 19 juin 1857 et 21 juillet 1860 ont eu pour objet de restreindre l'étendue.

(2) Les fonds placés au Trésor ont produit en outre 6,508,402 fr. d'intérêts, contre 4,341,576 en 1862.

Les loyers des propriétés communales ont rapporté en 1877 à la ville de Paris, qui ne figure pas dans les chiffres ci-dessus une somme de 1,407,619 fr. ; les ventes de matériaux et d'objets divers, 366,322 fr., et les rentes sur l'État et sur les particuliers, 60,156 fr. (1).

Les derniers articles de recette inscrits dans la statistique ministérielle, quelle que soit l'importance de leur total, n'ont besoin d'être mentionnés ici qu'en passant. Ce sont, pour le budget communal ordinaire : les subventions de l'État, des départements et des particuliers, tant pour l'instruction primaire, (19,704,785 fr.), que pour la vicinalité (13,388,014 fr.) et les produits des collèges communaux qui étaient en 1877 au nombre de 409 (2,294,615 fr.) ; — pour le budget extraordinaire : les subventions pour les travaux divers (17,428,307 fr.) ; les dons et legs (3,256,019 fr.) ; les aliénations d'immeubles (7,728,671 fr.), de rentes (2,013,759 fr.) ; les emprunts (173,417,302 fr.) ; enfin certaines recettes non classées, de différentes origines (17,158,180 fr.).

Les mêmes sources de revenu ont produit à la capitale, en 1877, à titre tant ordinaire qu'extraordinaire, 70,198,633 fr.

En résumé, le montant total des recettes communales propres à l'exercice 1877, et abstraction faite des excédents et restes à recouvrer des exercices antérieurs (2) (226,222,415 fr.) a été, non compris la capitale, de 695,730,258 fr., savoir : recettes ordinaires, 407,349,912 fr. ; recettes extraordinaires 288,380,345 fr.

Les recettes ordinaires de la ville de Paris ont atteint pour le même exercice 217,505,136 fr., y compris 7 millions restant à recouvrer sur l'exercice précédent, et les recettes extraordinaires 85,796,531 fr., en tout 303,301,667 fr.

Dépenses. — Les dépenses ordinaires de toutes les communes de France, Paris excepté, se sont élevées en 1877 à 354,270,224 fr., et les dépenses extraordinaires à 321,511,777 fr. (3). Cet énorme total de 676 millions et demi, supérieur d'un

(1) L'intérêt des fonds placés au Trésor s'est élevé à 1,893,935 fr.

(2) Dont 62 millions appartenant au service vicinal.

(3) Déduction faite de 36,861,062 fr. d'excédants de dépenses et de restes à payer de l'exercice précédent.

tiers à celui de 1862 (1), se divise par parties à peu près égales entre les 260 villes ayant au moins 100,000 fr. de revenus, et les 35,795 autres communes ; mais la proportion change lorsque l'on descend dans les détails. Ainsi les premières ne concourent que pour un peu moins d'un tiers au montant des dépenses ordinaires (110,588,070 fr., contre 243,082,154 fr.), tandis qu'elles absorbent plus des deux tiers des dépenses extraordinaires (222,274,867 fr., contre 100,236,910).

Le budget des dépenses de la capitale pour 1877 a été réglé à 286,922,335 fr., savoir : Budget ordinaire 199,209,992 fr. ; budget extraordinaire, 87,712,343 fr., y compris 39 millions et demi de restes à payer de l'exercice précédent.

Voici comment les dépenses se sont trouvées réparties entre les principaux services :

§ 1. — *Frais d'administration.* — Les traitements et salaires des employés ont coûté en 1877, 19,179,073 fr. dont 7,878,194 pour les villes ayant au moins 100,000 fr. de revenus. Il reste, pour les 35,795 autres communes, 11,300,879 fr., ce qui donne une moyenne de 320 fr. par commune ; mais, dans le plus grand nombre des communes rurales, le traitement du secrétaire de mairie ne dépasse pas 100 fr.

Les frais de bureau se sont élevés à 6,639,579 fr. ; les traitements des receveurs municipaux et frais de perception des impositions communales à 13,752,168 fr. ; les frais de perception des octrois à 14,328,785 fr., soit une moyenne de 11 fr. 78 % du produit brut ; les frais de casernement à 2,157,712 fr. ; les frais de garde des bois communaux à 2,616,779 fr. ; les contributions et taxes des biens de main-morte à 7,844,938 fr.

Le total du paragraphe est de 66,510,034 fr. formant 18.80 % du budget ordinaire ; sur ces 66 millions et demi, 27,280,265 sont au compte des 200 villes (2).

(1) Dépenses ordinaires des 37,505 communes de 1862, 256,054,948 fr. ; dépenses extraordinaires, 193,283,419 fr. ; ensemble : 450,238,368 fr. Le budget ordinaire des villes ayant plus de 100,000 fr. de revenus était alors de 95,426,870 fr. en recettes, et de 71,015,963 fr. en dépenses.

(2) En 1862, le montant des traitements, frais de bureau, contributions et frais de perception de l'octroi, a été de 46 millions et demi ;

À Paris, les dépenses d'administration ont atteint 10,600,479 fr. (1) dont 6,124,081 fr. pour les frais de perception de l'octroi, représentant 4,76 % du produit brut.

§ 2. — *Les services municipaux* ont prélevé sur le budget ordinaire de 1877, 62,517,502 fr., ou 17.65 %, et 42,965,528 fr. sur le budget extraordinaire. En voici la décomposition :

Villes ayant 100,000 fr. de revenus : entretien des bâtiments et propriétés, 4,165,045 fr. ; construction et acquisitions de mairies, cimetières, halles, marchés, abattoirs, etc., 12,093,290 fr. ; loyers à la charge des villes, 1,168,410 fr. ; voirie urbaine, entretien des rues et chemins, pavés, balayage, arrosage et éclairage public, 20,376,785 fr., et travaux neufs y relatifs, 13,942,079 fr. ; police, traitements des commissaires et agents de police, salaires des gardes-champêtres, 7,206,667 fr. ; service des incendies, pompiers, etc., 1,605,432 fr.

Autres communes : entretien des bâtiments et propriétés, 6,708,304 fr. ; constructions neuves et acquisitions, 10,465,430 fr. ; loyers, 2,025,900 fr. ; voirie urbaine, 6,946,065 fr. et travaux extraordinaires y relatifs, 5,564,716 fr. ; police et gardes-champêtres, 10,460,427 fr. ; sapeurs-pompiers et matériel d'incendie, 1,854,383 fr. (2).

L'entretien des bâtiments et des promenades de la ville de Paris lui a coûté, en 1877, 5,297,081 fr. ; la voirie urbaine, éclairage et arrosage, 23,372,666 fr. ; les contributions, frais de casernement, loyers et portion de la contribution personnelle-mobilière prélevée sur l'octroi, 3,376,429 fr. ; la préfecture de police, 20,539,193 fr. ; le corps des sapeurs-pompiers, 1,457,345 fr.

---

les frais de perception des impositions communales ne figurent pas au tableau, non plus que les frais de casernement. Les frais de garde des bois communaux se trouvaient réunis à ceux du service de la police. (V. § 2.)

(1) Ces dépenses comprennent les traitements, frais de bureau et frais de perception tant de revenus communaux que de l'octroi. En 1862, leur montant était de 13,423,209 fr.

(2) En 1862, l'entretien des immeubles communaux, la voirie municipale, les salaires des commissaires, agents de police, gardes-champêtres et gardes-forestiers, le service des incendies avaient coûté 45.650.505 fr. Les travaux neufs de divers services et les acquisitions d'immeubles avaient en outre donné ouverture à 77.266.734 fr. de crédits extraordinaires.

De plus, les travaux de voirie sont inscrits au budget extraordinaire pour 43,103,010 fr., et ceux d'architecture pour 4,333,736 fr. (1).

§ 3. *Cultes.* — Suppléments de traitement, entretien des églises et presbytères, subventions aux fabriques. Villes ayant 100,000 fr. de revenus, 1,079,205 fr. ; autres communes, 5,702,002 fr. Travaux aux églises et presbytères : Villes, 2,109,305 fr. ; autres communes, 12,888,803 (2). Ville de Paris, 243,775 fr. (3).

§ 4. *Instruction publique.* — Ce paragraphe se subdivise en trois articles distincts. Celui relatif à l'instruction supérieure et secondaire reçoit naturellement la plus grande partie de sa dotation des villes ayant au moins 100,000 fr. de revenus, 80 % à titre ordinaire (5,608,952 fr. sur 7,042,443 fr.), et 88 % à titre extraordinaire (2,922,958 sur 3,294,319). La proportion est supérieure pour les Beaux-Arts, musées et bibliothèques (2,918,295 sur 3,202,815, et 1,050,052 sur 1,143,681). Elle change en ce qui concerne l'instruction primaire.

Les crédits, ouverts en 1877 pour ce service, se sont élevés à 76,453,013 fr. sur le budget ordinaire, dont ils forment 21 %. Des 76 millions, 64 millions et demi sont afférents à l'ensemble des communes, et 11 et demi seulement aux 260 villes. Celles-ci n'ont affecté aux constructions, réparations et acquisitions de maisons d'école que 4,341,000 fr. sur 17,964,855 (4). 26,667 communes étaient subventionnées pour l'instruction primaire.

Ville de Paris : instruction supérieure et secondaire, 1,775,456

(1) En 1862, entretien des propriétés communales et voirie, 18,359,922 fr. ; contributions, frais de casernement et prélèvement sur les produits de l'octroi, 2,075,804 fr. ; police et garde de Paris, 14,094,697 fr. ; sapeurs-pompiers et garde nationale, 990,207 fr. ; travaux extraordinaires (ponts et chaussées, opérations de voirie, divers services), 67,361,641 fr.

(2) 1862. Service ordinaire, 7,966,772 fr. Service extraordinaire, 24,323,632 fr.

(3) 1862. Service ordinaire, 311,022 fr. Service extraordinaire, 2,481,516 fr.

(4) 1862. Budget ordinaire des 37,505 communes, (collèges, écoles et salles d'asile), 47,899,705 fr. ; budget extraordinaire, 17,217,249 fr.

fr. ; instruction primaire, 8,774,002 ; beaux-arts et bibliothèques, 386,864 (1).

§ 5. *Chemins vicinaux.* — La voirie vicinale figure dans
les comptes communaux de 1877 pour 104,529,086 fr. (2), se
répartissant ainsi : travaux d'entretien et réparations,
86,248,406 fr. ; constructions neuves, 18,280,680 fr. Quelque
important que soit ce total, il se trouverait encore, d'après la
statistique ministérielle, inférieur de près de 13 millions à la
situation vraie, que le compte-rendu spécial des opérations
du service vicinal établit de la manière suivante : chemins vicinaux ordinaires (à la charge exclusive des communes), entretien et grosses réparations, 36,824,508 fr. ; construction, acquisitions, etc., 41,558,036 fr.; ensemble, 78,382,544 fr.; chemins
de grande communication et d'intérêt commun, part à la charge des communes, 38,648,784 fr. Le surplus de la dépense de
ces chemins est acquitté par les départements ; il s'est élevé
en 1877 à 51,609,322 fr.

Sur les 104,529,086 fr. ci-dessus, les villes ayant 100,000
fr. de revenus ne supportent guère que 6 % (6,542,958 fr.).

La ville de Paris n'a pas de voirie vicinale.

§ 6. *Assistance publique.* — Ce paragraphe contient trois
catégories de secours (3).

1° Les subventions aux hospices et aux bureaux de bienfaisance, pour 11,668,451 fr. Ces subventions sont facultatives,
et représentent 8 1/2 % des recettes totales desdits établissements, lesquelles se sont élevées en 1877 à 136,517,362 fr.,
savoir : 94,364,662 fr. pour les 1,603 hôpitaux et hospices ; et
82,152,700 fr. pour les 13,440 bureaux de bienfaisance. Les
villes ayant 100.000 fr. de revenus figurent pour les quatre
cinquièmes dans la somme totale des subventions (6,411,698 fr.)

2° Les contingents dans les dépenses des aliénés et des en-

---

(1) 1862. Budget ordinaire, 2,838,276 fr. ; budget extraordinaire,
416,913 fr.

(2) 1862. Budget ordinaire, 66,693,691 fr. ; budget extraordinaire,
10,284,878.

(3) En 1862, les secours publics avaient atteint pour toutes les communes de France, Paris excepté, le total de 15,745,877 fr.

fants assistés à la charge des communes, pour 4,052,278, dont moitié environ acquittée par les 260 villes.

3° Les secours divers (médecine gratuite, ateliers de charité, allocations aux indigents dans les communes qui n'ont pas de bureau de bienfaisance), pour 3,478,327 fr., se partageant dans la même proportion que les contingents entre les 260 villes et l'ensemble des communes.

Les crédits inscrits en 1877 au budget de la capitale pour l'assistance publique se sont élevés à 12,740,650 fr. Les mêmes dépenses avaient été en 1862 de 10,238,565 fr.

§ 7. *Dépenses diverses et imprévues.* — Budget ordinaire · 26,342,458 fr., dont 9,212,118 fr. pour les villes ayant 100,000 fr. de revenus. Budget extraordinaire : 38,916,631 fr. sur lesquels plus des deux tiers (26,551,202 fr.) à la charge des mêmes villes (1).

— Il nous reste à parler des deux derniers articles du budget extraordinaire, l'un relatif aux achats de rentes sur l'Etat, dont il suffit de dire qu'ils se sont élevés en 1877 à 3,120,311 fr. (2), sur lesquels 513,839 fr. seulement au bénéfice des villes ayant 100,000 fr. de revenus ; et l'autre, qui concerne les amortissements des emprunts et autres dettes, et comporte un peu plus d'explications.

Les villes ayant au moins 100,000 fr. de revenus ont affecté en 1877 156,331,875 fr. à l'amortissement, capital et intérêts, de leurs emprunts. Le passif de ces villes s'établissait, à la fin du même exercice, ainsi qu'il suit :

Montant des emprunts autorisés...............		789.666.572 fr.
— — réalisés................		764.199.393
Remboursements effectués....................		234.742.388
Reste à rembourser...........................		529.457.005
Dettes autres que les emprunts................		35.432.520
Total du passif des 254 villes (3) au 31 mars 1878.		564.889.525 fr.

(1) 1862. Dépenses diverses ordinaires 25,479,588 fr. ; extraordinaires 31,523,397 fr.

(2) 1862. Acquisitions de rentes, et remplois de capitaux : 4,688,471 fr.

(3) Six des villes ayant 100,000 fr. de revenus n'avaient pas de passif en 1877.

Sur les 35,795 autres communes, 17,725 se trouvaient en 1877 grevées d'emprunts et de dettes. Le capital des emprunts qu'elles avaient été autorisées à contracter s'élevait à 260,071,051 fr., somme sur laquelle elles avaient réalisé 241,735,157 fr., et déjà remboursé 79,308,402 fr. Leur dette, y compris les engagements autres que les emprunts, s'élevait au chiffre de 192,588,258 fr.

La réunion des deux totaux donne celui de 757,477,783 fr. pour le passif général au 31 mars 1878 de toutes les communes de France, Paris excepté. Il était en 1862 de 341,977,309 fr., et en 1871 après la guerre, de 710,851,735 fr. La statistique ministérielle croit pouvoir avancer que 211 millions seulement de ce dernier passif restaient encore en 1877 à rembourser, et que les dettes contractées depuis 1871 représentaient un chiffre de 530,932,501 francs, soit environ 500 millions de francs, en tenant compte de l'amortissement déjà opéré. Les grands travaux exécutés dans la même période 1871-1877, à l'aide des ressources extraordinaires créées, représentent une dépense de 451,396,438 fr., dont 109,716,963 fr. pour les villes ayant 100,000 fr. de revenus.

Voici la répartition des 451 millions entre les principales branches de services :

	Écoles.	Mairies.	Églises et presbyt^{es}	Voirie urbaine.	Voirie vicinale.	Autres travaux.
260 villes	24.354.964	6.940.872	11.414.183	76.261.072	7.789.285	42.957.387
Autres commu.	58.170.713	9.142.516	61.749.994	23.409.157	101.819.639	27.387.456
France :	82.525.677	16.082.588	73.164.177	99.670.229	109.608.924	70.344.843

En 1862, le passif de la capitale s'élevait à 342,560,273 fr. Il était au 31 mars 1870 de 1,376,490,335 fr., y compris le passif de la caisse des travaux, soit 149 millions, et 20 millions dus pour travaux en cours. À la clôture de l'exercice 1877, il atteignait le chiffre de 1,988,276,523, fr., savoir :

Montant des emprunts autorisés et des primes de rembour-
sement................................ 1,716,190,100 fr.
Remboursements effectués............ 141,729,600
Restait à rembourser....... 1,574,460,500
Montant des dettes autres que les em-
prunts................................ 413,816,023

Le service de la dette, qui à Paris, contrairement aux règles
suivies pour les autres communes, figure parmi les opérations
ordinaires des budgets et des comptes, exigeait alors une annuité de 101,533,293 fr.

III

Lorsque, distinguant d'après la statistique de 1877 entre les
280 villes qui ont au moins 100,000 fr. de revenus annuels, et
les 35,795 autres communes, on cherche à déterminer la situation budgétaire respective des unes et des autres, le caractère
de leurs principales dépenses, en même temps que la nature
des ressources auxquelles elles doivent recourir pour y pourvoir, on arrive aux résultats suivants, qui semblent s'imposer
à l'attention du législateur.

Les 152 millions de recettes ordinaires des villes ont été
fournis jusqu'à concurrence de 64 0/0 par l'octroi, de 10 0/0
par les centimes de toute nature, de 3 % par les revenus des
biens patrimoniaux ; le surplus, soit 2 0/0, provient de taxes
et produits divers, parmi lesquels la prestation représente 0,59
0/0 seulement.

Les dépenses ordinaires des mêmes villes ne se sont élevées
qu'à 110 millions et demi, dont 24,50 0/0 afférents aux frais
d'administration, 23 à la voirie urbaine et vicinale, 18 à l'instruction tant secondaire que primaire, 12,75 aux services municipaux proprement dits, police comprise, 12 à l'assistance publique, 0 aux dépenses diverses, et 1 0/0 aux dépenses du culte. Les 41 millions et demi d'excédents de 1877 ont naturellement formé le premier article du budget extraordinaire des re-

cettes ; il en avait été de même pour les exercices antérieurs.
Ce sont ces excédents annuels qui, se joignant aux taxes additionnelles et surtaxes d'octroi, ainsi qu'aux centimes extraordinaires, ont permis aux villes de contracter, dans la dernière
période quinquennale, des emprunts et des engagements sur
lesquels près de 565 millions restaient à rembourser au 31 mars
1878, en même temps que d'exécuter 170 millions de grands
travaux.

Parmi les 35,795 communes dont la moyenne des revenus annuels est inférieure à 100,000 fr., il s'en trouve un certain
nombre qui constituent de véritables agglomérations urbaines ;
on ne saurait contester ce caractère à la majeure partie, sinon
à la totalité des 1,284 d'entre elles qui sont en possession d'octrois ; mais comme la statistique ministérielle n'a pas distingué
entre cette catégorie de villes et les communes rurales proprement dites, force nous est de faire de même.

L'ensemble des recettes ordinaires des 35,795 communes
s'est élevé en 1877 à 255 millions ; toutefois, sur cette somme,
33 millions environ proviennent de subventions tant des départements que de l'Etat, pour les services spéciaux de l'instruction primaire et de la voirie vicinale. Le chiffre effectif des recettes communales n'a été que de 222 millions, dont 31 0/0
fournis par les centimes, 24 par la prestation en nature, 18 par
le revenu des biens patrimoniaux, 8 par la rétribution scolaire, et les 19 0/0 restants par les taxes et produits divers,
au nombre desquels nous inscrivons l'octroi pour les 1,284
villes qui le perçoivent.

Le montant des dépenses ordinaires de 1877 a atteint 243
millions et demi, sur lesquels les frais d'administration ont prélevé 16 %, les services municipaux proprement dits 8,70, l'assistance publique et les dépenses diverses 9,50, le culte 2,30,
l'instruction publique 27,30, enfin la voirie vicinale et urbaine
36,20.

L'équilibre n'a donc pu être obtenu que grâce aux subventions de l'Etat et des départements, et ce sont des ressources
entièrement extraordinaires qui ont seules pourvu aux 281 millions de travaux exécutés de 1872 à 1877. Aussi 19,753 communes sur les 35,795 étaient-elles en 1877 grevées de centimes ex-

traordinaires, qui avec les centimes ordinaires et spéciaux, arrivaient même à dépasser, pour 3,094 d'entre elles, le nombre de 100 ; et 17,725 se trouvaient endettées jusqu'à concurrence de 192 millions et demi.

La situation financière des villes ayant 100,000 fr. de revenus semble pouvoir, malgré le chiffre écrasant de leur passif, être envisagée sans trop d'inquiétude. Les travaux qu'elles ont entrepris ne sauraient en effet être loin de leur terme, il y a lieu du moins de l'espérer ; et en tout cas ces travaux, qui ont l'embellissement aussi bien que l'utilité pour objet, sont de nature à être suspendus s'il devenait nécessaire ; enfin les excédents considérables de leurs recettes annuelles assurent l'amortissement des emprunts à plus ou moins longue échéance, avec d'autant plus de certitude que ces excédents reposent sur le produit des taxes de consommation, dont la plus-value est constante. Il est vrai qu'un projet, plusieurs fois déjà mis en avant, celui de la suppression des octrois, paraîtrait avoir fixé de nouveau l'attention du gouvernement. Mais, sans vouloir aborder ici cette question, trop grave pour être traitée incidemment, nous ne croyons pas nous tromper en affirmant que le développement, hors de proportion, donné par les administrations municipales des grandes villes, depuis 1870, aux grands travaux publics, constituera pour longtemps un insurmontable obstacle à toute réforme de ce genre. Nous ne pouvons non plus qu'indiquer en passant un ordre de considérations déjà signalé par le rapporteur de la loi de 1868. et au sujet duquel nous aurions de sérieuses réserves à formuler : la concurrence qu'à un moment donné le crédit communal peut faire à celui de l'Etat.

L'élasticité de ressources, que l'impôt indirect assure aux budgets des villes, fait absolument défaut à ceux des communes rurales, pour lesquelles le principal des quatre contributions directes forme la base unique et normale de taxation. Ce système est vivement critiqué par la statistique ministérielle, comme « rendant, dans bien des cas, toute amélioration impossible, parce que la dépense tomberait à la charge d'une matière imposable hors d'état de la supporter. » — « On a vu, continue le même document, combien la valeur du centime est faible dans un grand nombre de communes ; il faut ajouter à cela que

l'impôt foncier varie, suivant la région, entre 3 centimes et plus
de 21 centimes par franc du revenu. Si les centimes additionnels
viennent doubler l'impôt foncier, ce qui arrive le plus souvent,
ou le tripler, ce qui arrive quelquefois, l'imposition peut atteindre jusqu'à 40 et 60 % du revenu. » Les centimes ne constituent pas la seule taxe directe qu'impose au contribuable le budget de la commune rurale. A leur poids si lourd vient s'ajouter
encore celui de la prestation qui prélève la valeur de trois jour-
nées au moins sur le travail de chaque cultivateur adulte, ainsi
que des animaux agricoles qu'il emploie. On ne peut donc que
reconnaître que le rapport du 15 janvier 1880 serait plutôt resté dans ses appréciations au-dessous de la réalité, en déclarant qu'en bien des cas la matière imposable se trouve hors
d'état de supporter toute augmentation de charges.

On se prend en même temps à regretter que le Gouvernement,
tout en constatant officiellement le fait, n'ait pas su user davantage des droits de contrôle et de haute tutelle que lui a
maintenus la loi de 1867, pour modérer les entraînements trop
naturels de certains conseils locaux. Malheureusement il semble, au contraire, que si l'action, si l'initiative gouvernementale
se sont fait sentir, ce serait plutôt dans le sens opposé. La statistique de 1877 en apporte des preuves certaines que nous
avons indiquées en leur lieu, et, à en croire le document ministériel, les années qui se sont écoulées depuis que ses chiffres ont été arrêtés auraient encore aggravé la situation. « Il
est incontestable, y lisons-nous, en effet, qu'à partir de 1878,
les communes sont entrées dans une période de grande activité,
surtout en ce qui concerne les constructions d'écoles et les travaux d'assainissement et de voirie ; d'autre part, beaucoup d'anciennes dettes ont été unifiées, converties depuis trois ans avec
diminution du taux de l'intérêt, et sans augmentation des charges annuelles, mais aussi avec accroissement de la période de
remboursement du capital de la dette, et conséquemment des
charges totales de l'amortissement. Les emprunts nouveaux
ont été généralement contractés à plus long terme ; la caisse des
écoles, celle des lycées sont venues, comme anciennement la
caisse des chemins vicinaux, solliciter les communes ; le conseil
d'Etat s'est vu, par les justifications qu'on lui a fournies, con-

traint de céder au mouvement de l'opinion, et de franchir la limite de trente années qu'il s'était imposée jusque-là comme délai extrême de remboursement. »

Le Gouvernement et les Chambres, aussi bien que lui, dans les cas exceptionnels où la loi de 1867 leur a conservé le droit d'intervention, n'ont-ils qu'à se reprocher de s'être montrés trop faciles vis-à-vis des demandes des pouvoirs locaux, ou même de les avoir provoquées dans une certaine mesure ? N'est-il pas des dépenses qu'ils en sont venus à mettre à la charge des communes, au grand détriment de leurs finances, et que leur caractère d'ordre général eût semblé cependant devoir laisser à celle de l'Etat ?

Nous bornant à indiquer en passant cette face de la question, dont le cadre de la présente étude ne saurait comporter l'examen, nous mentionnerons seulement, comme témoignage de ces tendances volontaires ou non, ce qui vient d'être fait pour la gratuité de l'enseignement primaire.

Le rapport du 15 janvier 1880 ne pouvait qu'annoncer la loi alors en préparation. Cette loi a pris la date du 16 juin dernier ; elle rend désormais obligatoires et range parmi les ressources ordinaires les quatre centimes spéciaux créés par les lois de 1850 et de 1875. Elle supprime en même temps la rétribution scolaire et lui substitue un prélèvement uniforme du cinquième sur les revenus ordinaires des communes. Les inconvénients graves de ce prélèvement, le trouble profond qu'il introduirait dans la plupart des budgets des communes rurales, ont été si pertinemment établis devant les Chambres, qu'un mois à peine après la promulgation de la loi, un amendement inséré dans la loi de finances de 1883 en suspendait l'application pour ledit exercice. Toutefois, l'exonération a été explicitement restreinte à l'année pour laquelle elle a été prononcée ; elle dépendra, pour chaque exercice, de l'ouverture d'un crédit législatif destiné à couvrir jusqu'à concurrence de 16 millions les dépenses de l'instruction primaire, et subordonné lui-même à des excédents budgétaires naturellement aléatoires. Le principe du prélèvement n'en demeure pas moins comme une menace pour l'équilibre budgétaire communal.

Ce ne serait pas cet équilibre seul, mais les franchises mêmes justement concédées par la loi de 1867, qui courraient risque d'être compromises, si les faits et les tendances, que nous avons relevés dans la statistique de 1877, continuaient à persister. Il y a là un péril que nous croyons devoir signaler à ceux qui, comme nous, sont les partisans convaincus du régime de la décentralisation.

LA PROGRESSION DES CENTIMES [1]

La question des impôts a été déjà maintes fois portée devant la Société des Agriculteurs de France et c'est avec grande raison, car nulle question n'intéresse à aussi haut degré l'agriculture, n'a une influence plus effective sur ses prix de revient.

Nous ne pouvons ni ne devons oublier que, tandis que l'Anglais ne paye que 57 fr. d'impôt, l'Allemand que 44 fr., l'Autrichien que 40 fr., le Russe que 36 fr., chaque Français supporte, du fait des dépenses publiques, une charge annuelle de 111 fr. ; et dans le calcul de cette charge par tête, entrent, chacun pour 111 fr., tous les membres de la famille, femmes, enfants et vieillards, aussi bien que travailleurs valides.

C'est 20 fr. de plus qu'en 1875.

La différence entre 1875 et 1869, malgré la liquidation des désastres de 1870-1871, n'avait été que de 24 fr.

Elle n'avait été que de 12 fr. entre 1847 et 1869.

Les dépenses totales ne s'élevaient en 1876 qu'à 3 milliards.

Elles ont atteint en 1887 4 milliards.

Soit un écart de 1 milliard dû pour la plus grande part aux dépenses générales ; pour leur part aussi aux dépenses locales.

L'État a fait face à cette aggravation de charges surtout à l'aide des taxes indirectes qui, lorsqu'elles ne sont maintenues à un taux modéré, présentent l'inappréciable avantage de se confondre avec la valeur vénale de l'objet assujetti, et par suite de peser d'un poids moins lourd sur le contribuable. Mais il refuse aux départements et aux agglomérations rurales tout

(1) Rapport à la Société des agriculteurs de France. Session générale de 1888.

prélèvement de cette nature, bien que des centimes additionnels aux contributions indirectes eussent autant de raison d'être que les centimes additionnels aux contributions directes. Ces derniers centimes continuent à former, comme depuis le commencement du siècle, la ressource presque unique, des budgets locaux, les villes exceptées.

Aussi, ont-ils augmenté dans une toute autre proportion que le principal, ainsi qu'en fait foi le tableau suivant :

QUATRE CONTRIBUTIONS DIRECTES.

	Principal.	Centimes départementaux et communaux.
1838	293 millions	93 millions
1847	299 —	123 —
1869	340 —	234 —
1887	403 —	371 —

On conçoit que dans cette situation de nombreuses réclamations se soient élevées depuis longtemps, se renouvellent sans cesse contre la progression et l'exagération des centimes additionnels. Plusieurs associations agricoles s'en sont rendues les organes, entre autres le Comice de Trévoux, qui a saisi notre Société d'un vœu en ce sens.

Quelques chiffres suffiront pour le justifier.

BUDGETS DÉPARTEMENTAUX.

Ces budgets, dont le montant a quintuplé depuis 1838, inscrivent les centimes comme à peu près unique recette.

Ce sont les centimes ordinaires qui pourvoient aux dépenses permanentes et obligatoires; et il convient de ne pas oublier que de ces centimes, uniformément fixés à 37 par département, 25 portent seulement sur la contribution foncière et la contribution mobilière, soit, dans les campagnes, sur le cultivateur.

C'est aux centimes extraordinaires, que les conseils généraux s'adressent pour acquitter les travaux plus ou moins facultatifs d'intérêt départemental qu'ils entreprennent, et pour gager leurs emprunts. La loi d'août 1871 avait mis à leur disposition dans ce but, 12 centimes. Six départements soulement n'ont pas pleinement usé aujourd'hui de la faculté qui leur avait été ainsi ouverte ; soixante-dix-huit ont dû demander au législateur des surimpositions spéciales, dont la proportion varie entre 5/10 de centime et 30 centimes.

C'est que les dépenses extraordinaires ont suivi, surtout dans les dernières années, une marche effrayante; elles n'étaient en 1869 que de 68,402,490 fr., elles s'élevaient en 1881 à 153,316,252 fr., et ont encore augmenté depuis.

Voici la progression des centimes départementaux dans le dernier demi-siècle :

1838	60.607.541 fr., par tête **1.80**	1876	148.557.035
1847	76.883.782		
1869	130.876.257	1838	177.958.610, par tête **6.40**

Quant aux emprunts départementaux, voici leur situation :

Au 31 décembre 1885, 659 millions autorisés ; 541,824,135 fr. réalisés ; 117,904,305 fr. à réaliser.

Cet état de choses est-il en passe de s'améliorer ? Bien au contraire. Un ancien directeur de l'administration départementale, M. de Crisenoy, a consigné dans le *Dictionnaire des Finances* cette déclaration peu rassurante pour nous : « Aujourd'hui, les ressources ordinaires des départements sont notablement insuffisantes pour subvenir aux dépenses ordinaires les plus indispensables... Il faudra y aviser quelque jour et rétablir l'équilibre rompu. »

BUDGETS COMMUNAUX.

Bien que les communes aient d'autres recettes que les départements, il n'en est pas moins vrai que les centimes forment la principale ressource des agglomérations rurales.

Ces centimes sont différents de nature comme d'origine. Il y a les 5 centimes ordinaires qui ne portent que sur la contribution foncière et sur la contribution personnelle mobilière et qui datent de 1818 ; il y a les 8 centimes sur les patentes ; il y a les centimes spéciaux de l'instruction primaire (L. de 1833 et de

1881), et des chemins vicinaux (L. de 1836) auxquels la loi du 20 août 1881 a ajouté les centimes pour les chemins ruraux ; il y a les centimes pour insuffisance de revenus ; il y a enfin les centimes extraordinaires qui, suivant leur montant, sont votés par le conseil municipal, autorisés soit par un arrêté préfectoral, soit par un décret, soit par une loi. (Art. 141-143 de la loi du 5 avril 1884, qui a codifié la matière sans innover sensiblement sur la réforme de 1867.)

Voici à différentes époques, d'après les documents officiels, le produit des centimes communaux :

	1836	1862	1877	1888
5 c. ordinaires.......fr.	8.932.300	9.659.330	10.090.328	12.174.600
4 c. Instruction primaire	»	7.043.377	13.081.999	14.302.000
5 c. Chemins vicinaux..	»	17.602.439	15.688.747	14.828.500
8 c. sur les patentes....	1.711.935	3.477.536	4.750.837	6.560.000
Centimes p. insuffisance de revenus, y compris gardes champêtres...	9.128.930	13.432.825	35.376.066	} 124.704.600
Centimes extraordinair.	4.690.558	19.486.136	28.301.909	

PROGRESSION DES CENTIMES

1838	32.873.000 fr.	1876	147.828.694
1847	46.489.335		
1869	103.388.213.	1888	175.798.893

Le nombre et le produit des centimes varient nécessairement par chaque commune. Il ne suffit donc pas pour apprécier l'accroissement des charges des contributions de dire que la moyenne des centimes s'est élevée de 48 en 1878, à 54 en 1887. Il faut chercher à entrer plus avant dans les détails et profiter des indications que fournit à ce sujet la publication annuelle du Ministère de l'intérieur.

COMMUNES IMPOSÉES DE

	moins de 15 c.	15 à 30 c.	31 à 50 c.	51 à 100 c.	au-dessus de 100 c.
1878	5.537	8.801	9.363	9.238	3.117
1887	3.880	7.915	9.598	10.650	4.078

Sur les 4,078 communes, 223 ont plus de 200 centimes, 43 plus de 300, et 12 plus de 400.

Non seulement les 4.078 communes au-dessus de 100 centimes, mais encore les 20.248 qui supportent de 31 à 100 centimes, sont essentiellement rurales, et il importe de ne pas perdre de vue que les cultivateurs qui les habitent acquittent en outre, pour la majeure partie, la taxe directe des prestations en nature, dont la progression a été également rapide, ainsi qu'il résulte des chiffres suivants :

1837 : 22.773.183 fr. — 1847-51 : 35 millions 1/2.
1802-1886 : 50 millions. — 1879 : 59 mill. 1/2.

Il importe aussi de tenir compte de la charge indirecte, mais relativement appréciable, que ces mêmes cultivateurs supportent au profit des villes du fait de la taxe d'octroi qui frappe leurs produits. Là aussi la progression a été énorme.

Octrois

	Communes Autres que Paris	Ville de Paris
1831	35 millions	19 millions
1860	91 —	108 —
1885	141 —	135 —

Pour revenir aux centimes, 23,031 communes s'imposaient à titre extraordinaire, pour insuffisance de revenu, en 1877 ; 27,705 se sont imposées au même titre en 1886 ; c'est une augmentation de 3,864 communes.

Le total des centimes extraordinaires a été en 1886 de 440,558 ; il n'avait été en 1879 que de 384,395, soit en plus : 58,163 centimes.

On sait et de reste quelles sont les causes de la progression effrayante que nous venons de constater : une expansion immodérée des dépenses locales, auxquelles l'Etat a incité les départements et les communes par tous les moyens en son pouvoir ; la mise à la charge des budgets de ces mêmes départements et communes, pour alléger d'autant le budget général, de dépenses et de services qui, étant donné le caractère nouveau que l'on prétend leur imprimer, devraient être supportées par l'ensemble du pays.

Il y a des dépenses assurément utiles : celle des chemins vicinaux ; depuis deux ans la caisse est vide.

Il y en a de superflues, de préjudiciables à la fortune publique, qui entament en même temps, ce qui est plus grave, le *capital moral* du pays et des générations futures. Telle est la nouvelle législation scolaire. Je n'ai à l'examiner ici qu'au point de vue financier, sans parler des condamnables atteintes qu'elle porte aux droits imprescriptibles du père de famille et des communes.

La loi du 9 août 1879 a imposé à tous les départements l'obligation d'être pourvus, dans un laps de quatre ans, d'écoles normales d'instituteurs. Or quel en a été le résultat au point de vue des finances départementales ? Je n'en citerai qu'un seul exemple, celui de mon département. Dans l'Oise, il existait depuis 35 ans, un cours normal, annexé à l'excellent Institut agricole que vous connaissez bien, et qui assurait complètement, à la satisfaction de tous, le recrutement de notre personnel enseignant ; il ne coûtait que 15,000 francs par an. On a, pour obéir aux prescriptions impérieuses de la loi, bâti un fastueux établissement qui est revenu à plus d'un demi-million et dont le budget annuel dépasse 70,000 francs. Il en a été de même pour l'école normale d'institutrices ; il en a été de même pour les 85 autres départements, et telle est la cause principale de la dette départementale, dont le montant au 31 décembre ,1885, ainsi que je l'ai déjà indiqué, atteignait 659,758,620 francs.

La trop fameuse Caisse des écoles a fait même situation aux communes. On sait que depuis 1885, l'État se les est substituées pour les emprunts, qu'il avait pris l'engagement solennel de contracter directement. Les constructions scolaires reviendront à plus de 2 *milliards* ; les budgets communaux auront à supporter de ce chef 670 millions en 40 annuités.

D'autre part, comme il n'a été encore rien fait pour l'amélioration du traitement des maîtres, dont la moyenne est même actuellement inférieure à ce qu'elle était en 1879, un projet nouveau a été présenté en vue de remédier à ce regrettable état de choses ; adopté par la Chambre le 27 novembre, il se trouve actuellement devant le Sénat. L'économie du projet est bien sim-

ple, il impose de nouvelles dépenses aux départements et aux
communes, tout en leur enlevant les 8 centimes spéciaux pour
les rattacher au budget de l'Etat.

En regard de cette progression énorme des charges locales,
aussi bien que des charges générales, plaçons l'avilissement de
prix de toutes les denrées agricoles, qui ne cesse de s'accentuer
sans profit aucun pour les consommateurs ; plaçons les inégalités de répartition qui dans certaines circonscriptions s'élèvent
à la hauteur d'une véritable injustice ; et nous comprendrons
que les frais de poursuites qui, en 1878, étaient de 1 fr. 84 pour
1,000, se soient élevés en 1887 à 2 fr. 05 ; nous comprendrons
aussi que les cultivateurs qui, dans leur état actuel de détresse,
auraient peine à acquitter l'impôt à son taux ancien, réclament
énergiquement contre les aggravations dont il est constamment
l'objet.

J'ai l'honneur de vous proposer, au nom de la neuvième section, de vous associer à leurs protestations, en votant le vœu
suivant :

La Société des agriculteurs de France,

Considérant que dans les dernières années les budgets des
départements et des communes n'ont cessé de s'accroître hors
de toute proportion ;

Que cet accroissement, qui ne grève pas seulement le présent,
mais engage l'avenir souvent même à longue échéance, a principalement pour cause les dépenses, dont le législateur a cru
devoir, contrairement aux principes comme aux traditions, modifier radicalement le caractère, et qu'il semblerait d'autant
plus tenu à inscrire désormais au budget de l'Etat qu'il les
soustrait chaque jour davantage au contrôle des conseils généraux et municipaux, tout en imposant d'office à ces mêmes
conseils l'obligation de les acquitter ;

Que ledit accroissement a eu pour conséquence naturelle et
fatale l'élévation du nombre des centimes additionnels ;

Que ces centimes qui, dans les campagnes, portent presque
exclusivement sur l'agriculture et la propriété immobilière,
en sont venus aujourd'hui à égaler le principal, voire même à
le dépasser ;

Qu'il résulte, en effet, des statistiques dressées par l'administration qu'en 1887 4,078 communes, soit 11 0/0 du nombre total des communes de France, ont été, du fait seul de leurs dépenses municipales, imposées de plus de 100 centimes et que sur ces 4,078 communes, toutes rurales, près de 300 supportent 200 centimes et au-dessus ;

Qu'une telle charge, venant s'ajouter au poids de taxes générales grossissant sans relâche, est écrasante pour l'ensemble des contribuables, auxquels l'avilissement successif de tous leurs produits rend chaque année plus difficile le payement de l'impôt ;

Et que, dans certaines circonscriptions, les vices d'une inégale répartition lui donnent même le caractère d'une intolérable injustice ;

Emet le vœu :

Que les pouvoirs publics préviennent par les mesures les plus énergiques tout accroissement ultérieur du nombre des centimes additionnels ;

Et qu'ils préparent sans retard la réforme d'une législation qui, par les charges fiscales qu'elle impose au producteur agricole français, le met dans l'impossibilité de soutenir la concurrence des producteurs étrangers.

Le vœu a été adopté par l'Assemblée générale des Agriculteurs de France, dans sa séance du 11 février 1888.

TABLE DES MATIÈRES

DE LA 1ʳᵉ PARTIE.

Clermont (Oise). — Imprimerie Daix frères, 3, place Saint-André.

www.ingramcontent.com/pod-product-compliance
Lightning Source LLC
Chambersburg PA
CBHW060347200326
41519CB00011BA/2053